Shangqiu Zhi Zhoukou Gaosu Gonglu Shangqiuduan
商丘至周口高速公路商丘段
Erqi Gongcheng Jungong Yanshou
二期工程竣工验收

第二册 批复文件、交工验收、单项验收

徐 珂 主编

人民交通出版社股份有限公司

内 容 提 要

本书收录了商丘至周口高速公路商丘段二期工程立项、工程建设用地、工程设计、变更设计相关批复文件、工程交工验收及单项验收相关文件。

本书可供高速公路建设、设计、施工、监理、质检等方面的工程技术人员参考使用。

图书在版编目(CIP)数据

商丘至周口高速公路商丘段二期工程竣工验收. 第2册,批复文件、交工验收、单项验收／徐珂主编. —北京：人民交通出版社股份有限公司, 2014.9
 ISBN 978-7-114-11754-1

Ⅰ. ①商… Ⅱ. ①徐… Ⅲ. ①高速公路—道路工程—工程验收—河南省 Ⅳ. ①U415.12

中国版本图书馆 CIP 数据核字(2014)第 229277 号

书　　名：	商丘至周口高速公路商丘段二期工程竣工验收　第二册　批复文件、交工验收、单项验收
著 作 者：	徐　珂
责任编辑：	丁　遥　张　鑫
出版发行：	人民交通出版社股份有限公司
地　　址：	(100011)北京市朝阳区安定门外外馆斜街3号
网　　址：	http://www.ccpress.com.cn
销售电话：	(010)59757973
总 经 销：	人民交通出版社股份有限公司发行部
经　　销：	各地新华书店
印　　刷：	北京市密东印刷有限公司
开　　本：	787×1092　1/16
印　　张：	17.75
字　　数：	444 千
版　　次：	2014 年 9 月　第 1 版
印　　次：	2014 年 9 月　第 1 次印刷
书　　号：	ISBN 978-7-114-11754-1
定　　价：	80.00 元

(有印刷、装订质量问题的图书,由本公司负责调换)

《商丘至周口高速公路商丘段二期工程竣工验收》编委会

主　　编：徐　珂
副主编：胡　敏　王　琦　赵西文　汪　洋　黄继成
　　　　罗伦英
编　　委：蒋青林　徐洪跃　王鲁军　徐美娟　董泽强
　　　　王炳强　李辉华　于金伟　娄瑞杰　金　磊
　　　　金　豪　朱红涛　曹　阳　马晓鸣　李隽鸿
　　　　范光明　白　涛
统　　稿：黄继成　于金伟　娄瑞杰　金　豪

前　言

　　商丘至周口高速公路商丘段二期工程是河南省委、省政府实施新一轮"扩内需、保增长、促发展"战略确定的2009年新开工重点公路工程建设项目，同时也是省高速公路网"十一五"期间规划建设的重点项目。该项目位于河南省东部地级城市商丘市西、北部，是商周高速公路的北延工程，南连商周高速及连霍高速公路，北接济广高速公路商丘至菏泽（省界）段，路线起于商丘至周口高速公路商丘段史楼枢纽型立交，止于与商丘至菏泽高速公路相交叉的魏庄枢纽式立交。

　　本项目的修建，将商周一期、连霍、济广高速公路三者紧密联系在一起，共同构成商丘高速公路交通枢纽。项目建成后，将成为豫东重镇商丘的又一条重要运输大通道，对于完善河南省及商丘市高速公路网布局，构成高效运输体系，缓解局部交通压力，促进沿线资源的开发和利用，带动沿线区域经济的快速发展和城市化进程，起到重要的作用。

　　项目在执行过程中，始终得到省政府、省交通运输厅的高度重视，得到省交通投资集团和河南高速公路发展有限责任公司的大力支持，沿线商丘市各区政府及人民群众给予很大的配合和理解，市区协调指挥部、监理单位、各施工单位密切配合，精心组织和施工，克服种种困难，完成了商周高速公路商丘段二期工程的建设任务。

目 录

第一部分 批 复 文 件

一、工程立项

关于商丘至周口高速公路商丘段二期工程核准的批复
（豫发改交通〔2009〕1830 号） ·· 3

商丘市发展和改革委员会 商丘市交通局关于呈报商周高速公路二期工程
项目申请报告的请示（商发改交通〔2009〕1 号） ································ 6

关于报送商丘至周口高速公路商丘段二期工程可行性研究报告审查意见的函
（豫交计〔2009〕115 号） ··· 8

关于《商丘至周口高速公路商丘段二期工程项目申请报告》的评估报告
（豫咨字〔2009〕314 号） ··· 10

商丘至周口高速公路商丘段二期工程可行性研究报告评审意见 ················· 21

商丘市环境保护局关于《商丘至周口高速公路商丘段二期工程环境影响
报告书》审批意见（商环审〔2009〕105 号） ····································· 28

河南省水利厅准予水行政许可决定书（豫水行许字〔2010〕1 号） ············· 30

关于申请商丘至周口高速公路商丘段二期工程水土保持方案批复的报告
（豫德高司〔2009〕25 号） ·· 33

河南省文物局关于商周高速公路商丘段二期工程选址的批复
（豫文物基〔2010〕75 号） ·· 34

商丘市文物管理局关于商周高速公路商丘段二期工程项目路线穿越文物
保护单位的请示（商文物字〔2010〕17 号） ····································· 35

关于商周高速公路商丘段二期工程项目路线穿越文物保护单位沈堌堆汉墓、
朱堌堆汉墓、胡堌堆汉墓附近的调查报告 ··· 36

商丘市文物管理局《关于商丘至周口高速公路商丘段二期工程路线走向
征求意见的函》的回复（商文物字〔2009〕35 号） ······························ 37

《关于商丘至周口高速公路商丘段二期工程路线走向征求意见的函》的回复 ········· 39

关于商（丘）周（口）高速公路商丘段二期工程需跨（穿）越陇海铁路京九铁路的
复函（郑铁总函〔2009〕296 号） ··· 40

河南省国土资源厅关于河南省商丘至周口高速公路商丘段二期工程压覆矿产
资源的审查意见（豫国土资函〔2009〕423 号） ·································· 41

河南高速公路发展有限责任公司关于河南省商丘至周口高速公路商丘段二期
工程压覆矿产资源请示（豫高司〔2009〕123 号） ······························· 43

地质灾害危险性评估报告备案登记表 ··· 45

关于商丘至周口高速公路商丘段二期工程场地地震安全性评价工作报告的
评审意见（豫震评〔2009〕143 号） ··· 47

公路工程质量监督通知书 …… 48
交通基本建设工程质量监督申请书 …… 52
关于商丘至周口高速公路商丘段二期工程施工许可的请示
（豫交集团〔2010〕323号） …… 54
关于报送商丘至周口高速公路商丘段二期工程施工许可的报告
（豫德高司〔2010〕144号） …… 58
路外建设项目施工许可证 …… 59

二、工程建设用地

国土资源部关于商丘至周口高速公路商丘段二期工程建设用地的批复
（国土资函〔2010〕447号） …… 61
河南省人民政府关于商丘至周口高速公路商丘段二期工程建设用地的请示
（豫政文〔2010〕34号） …… 62
商丘市人民政府关于商丘至周口高速公路商丘段二期建设用地的请示
（商政土〔2009〕112号） …… 67
商丘市人民政府关于商丘至周口高速公路（商丘段）二期建设项目用地的
审查意见（商政土〔2009〕111号） …… 68
河南省国土资源厅关于商丘至周口高速公路商丘段二期工程建设用地的
预审意见（豫国土资函〔2009〕553号） …… 71
河南高速公路发展有限责任公司关于商丘至周口高速公路商丘段二期
工程项目建设用地预审的请示（豫高司〔2009〕194号） …… 72
使用林地审核同意书（豫林资许〔2009〕210号） …… 73
关于印发商周高速公路二期工程及连霍高速公路改扩建工程建设征用
土地及地面附着物拆迁补偿标准的通知（商政〔2009〕93号） …… 74
商周高速公路商丘段二期工程建设征地、拆迁及协调服务协议（商丘市） …… 79
商丘至周口高速公路商丘段二期工程建设征地、拆迁及协调服务补充协议书 …… 83
商丘至周口高速公路商丘段二期工程建设二次征地、拆迁及协调服务协议 …… 85
商丘至周口高速公路商丘段二期工程建设二次征地拆迁补充协议 …… 90
商丘至周口高速公路商丘段二期工程建设三次征地、拆迁及协调服务协议 …… 91

三、工程设计

关于商丘至周口高速公路商丘段二期工程初步设计的批复
（豫发改设计〔2009〕1935号） …… 94
关于商丘至周口高速公路商丘段二期初步设计审查意见的函
（豫交规划〔2009〕276号） …… 102
关于呈报《商丘至周口高速公路商丘段二期初步设计》的请示
（商发改设计〔2009〕51号） …… 104
关于呈报商丘至周口高速公路商丘段二期工程初步设计的请示
（豫德高司〔2009〕22号） …… 106
关于呈报《商丘至周口高速公路商丘段二期工程初步设计》文件的请示
（豫德高司〔2009〕12号） …… 108
关于商丘至周口高速公路商丘段二期工程施工图设计的批复

（豫交规划〔2010〕337号） …………………………………………………………… 109
  关于呈报商丘至周口高速公路商丘段二期工程施工图设计的请示
（豫德高司〔2010〕34号） ……………………………………………………………… 121
  关于商丘至周口高速公路商丘段二期工程交通机电工程详细设计、
供配电照明及10kV供电线路工程施工图设计的批复（豫交规划〔2011〕94号） ……… 122
  关于商丘至周口高速公路商丘段二期工程交通机电工程详细设计、
供配电照明、10kV供电线路工程施工图设计的请示（豫交集团〔2010〕334号） ……… 128
  商丘至周口高速公路商丘段二期工程机电工程详细设计审查意见回复 ………… 129
  关于商丘至周口高速公路商丘段二期工程下穿陇海铁路段施工图设计的批复
（豫交规划〔2011〕539号） …………………………………………………………… 132
  关于商丘至周口高速公路商丘段二期工程K10+500~K13+220段施工图
设计的请示（豫交集团〔2011〕144号） ……………………………………………… 136
  关于商丘至周口高速公路商丘段二期工程绿化施工图设计的批复
（豫交规划〔2011〕85号） ……………………………………………………………… 138
  关于商丘至周口高速公路商丘段二期工程房屋建筑工程施工图设计的
批复（豫交规划〔2011〕465号） ……………………………………………………… 140
  关于商丘至周口高速公路商丘段二期房屋建筑工程施工图设计的请示
（豫交集团〔2011〕73号） ……………………………………………………………… 142

四、变更设计

  关于商周高速公路二期工程部分碎石桩变更为粉喷桩的批复 ………………… 143
  商周高速公路二期工程部分碎石桩变更为粉喷桩设计变更预算审查意见 …… 144
  河南德馨高速公路有限公司关于呈报商周高速公路二期工程部分碎石桩
变更为粉喷桩的请示（豫德高司〔2010〕78号） ……………………………………… 145
  关于商周二期高速公路项目台背回填水泥土变更为碎石土变更设计的批复 … 147
  河南德馨高速公路有限公司关于部分桥头台背回填水泥土变更为碎石土的请示
（豫德高司〔2010〕163号） …………………………………………………………… 148

第二部分 交 工 验 收

商丘至周口高速公路商丘段二期工程交工验收报告 ……………………………… 151
商丘至周口高速公路商丘段二期工程房建工程交工验收报告 …………………… 169
商丘至周口高速公路商丘段二期工程绿化工程交工验收报告 …………………… 179
商丘至周口高速公路商丘段二期工程机电工程交工验收报告 …………………… 189
商丘至周口高速公路商丘段二期工程交工验收检测报告 ………………………… 200
商丘至周口高速公路商丘段二期工程房建工程交工验收检测报告 ……………… 214
商丘至周口高速公路商丘段二期工程绿化工程交工验收检测报告 ……………… 220
商丘至周口高速公路商丘段二期工程机电工程交工验收检测报告 ……………… 226
商丘至周口高速公路商丘段二期工程穿越京九铁路立交工程竣工验收表 ……… 234
商丘至周口高速公路商丘段二期工程穿越陇海铁路立交工程竣工验收表 ……… 241
商周高速公路二期下穿京九、陇海铁路立交桥专业验交会议纪要 ……………… 248

第三部分 单项验收

商丘至周口高速公路商丘段二期工程档案专项验收意见……………………253
建设项目竣工环境保护验收申请……………………………………………256
商丘至周口高速公路商丘段二期工程通道积水专项排查治理工程验收报告…………267

第一部分 批复文件

一、工程立项

关于商丘至周口高速公路商丘段二期工程核准的批复

豫发改交通〔2009〕1830号

商丘市发展改革委：

你委《关于呈报商周高速公路二期工程项目申请报告的请示》（商发改交通〔2009〕1号）收悉。结合咨询机构的评估意见和省交通运输厅的行业审查意见，经研究，现就该项目核准通知如下：

一、为完善全省高速公路网和区域路网结构，缓解商丘市区交通压力，促进区域经济发展，同意新建商丘至周口高速公路商丘段二期工程。

二、线路走向及建设规模

项目起自商周高速公路商丘段预留的小史楼互通式立交，向北跨X024线，在沈坟附近跨S325线，于宋武庄东跨规划建设的商丘市区至机场公路，继续向北跨古宋河，在孙瓦房东跨G310线和陇海铁路，然后转向东北，于薛庄北跨包河，在窦庄北跨S207线，于路楼北跨京九铁路，在曹庄东北跨东沙河，接济广高速公路商丘至菏泽（省界）段，重新布设杨楼互通式立交，止于与G105线交叉处。路线全长约27.5km。

全线设互通式立交3处、分离式立交16处，大桥2座、中桥11座，通道21道、天桥3座、涵洞12道，收费站2处。

三、主要技术标准

项目采用双向四车道高速公路技术标准，设计速度120km/h，路基宽28m。路面面层采用沥青混凝土结构。桥涵设计荷载采用公路—I级。其他技术指标应符合《公路工程技术标准》（JTG B01—2003）中的规定。

四、项目法人为河南德馨高速公路有限公司，由河南高速公路发展有限责任公司独资组建。

五、投资估算及资金来源

项目估算总投资11.54亿元。其中，项目资本金2.89亿元（占总投资的25%），由项目法人负责筹措，其余8.65亿元申请国内银行贷款解决。

六、项目按两阶段设计，初步设计报我委审批。

七、同意河南高速公路发展有限责任公司采取公开招标方式，自行组织项目勘察、设计、施工、监理及设备、重要材料采购的招标。招投标情况报我委及有关行政监督部门备案。

八、核准项目的相关附件分别是河南省国土资源厅《关于商丘至周口高速公路商丘段二期工程建设用地的预审意见》（豫国土资函〔2009〕553号）；商丘市环境保护局《关于商丘至周口高速公路商丘段二期工程环境影响报告书审批意见》（商环审〔2009〕105号）；商丘市规划管理局《关于商丘至周口高速公路商丘段二期工程路线走向征求规划意见的函的回复》(商规〔2009〕25号)等。

九、如需对本项目核准文件所规定的有关内容进行调整,应及时以书面形式向项目核准机关报告,并按照有关规定办理。

十、请河南德馨高速公路有限公司根据本核准文件,办理土地使用等相关手续。

十一、本核准文件有效期限为两年,自项目核准之日起计算。如在核准文件有效期内未开工建设,应在核准文件有效期届满30日前向我委申请延期。如项目在核准文件有效期内未开工建设也未申请延期,或虽提出延期申请但未获批准,本核准文件自动失效。

请据此抓紧开展项目前期工作,按照国家和省基本建设的有关规定,落实有关建设条件,争取尽快开工建设。

附件:项目招标方案核准意见

二〇〇九年十一月五日

附件

项目招标方案核准意见

建设项目名称：商丘至周口高速公路商丘段二期工程

招标内容	招标范围		招标组织形式		招标方式		不采用招标方式	投资估算（万元）
	全部招标	部分招标	自行招标	委托招标	公开招标	邀请招标		
勘察	核准		核准		核准			1653
设计	核准		核准		核准			
工程	核准		核准		核准			84399
监理	核准		核准		核准			1650
设备	核准		核准		核准			
重要材料	核准		核准		核准			
其他								
招标公告发布媒介			中国采购与招标网和交通报或河南日报					
招标代理机构（采用委托招标方式）								

审批部门核准意见说明：

主题词：交通　高速公路　核准　批复

抄送：国土资源部,省政府办公厅,省交通运输厅、审计厅、国土资源厅、水利厅、文物局、地震局,郑州铁路局,商丘市政府、交通局、规划局、环保局。

河南省发展和改革委员会办公室　　　　　　　　　2009年11月6日印发

商丘市发展和改革委员会 商丘市交通局关于呈报商周高速公路二期工程项目申请报告的请示

商发改交通〔2009〕1号

签发人:付元学 魏金立

河南省发改委、交通厅:

商周高速公路二期工程是河南省"十一五"高速公路规划网中的一条重要线路,是连接商周高速公路、济广高速公路的一条"贯通路"。为抓住国家扩大内需,加大交通基础建设的机遇,商丘市委、市政府已将该项目列入2009年重点工程。河南高速公路发展有限责任公司为该项目法人。项目简介如下:

一、项目概况

项目路线起点位于商周高速公路与连霍高速公路交叉预留的小史楼枢纽型立交,向北跨县道024线,在沈坟收费站东跨省道325线,于焦庄附近跨机场路(南京路向西延伸至机场),跨古宋河,在孙瓦房东跨国道310线和陇海铁路后路线转向东北,于薛庄北跨包河、杨庄西跨郑阁干渠,在窦庄北跨省道207线,在路楼北跨京九铁路,在曹庄东北跨东沙河,路线终点位于商菏高速公路杨楼互通式立交处,路线全长约26.522km,共设置出入口2处:机场路、国道310。

二、项目建设的必要性及意义

该项目南连已通车的商周高速,北接已全线贯通的商菏高速,商周高速二期工程位于两者中间,是条"断头路"。该项目建成后,对于优化河南省高速公路网,进一步完善豫、鲁、苏、皖四省高速公路结构,充分发挥商丘市作为国家交通枢纽城市的作用,对改善商丘投资环境、促进区域经济发展;拉大城市框架,减少过境交通对城市的干扰,缓解交通压力,方便城市西部地区的出行;增强城市区位、交通优势,密切商丘与中原城市群和山东半岛的联系;促进国家级森林公园和黄河故道旅游区的旅游产业发展,均具有非常重要的意义。

三、建设规模及技术标准

1.建设规模:

(1)主线建设里程长26.522km;(2)路基土方总量352.5708万m^3;(3)沥青混凝土路面531.03千m^2;(4)永久性占地2608亩;(5)主线跨河大桥556.4m/2座,中桥686.52m/11座,小桥98.16m/4座,涵洞14道;(6)公路分离式立交705.64m/12座,铁路分离式立交1876.4m/2座;(7)服务式互通立交1处;(8)枢纽式互通立交2处;(9)天桥383.6m/4座,通道21道;(10)服务区收费站1处,匝道收费站1处;(11)不良地质段,采用换填土处理路基,共长1720m;(12)路基防护:浆砌片40288.7m^3,水泥混凝土12380.3m^3。

2. 技术标准:

(1)公路等级:四车道高速公路;(2)设计速度为120km/h;(3)桥涵设计荷载等级为公路—Ⅰ级;(4)路基、路面宽度为路基28m,路面2×11.75m。

四、交通量预测

根据项目影响区域历年经济指标和路网历年交通运输发展情况,以及 OD 调查资料,遵循区域经济发展、路网规划和项目建成后诱增交通等因素,考虑其他运输方式的交通转移,采用目前国际上通用的"四阶段法"来对公路交通量进行预测,预计 2012 年项目道路开通后交通流量将达到 6630 小客车辆/d,本项目交通量将有明显增长,到 2020 年项目的全线交通流量将达到 13806 小客车辆/d,2032 年项目的全线交通流量将达到 29788 小客车辆/d。

五、投资估算

根据 1996 年交通部颁发的《公路工程估算编制办法》和《公路工程估算指标》编制。投资估算总金额为 9.9981 亿元,平均每公里为 3770 万元,其中建筑安装工程费为 7.2123 亿元,占投资总金额的 72.14%。项目资金由河南高速公路发展有限责任公司全额出资。

六、建设工期

本项目工程建设工期为 36 个月。

当否,请批示。

附:商周高速公路二期工程项目申请报告(略)

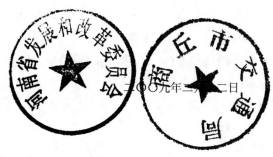

二〇〇九年二月十二日

(联系人:刘俊华 13507696988　　翟云鹏 13603706986)

主题词:交通　高速公路　项目申请报告　请示

商丘市发展和改革委员会交通运输科　　　　　　　　　2009 年 2 月 12 日印发

关于报送商丘至周口高速公路商丘段二期工程可行性研究报告审查意见的函

豫交计〔2009〕115 号

省发展和改革委员会：

商丘市发展和改革委、商丘市交通局《关于呈报商周高速公路二期工程项目申请报告的请示》（商发改交通〔2009〕1号）收悉。经我厅组织审查，现将《商丘至周口高速公路商丘段二期工程可行性研究报告》有关意见函告如下：

一、项目建设的必要性

商丘至周口高速公路商丘段二期工程是商周高速公路商丘段的北延工程，该项目南连商周高速公路及连霍高速公路，北接济广高速公路商丘至菏泽（省界）段，将这三条高速公路有机连接起来，既弥补了商丘市高速公路网互通能力不足的缺点，又减轻了济广高速公路和连霍高速公路未来的交通压力。该项目实施后，将对优化河南省高速公路网布局，进一步发挥路网整体效益，改善商丘市投资环境，密切商丘与中原城市群和山东半岛的联系，促进区域经济发展起到重要作用。为此，我厅同意建设商丘至周口高速公路商丘段二期工程。

二、建设方案及建设规模

同意该项目起点位于商周高速公路商丘段与连霍高速公路交叉预留的小史楼枢纽互通立交处，路线向北在宋武庄东跨商丘市规划的机场专用线，预留互通立交接线条件，在瓦房店东跨国道G310和陇海铁路，设李门楼互通立交，之后路线转向东北，在路楼北上跨京九铁路，接济广高速公路，重新布设杨楼互通立交，终点位于与国道105线交叉处。

路线全长27.546km，大桥556m/2座，中、小桥771m/15座，涵洞2道，通道21处，天桥175m/3处，互通式立交3处（其中枢纽立交2处），分离式立交16处，收费站2处，安全、服务和交通管理设施同步建成。

三、技术标准

同意该项目按照四车道高速公路标准建设，设计速度120km/h，路基宽28m。桥涵设计汽车荷载采用公路—1级。其他技术指标应按照《公路工程技术标准》（JTG B01—2003）和《河南省高速公路设计技术要求》（DB41/T 419—2005）及其补充规定执行。

四、投资估算

核定项目投资估算为11.54亿元（含建设期贷款利息）。建设资本金由河南高速公路发展有限责任公司自筹，其余资金申请国内银行贷款解决。

五、经济、财务评价

该项目经济、财务评价依据国家现行有关办法编制。敏感性分析表明，该项目具有较好的国民经济和财务效益，在经济上是可行的。

六、建议项目建设工期为 36 个月。

附件：商丘至周口高速公路商丘段二期工程可行性研究报告（略）

二〇〇九年五月二十六日

关于《商丘至周口高速公路商丘段二期工程项目申请报告》的评估报告

豫咨字〔2009〕314 号

签发人：董治堂

摘要

拟建项目是商丘至周口高速公路商丘段的北延工程，南连商周高速公路及连霍高速公路，北接济广高速公路商丘至菏泽（省界）段。项目的建设进一步完善豫东地区交通网络，发挥商丘交通枢纽的带动作用，带动发展豫东区域的经济，对改善投资环境、发展旅游事业有着深远意义。本项目同时承担商丘西北绕城高速公路的功能，与城市周边多条国道、省道交叉，对拉大城市框架，减少过境交通对城市的干扰，方便城市西部地区的出行具有重要的作用。项目的建设是必要的。

商丘至周口高速公路二期工程推荐路线起于商周高速公路商丘段预留的小史楼枢纽型立交，向北跨县道X024，在沈坟收费站以东跨省道S325线，在宋武庄东跨越规划中的商丘市机场专用线，预留机场路互通立交建设条件，路线继续向北，跨古宋河，在孙瓦房东跨国道G310和陇海铁路，设李门楼互通式立交，路线转向东北，在薛庄北跨包河，在杨庄西跨郑阁干渠，在窦庄北跨省道S207，继续向东北方向，在路楼北上跨京九铁路，在曹庄东北跨东沙河，接济广高速公路商丘至菏泽（省界）段，重新布设杨楼互通式立交，止于与国道G105线交叉处，路线全长约27.546km。

该项目设计交通量按建成后20年预测，2032年年平均日交通量为29300辆（小客车）。项目采用四车道高速公路标准，设计速度为120km/h，路基宽度28m。项目永久性占地2644亩（包括互通式立交及收费站占地），全线主线桥4073.08m/33座，其中分离式立交2745.28m/16处，大桥556.4m/2座，中桥687.52m/11座，小桥84.08m/4座，上跨天桥175.2m/3处，互通内匝道桥梁620.68m/3座，互通内主线上跨桥193.28m/2座，涵洞12道，枢纽式立交2处，互通式立交1处，分离式立交16处，通道21道，一处匝道收费站。养护和管理中心拟与商周高速公路合建。项目估算总投资115351.84万元，平均每公里造价4187.61万元。

河南高速公路发展有限责任公司于2009年4月成立了"商丘至周口高速公路商丘段二期工程建设有限公司"（豫高人司〔2009〕144号文），6月在商丘市工商行政管理局注册成功后公司名称改为"河南德馨高速公路有限公司"负责该项目的建设工作。2009年4月商丘市人民政府与河南高速公路发展有限责任公司，签订了《关于商丘至周口高速公路二期工程项目投资框架协议书》，2009年7月商丘市交通局经商丘市人民政府授权与河南德馨高速公路有限公司签订了《关于商丘至周口高速公路二期工程项目特许经营权协议书》。

《项目申请报告》所提出的建设标准和建设方案合理、可行，符合沿线城镇规划以及其他有关规划。建设用地通过了预审,项目也得到了环保部门的批复。本项目的建设不会对沿线区域的公众利益产生重大的不利影响。项目的建设资金基本落实。评估建议核准该项目实施。

省发改委：

受你委委托,我公司组织专家(名单附后),于2009年7月21日至23日在商丘对《商丘至周口高速公路商丘段二期工程项目申请报告》(以下简称《项目申请报告》)进行了现场评估。

专家组对路线走向和重要控制点位置进行了现场踏勘,听取了《项目申请报告》及《项目工程可行性研究报告》编制单位河南省交通规划勘察设计院有限公司对项目情况的汇报,并会同与会代表听取了地方政府及有关部门的意见和建议。专家组本着"客观、公正、科学、可靠"的原则对《项目申请报告》进行了认真审查、充分讨论,并提出意见。《项目申请报告》编制单位根据专家组意见对报告进行了修改、完善,并于2009年10月30日提交了修改后的《项目申请报告》(修改版),我公司在此基础上提出评估意见如下：

一、项目建设必要性

1. 是河南省高速公路网建设的需要

本项目是河南省重点建设项目商丘至周口高速公路的续建工程,商周高速公路是2003年经河南省发展与改革委员会批准建设的区域干线公路,它的建成对完善商丘市及河南省公路网络,构筑高效运输体系,提高交通运输能力,促进沿线资源的开发和利用,带动沿线经济的发展和城市化进程,起着十分重要的作用。本项目将济广高速公路商丘至菏泽(省界)段、连霍高速公路、商周高速公路紧密地联系在一起,共同构成商丘高速公路交通枢纽,因此,拟建项目的建设对完善河南省高速公路网的发展具有重要作用。

2. 是完善商丘市公路网络,充分发挥其交通枢纽作用的需要

商丘为我国东西部地区重要的衔接点和物资集散中心。商丘对外交通设施发达,我国南北向最长主动脉京九铁路和东西向最长铁路主动脉、亚欧大陆桥陇海铁路在此交汇。两条国道主干线310国道和105国道也在商丘市中心城区边缘穿过并相交。京九铁路与陇海铁路、310国道和105国道形成了汇集物流、人流、资金流的"黄金双十通道",沟通了我国东部沿海与西部内陆、南方经济发达地区以及我国北部地区。

随着连霍高速公路商丘段2001年年底建成通车,该区域东西向公路运输环境将大大优于南北向,不均衡的公路网配置显然难以与重要铁路枢纽的地位相匹配。随着济广高速公路商丘至菏泽(省界)段和商周高速公路的建成,这一区域的交通格局将大为改观,但商丘交通枢纽的南北方向的瓶颈仍没打通,济广高速公路商丘至菏泽(省界)段未来将承受山东菏泽、济宁两个方向的交通压力,需将商周高速公路商丘段进一步向前延伸,与济广高速公路商丘至菏泽(省界)段相接,疏解济广高速公路商丘至菏泽(省界)段和连霍高速公路的交通压力。济广高速公路商丘境内商丘至亳州段已于2005年10月30日建成通车,商丘至菏泽省界段已于2006年年底通车,商丘到菏泽山东段也已建成通车。由于本项目连接济广高速公路商丘至菏泽(省界)段,为保持和整个项目同时建成,发挥路网的整体效益,本项目列为商丘市政府2009年重点建设项目之一。

3. 是改善商丘投资环境、促进区域经济发展、实现中原崛起的需要

商丘市中心城区的定位是：豫鲁苏皖结合部中心城市、商贸物流中心和重要的交通

枢纽;豫东现代工业基地和国家级历史文化名城。商丘远期至2020年将发展成为特大城市,有机会发展成为淮海经济圈的现代物流中心。商丘的突出优势是区位优势和交通优势,本项目的建设对增强城市区位、交通优势、密切商丘与中原城市群和山东半岛的联系,改善地区投资环境,吸引外资,带动周边区域经济发展,实现中原崛起,起着积极的推动作用。

4. 是营造舒适交通环境,带动旅游产业发展的需要

商丘市是国家级历史文化名城,文化灿烂,名胜古迹繁多,星罗棋布般散布于六县二区一市。商丘位于开封、徐州两个旅游热点城市之间,又是河南省重点开发的"三点一线"(郑、汴、洛沿黄河旅游线)和国家确定的"黄河之旅——中华民族之魂"旅游建设的东部起点和前沿,旅游区位十分优越。商丘市把旅游作为新的经济增长点和产业加以培育。

项目的建设进一步完善豫东地区交通网络,发挥商丘交通枢纽的带动作用,带动发展豫东区域的经济,对改善投资环境、发展旅游事业有着深远意义。本项目同时承担商丘西北绕城高速公路的功能,与城市周边多条国道、省道交叉,对拉大城市框架,减少过境交通对城市的干扰,方便城市西部地区的出行具有重要的作用。

综上所述,评估认为该项目的建设是必要的。

二、申报单位基本情况

河南高速公路发展有限责任公司是河南省人民政府授权省交通运输厅投资组建的国有独资公司,主营高速公路、特大型独立桥梁等交通基础设施的开发建设、养护和经营管理。

2008年底,河南高速公路发展有限责任公司总资产为1021.64亿元,资产总额公允值为1210亿元。总负债809亿元,净资产212.64亿元,资产负债率79.2%,公允值负债率66.9%。2008年,河南高速公路发展有限责任公司多种经营公司完成收入67.93亿元,实现净利润5.67亿元,上交各类税收3.91亿元,在河南省地方税务局纳税企业500强排行榜中名列第8位。

河南高速公路发展有限责任公司于2009年4月成立了"商丘至周口高速公路商丘段二期工程建设有限公司"(豫高人司〔2009〕144号),6月在商丘市工商行政管理局注册成功后公司名称改为"河南德馨高速公路有限公司"负责该项目的建设工作。2009年4月商丘市人民政府与河南高速公路发展有限责任公司,签订了《关于商丘至周口高速公路二期工程项目投资框架协议书》,2009年7月商丘市交通局经商丘市人民政府授权与河南德馨高速公路有限公司签订了《关于商丘至周口高速公路二期工程项目特许经营权协议书》。

评估认为:项目申报单位具备承担拟建项目投资建设的基本条件,符合申报资格。

三、项目建设基本内容评价

1. 交通量预测

《项目申请报告》根据拟建项目所承担交通流的流向,划分了影响区域,收集了大量的社会经济和交通运输等方面的资料,在2001年所进行的全省机动车OD调查的数据基础上,采用"四阶段法"预测出了自然增长的趋势型交通量,适当考虑了部分诱增交通量,最后得到了评估期内各特征年交通量,该项目设计交通量按建成后20年预测,2032年年平均日交通量为29300辆(小客车)。评估认为:《项目申请报告》中交通量预测部分所采用的思路和方法正确,基础数据基本可信,交通量预测结果可作为确定技术标准和经济评价的依据之一。

2. 技术标准

本项目的功能是把连霍、商周、济广三条高速公路连接成网,形成商丘市完整的环城高速公路。项目建成后更加有利于三条高速公路交通流的有效转换,将为商丘市经济发展创造良好的交通环境,也必将大大推动本市经济的大发展。根据项目的功能和交通量预测结果,选择设计速度为120km/h,路基宽28m的双向四车道高速公路标准是合适的。

3. 工程方案

商丘至周口高速公路二期工程推荐路线起于商周高速公路商丘段预留的小史楼枢纽型立交,向北跨县道X024,在沈坟收费站以东跨省道S325线,在宋武庄东跨越规划中的商丘市机场专用线,预留机场路互通立交建设条件,路线继续向北,跨古宋河,在孙瓦房东跨国道G310和陇海铁路,设李门楼互通式立交,路线转向东北,在薛庄北跨包河,在杨庄西跨郑阁干渠,在窦庄北跨省道S207,继续向东北方向,在路楼北上跨京九铁路,在曹庄东北跨东沙河,接济广高速公路商丘至菏泽(省界)段,重新布设杨楼互通式立交,止于与国道G105线交叉处,路线全长约27.546km。

评估认为:(1)本项目为商周高速公路二期工程,一期工程已建成,因此本项目起点即为一期工程终点,明确无疑。(2)本项目终点互通向北的交通量是向南交通量的二倍,同时又具有商丘环城高速公路的功能,因此推荐终点设于济广高速公路与国道105线交叉附近是合理的。(3)建议初步设计阶段调查地下水位,在1/100设计洪水频率高程基础上,进一步比较下穿或上跨京九铁路的方案。

4. 建设规模

本项目建设规模为:建设里程长27.546km,项目永久性占地2644亩(包括互通式立交及收费站占地),全线主线桥4073.08m/33座,其中分离式立交2745.28m/16处,大桥556.4m/2座,中桥687.52m/11座,小桥84.08m/4座。上跨天桥175.2m/3处,互通内匝道桥梁620.68m/3座,互通内主线上跨桥193.28m/2座,涵洞12道;枢纽式立交2处,互通式立交1处,分离式立交16处,通道21道,一处匝道收费站。养护和管理中心拟与商周高速公路合建。

评估认为:建设规模基本合理,关于机场路互通立交:虽交通量预测机场路互通的交通量较李门楼互通大,但由于机场尚处于方案规划阶段,因此预留是合适的。如果商丘机场建设时间提前,机场路预留互通立交应结合机场连接线建设时间统一考虑予以建设。

5. 建设工期

《项目申请报告》提出本项目工程建设工期为36个月,计划2009年底开工建设,2012年底建成通车。

评估认为:36个月的工期是需要的,建议根据项目前期工作进展情况,适当调整项目的开竣工日期。

四、行业和相关规划

1. 交通规划

评估认为:本项目属高速公路网规划的6条区间通道线之一的商周线北延工程,南接商周高速及连霍高速公路,北接济广高速公路商丘至菏泽(省界)段。是河南省高速公路网"十一五"期间规划建设的重点项目,与河南省公路网规划是相符的。

2. 城市规划

依据项目的路线走向,商丘市城市规划局对本项目路线方案出具了相关函件,评估认为:

拟建项目路线方案与商丘市总体规划结合较好。

3. 产业政策分析

《2001—2010年公路水路交通产业发展序列目录》（交通部交规划发〔2001〕268号）中"重点鼓励"的公路项目，包括国道主干线、区域干线公路和省干线公路。而拟建的商丘至周口高速公路商丘段二期工程是河南省区域干线公路的组成部分。评估认为：拟建项目属于重点鼓励的建设项目。

4. 行业准入分析

评估认为：商丘至周口高速公路商丘段二期工程项目建设单位符合《公路建设市场管理办法》（交通部2004年第14号令）第十条"凡符合法律、法规规定的市场准入条件的从业单位和从业人员均可进入公路建设市场"的规定。

五、资源保护和利用分析

1. 线路走廊带资源

评估认为：本项目起、终点明确，根据线路方案比选情况，线路走廊带的确定是合理的。

2. 土地占用

本项目拟永久用地规模为2644亩，已取得河南省国土资源厅工程建设用地的预审意见，项目占用林地应抓紧办理林业用地的相关手续。

3. 矿产资源

根据河南省地质矿产勘查开发局第一水文地质工程地质队为本项目编制的《河南省商丘至周口高速公路商丘段二期工程压覆矿产资源储量核实评估报告》，结论为：商丘至周口高速公路商丘段二期工程核实区范围内无重要矿产资源分布，未压覆查明矿产资源。

4. 文物资源

项目沿线分布有宋国故城遗址、清凉寺、三陵台等古建筑，距离拟建工程均较远，项目建设对其基本无影响。商丘市文物管理局原则同意路线方案。

评估认为：上述文物遗址距离拟建工程均较远，项目建设对其基本无影响。但应根据文物管理部门的有关规定，在后续阶段对地下文物进行探查，并取得省级文物主管部门的书面意见。

5. 节能评价

本项目实施后，由于行驶里程的缩短和行车条件的改善，同时减少老路的拥堵，从而节省大量能源。据《项目申请报告》测算，至评价末年，可以节约燃油1.74亿升。

评估原则上同意节能评价意见。

六、生态环境影响分析

1. 生态环境

拟建项目所在区域为豫东黄河冲积平原，项目建设对地形地貌、河流水系及生态环境有一定影响。项目在前期、施工期和营运期三个阶段中，施工期的影响最大，由于施工期间的取土、施工噪声会对周围环境有一定影响，运营期间的汽车噪声、雨水排出也会对周围环境造成一定影响。

2009年商丘市环境保护局以商环审〔2009〕105号文件《关于〈商丘至周口高速公路商丘段二期工程环境影响报告书〉审批意见》对本项目进行了批复。

评估认为：政府环境保护部门已批准了本项目环境影响评价报告，但建议在施工和运营期间,采取工程措施,减轻对环境的影响,并将费用列入估算中。

2. 水土保持

拟建公路穿越商丘市域的古宋河、包河、东沙河等,并与商丘三大水源地的两个临近。根据本区域的气候特点,在降雨集中月份,有一定的水土流失现象。

评估认为:项目在建设和运营期将会对水土保持造成一定的影响,建议项目业主单位抓紧向相关部门报送水土保持方案,早日获得政府水利部门的行政许可意见。

3. 地震安全

拟建项目位于华北平原地震带。根据《中国地震动参数区划图》,商丘地区地震动峰值加速度为0.05g,相应地震基本烈度为Ⅵ度。中国地震局地球物理勘探中心郑州基础工程勘察研究院承担并提交的《商丘至周口高速公路商丘段二期工程场地地震安全性评价报告》认为周边地区,如磁县、菏泽历史地震对工程线路影响烈度最大为Ⅶ度,且认为附近场区有发生中强地震的构造背景。

项目已取得河南省地震局对"地震安评报告"的批复文件,评估建议以河南省地震局批复文件参数进行抗震设防。对主要构造物场地内的粉土、粉砂、细砂是否存在地震液化问题,应在下阶段工程地质勘查中给予判别。

4. 地质灾害

2009年5月,由河南省地矿建设工程(集团)有限公司承担完成的本项目建设用地地质灾害危险性评估报告,结论为:

(1)现状条件下,评估区内没有发现崩塌、滑坡、泥石流、地面塌陷、地裂缝等地质灾害,但存在崩塌和地面不均匀沉陷可能,总体认为地质灾害危险性较小。

(2)综合评估结果表明:依据地质灾害危险性综合评估结果,将评估区划分为一个危险性小区。

评估建议:

(1)对施工中次生地质灾害如:崩塌等采用坡面防护、砌挡土墙、砌坡面排水沟等措施;对路基不均匀沉陷灾害采用预压、强夯、铺设垫层、桩基等措施。

(2)对背河洼地、地势低洼易碱、涝及灰黑色淤泥等不良地质路段,在施工中应予注意,并采取相应技术措施。

(3)建议尽快取得国土主管部门对地质灾害的批复意见。

七、土地利用评价

1. 土地占用情况

拟建工程永久性征用土地2644亩,其中农用地为2100.58亩,农用地中耕地1971.27亩(含基本农田1769.65亩),项目占用建设地299.21亩,未利用地244.23亩。

2. 土地利用合理性分析

根据建设部、国土资源部建标〔1999〕278号《公路建设项目用地指标》的规定,平原区四车道路基标准宽度28m的高速公路建设项目,其用地总体指标限值的低值为7.1007公顷/km。

本项目采用双向四车道高速公路技术标准,路基宽度28m,按规定可以采用中值。项目永久占地平均值为6.399公顷/km,低于总体用地指标限值,符合《公路建设项目用地指标》的限值要求。

其他单项用地指标如路基工程、交叉工程、大桥工程、沿线设施等也都符合《公路建设项目用地指标》中单项指标的限值要求。

3. 征地拆迁补偿标准

评估认为：征地拆迁补偿标准应按照《河南省实施〈土地管理法〉办法》、《河南省耕地占用暂行条例实施办法》、《河南省人民政府关于公布取消停止征收和调整有关收费项目的通知》等有关文件的规定执行。

八、投资估算及资金筹措

1. 投资估算

本项目全长 27.546km，投资估算总金额为 115351.84 万元，平均每公里为 4187.61 万元，其中建筑安装工程费为 84398.82 万元，占投资总金额的 73.17%。

评估认为：投资估算编制基本符合交通部颁《公路工程基本建设项目投资估算编制办法》及河南省有关规定，投资估算基本合理。

2. 资金筹措

本项目共需人民币 115351.84 万元，初步计划由以下两种方式筹集资金：自筹资本金 28851.84 万元，占总投资的 25%；申请银行贷款 86500 万元，占总投资的 76%。

公路建成后，以收取车辆通行费作为投资回报，逐年偿还贷款。

项目业主拟从现有的货币资金中（详见中国建设银行股份有限公司郑州桐柏路支行出具的河南高速公路发展有限责任公司截至 2009 年 8 月 7 日在该行存款余额为柒亿肆仟余万元的证明）解决自筹资金。

中国民生银行郑州分行于 2009 年 6 月 29 日出具的《中国民生银行郑州分行关于商丘至周口高速公路商丘段二期工程项目贷款承诺函》中提出，该行原则同意为该项目承诺 8.65 亿元的意向贷款。

基于上述情况，评估认为，本项目的建设资金基本落实。

九、经济评价和社会评价

1. 经济评价

《项目申请报告》依据交通部《水运、公路建设项目可行性研究报告编制办法》和国家发改委颁布的《建设项目经济评价方法与参数》（第三版），按照项目费用与效益同一口径计算的原则，并采用"有无对比法"对本项目进行了国民经济效益分析及国民经济敏感性分析。

本项目推荐方案的经济内部收益率大于 8% 的社会折现率，经济净现值大于零；敏感性分析表明项目有着一定的抗风险能力。

评估认为：本项目在经济上是可行的。

2. 社会评价

通过社会影响效果分析，社会适应性分析，社会风险及对策分析，得到结论：项目有利于促进沿线地区社会经济及相关产业的发展，促进区域产业结构的优化和商丘市城市布局规划，提高沿线居民的生活水平和质量，增加就业机会，加快城镇化进程。个别负面影响可以通过采取适当有效的措施使其尽可能地减小。

评估认为：本项目具有良好的社会效益。

十、结论和建议

本项目是《河南省高速公路网规划》中商丘至周口高速公路的组成部分，项目的建设对于完善河南省干线公路网布局、提高路网整体效益、促进沿线区域与周边地区社会经济的协调发展都具有重要意义。《项目申请报告》所提出的建设标准和建设方案合理、可行,符合沿线城镇规划以及其他有关规划,建设用地通过了预审,项目也得到了环保部门的批复。本项目的建设不会给沿线区域的公众利益产生大的不利影响,项目公司已经正式注册成立,建设资金亦已基本落实。

评估建议核准该项目实施。

建议:

1. 按照国家相关规定,进一步完善有关林业、文物、防洪等评估申报工作。
2. 建议在初步设计阶段,研究跨越陇海、京九铁路下穿方案的技术、经济可能性。
3. 本项目地处黄河故道区域内,可能存在软弱地基。建议初步设计加强工程地质勘查,做好桥涵和路基工程设计。
4. 鉴于本项目沿线均为产量较高的农业用地,且取土相对困难。建议合理控制路基高度,增设跨线天桥,尽量减少占用优质农田。
5. 在项目建设期间,建设项目业主应认真做好取土场及临时用地复耕问题,尽量给沿线群众提供和谐的生产、生活环境。

附件:1. 商丘至周口高速公路商丘段二期工程项目申请报告评估会专家组成员名单
      2. 商丘至周口高速公路商丘段二期工程项目申请报告咨询评估会与会人员名单
      3. 商丘至周口高速公路商丘段二期工程地理位置图

二〇〇九年十一月二日

主题词:高速公路　项目申请报告　评估

抄送:省交通厅、商丘市政府
　　　商丘市发改委、商丘市交通局
　　　河南德馨高速公路有限公司
　　　省交通规划勘察设计院有限公司

附件1

商丘至周口高速公路商丘段二期工程
项目申请报告评估会专家组成员名单

专家组	姓名	单　位	职　称	专　业	签　名
组长	冯治安	河南省公路学会	教授级高工	路桥	
成员	朱祖欣	中美华杰工程咨询有限公司	教授级高工	路桥	
成员	席伦云	安徽省交通规划勘察设计院	教授级高工	路桥	
成员	李强	河南省交通科研院	教授级高工	路桥	
成员	魏其运	山东省交通规划勘察设计院	高工	交通量、经济评价	
成员	胡霞光	河南省交通科研院	教授级高工	路桥	
成员	胡仁东	河南省交通厅定额站	教授级高工	投资估算	
成员	刘英	开封阿深高速黄河大桥有限公司	高工	路桥	
成员	陈铁岭	河南省国土资源研究院	教授级高工	工程地质	

附件 2

商丘至周口高速公路商丘段二期工程项目
申请报告咨询评估会与会人员名单

日期:2009 年 7 月 22 日

序 号	姓 名	单 位	职务、职称	备 注
1	冯治安	河南省公路学会	教授级高工	
2	朱祖欣	中美华杰工程咨询有限公司	教授级高工	
3	席伦云	安徽省交通规划勘察设计院	教授级高工	
4	李强	河南省交通科研院	教授级高工	
5	魏其运	山东省交通规划勘察设计院	高工	
6	胡霞光	河南省交通科研院	教授级高工	
7	刘英	开封阿探高速黄河大桥有限公司	高工	
8	胡仁东	河南省交通厅定额站	教授级高工	
9	陈铁岭	河南省国土资源研究院	教授级高工	
10	魏学彬	省发改委交通处	副处长	
11	张丽	省发改委交通处	主任科员	
12	鲁乾坤	省发改委交通处	工程师	
13	梁清民	商丘市交通局	副局长	
14	许庆运	商丘市规划局	总规划师	
15	聂世建	商丘市国土局	副局长	
16	索凤栓	商丘市环保局	副局长	
17	冯保健	商丘市水利局		
18	王伟	商丘市林业局	总工	
19	杨健	商丘市文物局	副局长	
20	许爱民	商丘市地震局	总工	
21	郭艳丽	梁园区政府	副县长级干部	
22	洪文学	睢阳区政府	副区长	
23	刘东涛	市建设指挥部	主任	
24	吕文松	商丘市政府办公室	科长	
25	刘俊华	商丘市发改委	科长	

附件3

商丘至周口高速公路
商丘段二期工程地理位置图

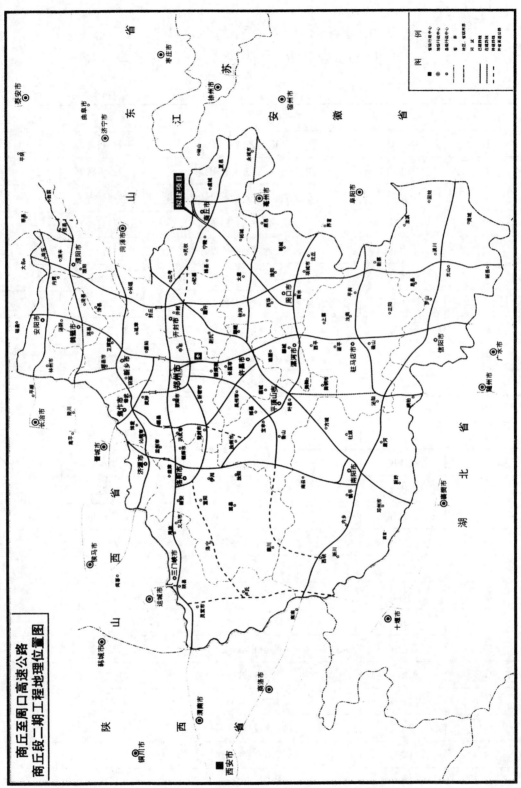

商丘至周口高速公路商丘段二期工程可行性研究报告评审意见

2009年4月18日至4月20日,交通厅组织专家组(名单附后)对由河南省交通规划勘察设计院有限责任公司编制的《商丘至周口高速公路商丘段二期—工程可行性研究报告》(以下简称《工可报告》)进行评审。参加本次评审会议的有省交通厅、省高速公路发展有限公司等方面的领导和代表。与会专家18日到项目现场进行了调查和视察,并预先审阅了研究报告的全部内容。19日与会专家、领导和各方代表共同听取了《工可报告》编制单位的详细汇报,就相关问题进行了质疑后,专家组审查认为:编制单位提供的《工可报告》基本满足交通部《公路建设项目可行性研究报告编制办法》、《公路工程基本建设项目投资估算编制办法》等国家部委、省相关文件的要求,依据专家组提出的意见和建议进行修改和完善后,可以作为项目报批的依据,具体审查意见如下:

一、项目建设的必要性

1. 河南省高速公路网建设的要求

本项目是河南省重点建设项目商丘至周口高速公路的续建工程,项目将济广高速公路、连霍高速公路、商周高速公路段紧密地联系在一起,共同构成商丘高速公路交通枢纽,因此,拟建项目的建设对完善河南省高速公路网的发展具有重要价值。

2. 完善商丘市公路网络,充分发挥其交通枢纽作用的需要

商周高速公路商丘段已于2006年建成通车,终点与连霍高速公路相交叉(小史楼互通式立交)。本项目的建设,将商周高速公路、连霍高速公路、济广高速公路有机的连接起来,弥补了商丘市高速公路网互通能力不足的缺点,减轻了未来对济广高速公路和连霍高速公路的交通压力,有利于保持和发挥路网的整体效益。

商丘市中心城区的定位是:豫鲁苏皖结合部中心城市、商贸物流中心和重要的交通枢纽;豫东现代工业基地和国家级历史文化名城。商丘远期至2020年将发展成为特大城市,有机会发展成为淮海经济圈的现代物流中心。商丘的突出优势是区位优势和交通优势,本项目的建设对增强城市区位、交通优势、密切商丘与中原城市群和山东半岛的联系,改善地区投资环境,吸引外资,带动周边区域经济发展,实现中原崛起,起着积极的推动作用。

3. 保增长、促发展、扩大内需、加快国家公路基础设施建设的需要

次贷危机引发的金融危机愈演愈烈,迅速从局部发展到全球,从发达国家传导到新兴市场中国家,从金融领域扩散到实体经济领域,酿成了一场历史罕见、冲击力极强、波及范围广的国际金融危机。在国际金融危机冲击下,实体经济增速大幅下滑。

交通基础设施建设带动面广、投资链长、增加就业岗位多,预期效益明显。新增公路投资100亿元,可带动社会投资700亿元。每亿元高速公路建设投资可为社会提供约1800个直接就业机会、2100个间接就业机会;平均每公里高速公路建设直接形成约1000t钢材、9000t水泥、1900t沥青的消费需求。

本项目同时承担商丘西北绕城高速公路的功能,与城市周边多条国道、省道交叉,对拉大

城市框架,减少过境交通对城市的干扰,方便城市西部地区的出行具有重要的作用。综上所述,该建设项目的实施是完全必要的,也是十分迫切的。

二、交通量预测

《工可报告》依据交通部《水运、公路建设项目可行性研究报告编制办法》的要求,根据项目所承担交通流的特性,确定项目的影响区范围,论证了项目影响区域经济、交通运输的现状及发展规划,收集了相关道路的交通量观测和路网资料,采用以"OD"调查为基础的"四阶段法"预测项目建成后各特征年的交通量。

1. 报告内介绍的交通量分析显示的目的较为明确,预测方法基本正确,交通量增长的趋势分析合理。

2. OD 调查资料是交通量预测的依据,而交通量是公路项目评价的基础,报告采用的交通量 OD 调查资料为 2001 年 3 月 7 日的 OD 调查结果,但数年来,公路路网(见报告表 2-5)及车辆组成结构(见报告表 3-5)均已发生了巨大的变化,认为交通量预测结果偏大,因此,建议报告编制单位应依据现有路网情况对交通量进行分配,并与现有路网交通调查资料进行对比验证,调整 OD 资料后,按照交通量预测模型进行未来路网交通量的分配与预测。

3. 报告对影响区域进行了较为详细的分析与介绍,并对区域内相关路网内主要道路交通量进行了预测,但项目交通量预测结果中,项目终点交通量不均衡,请核对纠正。另:未来年区域内各主要道路的交通量预测结果显示(请核对该报告关于连霍高速公路交通量的预测与相关建设项目的交通量预测是否一致),二级公路(S206、G105、G310)均处于极度拥挤的状态,而相关高速公路(连霍、周商、商亳)的通过能力均有一定的富余,因此,在报告中应对这种现象提出相应的解决措施。

4. 应充分考虑国家"绿色通道"对交通流分配的影响,并作为经济评价和财务评价的依据。

三、路线方案

(一)路线起点

《工可报告》推荐方案,本项目起点位于商周高速公路与连霍高速公路交叉处,起点桩号 K0+000;连霍桩号 K386+400,利用小史楼枢纽互通式立交北侧预留位置,是可行的。

(二)路线终点

《工可报告》推荐方案中,本项目终点选在与济广高速公路交叉处,终点桩号 K26+521.974,济广高速的桩号 K364+100,路线全长 26.522km,需将现有杨楼互通式立交改造成为复合式互通式立交。该工程设计复杂,造价高,选取的主要原因是为了不致拆除刚建成的杨楼互通式立交和废弃收费设施,所以该终点位置和互通式立交方案,宜进一步斟酌。

(三)路线方案比选

《工可报告》除推荐 K 线方案外,又做了 K 线比较方案 1,K 线比较方案 2 和 AK 线方案的比选,现分述如下:

1. K 线比较方案 1:K17+500~K26+521.974。该比较方案,主要是将 K 线方案上跨京九铁路改为下穿京九铁路和杨楼枢纽互通立交重新布置,废除原有 G105 与济广高速互通立交。

由于本项目与京九铁路交叉处,铁路路基较高(高 4.5m),因此,有条件考虑高速公路下穿京九铁路,但雨季可能造成地道内积水,影响交通;重新布置杨楼互通,比 K 线方案不仅要增加估算 2306 万元,且将才建成三年的原互通和收费站设施全部废除,各方面影响不好。所以不如仍维持 K 线方案,将现有互通改建成复合式互通为宜,只作下穿京九铁路与上跨京九铁路进行详细周到的比较。

2. K线比较方案2：K24+500～K26+521.974，该比较方案，主要是将K线方案杨楼复合式枢纽互通式立交改为全苜蓿叶式枢纽互通立交，在G105另设联络线与杨楼枢纽互通相接，与K线比较方案1一样，重新布置杨楼全苜蓿叶式枢纽互通，不仅要增加估算2306万元，且要废弃才建成三年的杨楼互通和收费站设施，各方面影响不好，所以也不如K线方案。

3. AK线方案：AK10+000＝r10+000～K26+521.974相当于AK27+101.800，AK线方案主要为了避开终点原有杨楼互通式立交的位置，往南另设杨楼枢纽互通，避免拆除(废弃)原立交和收费站设施，造成不良影响。虽然AK线比K线减少路基土方近50万 m^3，大、中桥减短304.2m，天桥减少1座长123m，但分离式立交桥桥长要增加171m(公路)和780m(铁路)，估算需增加3254万元，与K线方案相比，不具优势。

综上所述，《工可报告》推荐K线方案是有一定道理的，但是对与京九铁路交叉是采用上跨还是下穿，需要进一步做详细并周到的比较，上跨坡度过大，上坡2.43%/700m，下坡2.75%/600m，下雨、下雪天存在安全隐患，且造价较高，建安费比下穿高4253万元，施工期要点费用也会较高，风险也较大；而下穿则纵坡平缓，下坡1.00%/600m，上坡0.82%/500m，且造价低，施工期间相对于上跨要点费较低，风险也小，主要问题是担心雨季排水不畅，阻断交通。所以必须把各方面问题考虑周全，所需费用估足，待征求铁路部门的意见后在初步设计时作最后选择。

4.《工可报告》推荐的K线方案：路线起点位于商周高速公路与连霍高速公路交叉处的小史楼枢纽互通式立交已预留的接口，向北跨X024，在沈坟收费站东跨S325，在宋武庄东跨已规划的机场路(预留互通式立交位置)，在南孙瓦房东跨G310(设李门楼互通式立交)，在李门楼东跨陇海铁路，在薛庄北跨包河，路线折向东略偏北，在李庄镇的崔庄和窦庄间跨S207，继续向东，在王庄、赵庄、路楼北跨京九铁路，在曹庄东北跨东沙河，直至杨楼北接济广(商菏)高速公路，改建原G105与济广高速公路互通式立交为杨楼复合式互通立交，即本项目终点，推荐线全长26.522km。

(四)平面线形

推荐线共设平曲线6处，平均每公里0.226处；平曲线最大半径8800m(1处)，最小半径3500m(1处)；需设超高的只有一处；平曲线长度占路线总长的56%；直线最大长度4087m，大于$20v$(2400m)。

平面线形直捷、舒顺、连续、均衡，技术指标较高。

(五)纵面线形

推荐线共设变坡点42处，平均每公里变坡次数为1.58次，平均坡长631m，竖曲线长度占路线总长度的47.4%，最大纵坡2.75%，长600m(1处)，最短坡长350m(1处)。竖曲线最小半径：凸形17000m，凹形12000m，纵坡除上跨陇海铁路和京九铁路两处略偏大外，其余都较平缓。纵面线形基本上平顺、圆滑、视觉连续，与沿线地形相适应，与周围环境相协调，除互通式立交和与铁路交叉处有较高填土外，其余路基填土高度基本适当。

(六)有关问题和建议

1. 与陇海铁路、京九铁路的分离式立交桥，其桥长较长，可斟酌适当缩短。

2.《工可报告》说明中，有些数据不一致，如平曲线个数、最大纵坡值、最短坡长等，应进一步核实、统一。

3. 上跨G310和陇海铁路，南侧纵坡+2.39%/650m，在李门楼互通式立交范围内，不符合规范,应调整为2%。

4. 上跨京九铁路两侧纵坡分别为 +2.43%/700m 和 -2.75%/600m,偏大,从安全考虑,宜调整为2%。

5. 终点复合式互通立交,不仅设计烦琐,日后行车线路较混乱。根据估算,K线方案杨楼互通建安费 4473.7 万元,AK 线方案 2286.1 万元,相差比较悬殊,宜进一步斟酌。

四、技术标准及工程规模

（一）技术标准

《工可报告》提出本项目全线采用四车道高速公路技术标准,设计速度 120km/h,路基宽度 28m,全线桥梁的荷载等级采用公路—Ⅰ级,其他技术指标按现行《公路工程技术标准》的规定选用。

根据河南省高速公路网规划、本项目在公路网中的功能和作用、设计交通量的预测结果和建设条件及临接项目的技术标准等因素,专家组认为本项目技术标准应与商周一期相一致。

（二）建设规模

本项目全长 26.522km,设大桥 2 座,中桥 11 座,小桥 4 座,涵洞 14 道,通道 21 道,互通式立交 4 处（其中起点小史楼互通立交为二期续建工程、机场互通为预留互通）,分离式立交 14 处,匝道收费站 1 处,服务区 1 处。

1. 桥梁

《可研报告》中全线设置大桥 556.4m/2 座,中桥 686.52m/11 座,小桥 98.16m/4 座,分离式立交 2529m/13 座,评审认为：桥梁设置、桥跨布置、桥型选择基本合理,但报告中存在一些差错,应予以更正。

（1）平纵面缩图中,杨庄大桥是预应力混凝土空心板,在大桥工程数量估算表中杨庄大桥是装配式预应力混凝土连续箱梁,建议采用装配式部分预应力混凝土连续箱梁。

（2）跨陇海铁路的分离式立交是 26×30m,跨京九铁路的分离式立交是 36×30m,平纵面缩图中查不到陇海和京九铁路的标高和路基高度,建议应进一步论证,选择合理的桥长。

（3）平纵面缩图中,K16+350 商菏路分离式立交桥是 3×20m 装配式预应力混凝土连续箱梁桥,而分离式立交工程数量估算表中 K16+350 是 3×20m 的窦庄分离式立交,桥型是预应力混凝土空心板,建议名称应统一起来,并采用 3×20m 的预应力混凝土空心板。

（4）平纵面缩图中 K16+233,X015 分离式立交桥是 3×16m 装配式部分预应力混凝土空心板桥,在分离式立交工程数量估算表中 X015 分离式立交桥是预应力混凝土空心板,建议采用预应力混凝土空心板。

（5）在 K1+920 和 K4+300 两个分离式立交桥都叫沈坟分离式立交桥,易混淆,建议区分开来。

2. 路基、路面与排水防护

（1）路基横断面及路幅组成：本工程项目是商周高速一期工程在交汇连霍高速后向东北方向的延伸,因此其路基横断面形式、路幅组成、车道划分、技术标准与设计风格等,应与一期工程基本保持一致。

（2）路基平均高度：平原区高速公路可研报告中应增加对路基平均高度的论述。本项目虽地形平缓,但起终点均为连通另外高速公路的枢纽互通,设有大中桥 13 座,上跨陇海和京九铁路的大型分离式立交两处,上跨国道 310 服务型互通 1 处,路线全长 26.522km,填方 278 万 m^3,平均每公里 10.5 万 m^3,审查认为路基高度设计合理。

（3）查相关设计图表及分项估算,缺少对路床土的处理。根据河南省多数高速公路的施工经验,宜对上路床40cm厚度范围内采用水泥土或石灰土的路床处理。

(4)路基防护及排水:全线路基防护、排水圬工体积为52669m³,约为每公里1900m³,防排工程数量偏少。

(5)设计图中中央分隔带横向排水管间距为30~40m,太密,影响路基施工,宜扩大为60m左右。超高路段路面排水横向排水管间距为80m,宜改为40m,且与路基边坡急流槽位置相对应,以利于暴雨时路面水的快速排出。

(6)主线沥青混凝土路面结构:主线推荐沥青混凝土路面结构为"5+6+7+2+2×18+2×16(m)"形式,建议设置改性沥青下封层,2×16cm石灰土底基层改为18cm低剂量水泥稳定碎石,路面总厚度由88cm改为74cm。初步设计时由计算确定各结构层厚度。沥青路面下面层7cmAC-25沥青混凝土结构,可考虑改为ATB沥青碎石结构。

(7)匝道沥青混凝土路面结构:可研报告推荐采用"5+6+2×17+18(cm)"形式,厚63cm,根据河南省高速公路设计要求的规定,匝道沥青混凝土路面结构应采用与主线一致的结构形式,也应为74cm。匝道收费站广场刚性路面结构形式为"25+20+20(cm)"厚度为65cm,根据多数高速公路建设经验,建议25cm厚水泥混凝土面板改为28cm厚,20cm厚12%石灰土底基层改为20cm厚低剂量水泥稳定碎石,总厚度为68cm。

(8)《工可报告》第10.12条叙述:跨河主线桥梁台后10~20m边坡采用浆砌片石满铺防护,分离式立交桥梁台后10m采用混凝土六角空心块防护,水塘路段采用浆砌片石满铺防护。以上工程量是否计入附图、附表篇"防排工程数量估算表"中,请予核查。

(9)《工可报告》第10.15条叙述:对于低路堤应考虑路基底部设置一层透水层以阻断毛细水上升,并设置掺灰隔水层。但在分项估算表中没有这些内容,请予核查。

3.路线交叉

(1)依据路网布局和交通量预测结果,项目设置小史楼枢纽互通式立交(连霍)、预留商丘机场互通式立交、李门楼互通式立交(国道310)、杨楼枢纽互通式立交(济广),认为互通式立交方案设计的思路正确,理念符合经济、适用等方面的要求。

(2)小史楼枢纽立交

同意起点工程原周商与连霍枢纽互通式立交的设计方案,可将续建部分列入本项目之中。

(3)机场互通式立交(预留)

建议机场互通式立交(预留)设计方案按照全互通方案设计,在本项目估算中应考虑相应的主线加宽和跨越机场专用道路桥梁的费用,避免中途修改和工程量的不足。

(4)李门楼互通式立交

该立交为项目与国道310线的交叉工程,从交通量分析和路网分布的功能转换角度,均应设置互通式立交。设计方案虽然考虑了节约工程费用与减少工程拆迁量,但由于主交通流方向为周口至商丘方向(交通量明显大于其他方向),因此建议互通式立交设置在第Ⅳ象限,以获取更好的社会效益(在未来年车辆绕行减少的费用将远大于目前少许工程拆迁所增加的费用),因此方案设计中应考虑相关拆迁的工程量。考虑到国道310将来的升级(升级为一级公路)改造,建议增加A匝道的长度,为将来该立交升级为全互通式立交留有余地。

(5)杨楼立交

因终点位置的限制,项目终点互通式立交与原济广线杨楼互通式立交相冲突,但不同意在原互通式立交上改建的设计方案(多路交叉形成匝道数量繁多,行车方向混乱,在驾驶员判断时易发生安全事故)。另,设计的苜蓿叶互通式立交(服务水平低,占地大)不适合作为枢纽互通式立交,济宁方向高速公路建设时也同样需要再次拆除新建的收费站区,因此,建议在终点枢纽互通式立交设置半定向式互通式立交(预留项目向济宁方向延伸的建设条件),而原服务性互通式立交拆迁并另辟新址,建议在枢纽互通式立交南约5km处(济广高速公路上)修建商丘市的东北出口连接国道105,以解决国道105车辆与高速公路的交通量转换。

(6)服务区:由于在周商路上及连霍、济广线上商丘境内均有服务区,建议该服务区取消。

(7)分离式立交

全线共设置分离式立交14座,同意设置相应的分离式立交,但从分离式立交的规模上看,设计未考虑地方道路未来的加宽改造(如:K20+110处的凯旋北路为城市道路,设置为3孔16m跨线桥),请核对商丘市的相关规划和交通量预测结果,对分离式立交的规模进行相应的调整,以满足区域交通未来的需求。

(8)天桥

全线设置4座天桥,能在满足交叉需求的同时降低主线高度,同意天桥的设置。建议进一步降低K15+438处、K17+200处主线高度。

五、投资估算

本项目报审投资估算99981万元,平均每公里3770万元。估算编制基本符合部颁《公路工程基本建设项目投资估算编制办法》及省有关规定,但仍存在一些问题,意见如下:

1. 借方运输距离不足2km偏短,建议根据预计土源情况适当增加土方运输距离;应适当考虑购土费用并列入土方项内;互通区匝道土方数量应扣除,在互通立交中已计列。

2. 小桥及跨径小于20m桥梁套用指标建议值乘系数1.2;跨径大于20m中桥及大桥、互通立交中跨线桥、分离式立交、天桥每平方米造价略偏低,且个别水中桥梁按干处计,建议适当调整。沥青材料改为改性沥青。

3. 建议互通立交另计列匝道土方购土费用;相应结构层的沥青消耗量调整为改性沥青。

4. 服务设施套用构造物Ⅰ费率有误,应套用钢桥上部。

5. 设备购置费用按80万元/km偏高,建议调整为60万元/km。

6. 土地费用每亩21000元偏低,请根据每亩年产值,按照有关规定计算征地补偿费、安置补助费、耕地开垦费、征地管理费、耕地占用税等有关费用;地面附着物赔偿费用建议按每亩4000元计列;临时占地1934亩偏大,建议按200亩考虑。

7. 研究试验费可按6万元/km计列。

8. 勘察设计费偏高,建议按60万元/km控制。

9. 取消绿色通道植树费和景观绿化费用,在建安费的其他工程费中已包含。

10. 主副食运费补贴运距建议由10km调整为5km。

11. 建议部分材料预算价格调整如下:

材 料 名 称	原价格(元/t)	调整价格(元/t)
Ⅰ级钢筋	3800	4150
Ⅱ级钢筋	3800	4250
钢材	4500	4150
改性沥青	4400	4850
石油沥青	3400	3850

碎石等地材价格请再核实。

12. 根据交通运输部有关文件增列交通量调查站布设费用。

13. 请结合技术方案评审的意见同时对估算作相应修改。

六、工期

同意《工可报告》制定的本工程自 2009 年 10 月开工,2012 年 9 月建成通车的安排。

七、经济评价

该可行性研究报告经济评价部分基本符合《建设项目经济评价与参数》以及《公路建设项目经济评价办法》的要求,选取参数基本合适。

但该部分也存在以下问题需要进一步完善:

1. 火车的货运价格,应采用 2008 年发布的价格作为计算参数,报告中用的仍是 1996 年发布的数据。

2. 主要材料影子价格,请结合目前情况进行调整。

3. 在成本中应进一步明确大、中修的计划实施时间和费用标准。

4. 收费交通量中通行费豁免车辆按照预测交通量的 3% 计算,比例偏小。

5. 收费标准的增长率,应结合其他项目的取值重新确定,建议按照现行收费标准每 10 年增长 20% 计算。

请根据调整后的估算、交通量计算数据和上述意见对经济分析部分进行修改和完善。

八、意见和建议

1. 本项目分别在李门楼和路楼跨越陇海铁路和京九铁路,此两条铁路均为国家交通大动脉,又分属不同铁路局管辖,建议有关单位尽快与铁路部门沟通,以便确定采用上跨或者下穿方案。

2. 由于项目所处高速公路网已有四个服务区(停车区),为节约投资和土地,本项目不再设置服务区。

二〇〇九年四月十九日

商丘市环境保护局
关于《商丘至周口高速公路商丘段二期工程环境影响报告书》审批意见

商环审〔2009〕105号

签发人：索凤拴

河南省高速公路发展有限责任公司：

　　你单位报来的由上海船舶运输科学研究所编制的《商丘至周口高速公路商丘段二期工程环境影响报告书》(以下简称《报告书》)收悉，受河南省环保厅委托，对该项目提出审批意见如下：

　　一、该项目符合国家产业政策。该工程南连商周高速及连霍高速公路预留的小史楼枢纽型立交，途经睢阳区、梁园区的水池铺乡、王楼乡、李庄乡、双八镇，止于与G105线交叉处，北接济广高速公路商丘至菏泽(省界)段，全长27.546km，总投资115350万元。项目实施后对于贯通我市城际高速网，构成高速公路交通枢纽，促进经济快速发展有重要意义，同意项目建设。

　　二、该《报告书》编制规范，内容全面，评价结论可信，建设单位应据此严格落实。

　　三、该项目建设主要内容包括路基工程、路面工程、桥涵工程、交叉工程及沿线设施等。建设单位应按照《报告书》及批复要求，严格落实污染防治和生态保护对策及投资，并着重做好以下工作：

　　1. 项目取土按照要求在取土场取土，并及时复耕。加强高速公路中央隔离带和两侧及立交工程、收费站的绿化工作，美化周围环境。

　　2. 施工中选用低噪声的机械设备，合理安排施工计划、施工方式和作业时间，夜间禁止使用高噪声设备，最大限度地减少施工噪声对周围环境的影响；施工物料堆场和运料车辆必须采取防风遮盖措施，以减少扬尘对施工场地周围居民的影响。

　　3. 建设单位应认真落实环评提出的营运期废水、噪声、固废等各种污染防治措施。收费站污水采用环保型整体式污水处理池处理，处理池体积不得小于$20m^3$，上清液作为互通绿化用水，冬季多余的上清液和底泥一起定期抽取清运，污水不得外排；对沿线居民、学校等环境敏感点采取安装声屏障、通风隔声窗等措施，减轻噪声对附近学校和居民的影响；收费站生活垃圾及时收集、妥善处置。

　　4. 认真落实相关征地、拆迁补偿及安置措施，确保失地农民和被拆迁户的生活保障。

　　四、建设单位应明确专人负责环保工作，加强管理，严格执行"三同时"制度，认真落实环评提出的施工期和营运期环保措施及监控方案，制订防范危险品运输车辆事故环境风险应急预案。项目建成后，及时申请环保验收，验收合格后方可正式投入运营。商丘市环境监察支队负责该项目的日常监督检查,并按照《河南省建设项目环境监察管理规定(试行)》(豫环文〔2008〕482号)要求,于月底和季度末分别报送月报表和季报表。

主题词:环保　建设项目　环评批复

抄送:河南省环境保护厅,上海船舶运输科学研究所,商丘市环境监察支队

商丘市环境保护局办公室　　　　　　　　　　　　　2009年6月3日印发

河南省水利厅准予水行政许可决定书

豫水行许字〔2010〕1号

许可事项:关于对商丘至周口高速公路商丘段二期工程水土保持方案报告书的审批。

河南德馨高速公路有限公司:

本机关于2009年1月4日受理你公司提出的关于对商丘至周口高速公路商丘段二期工程水土保持方案进行批复的申请,经审查,该申请符合法定条件。根据《中华人民共和国行政许可法》第三十八条第一款、《水行政许可实施办法》第三十二条规定,按照《中华人民共和国水土保持法》第十九条及其配套法规、技术规范的有关规定,许可如下:

一、商丘至周口高速公路商丘段二期工程位于商丘市区西北部梁园区、睢阳区境内,路线起点为商周高速公路与连霍高速公路交叉的史楼枢纽互通,然后路线大致向北方向,先后跨越X024、S325、G310、陇海铁路、京九铁路等,在魏庄附近新建魏庄枢纽互通与济广高速公路商丘至菏泽段相接,路线全长26.991km。设计标准采用双向四车道高速公路标准,设计行车速度120km/h,路基全宽28m。全线共布设大桥1座(长248.2m),中桥13座(长713m),互通式立交4处,分离式立交12处,涵洞6道,通道44道,收费站2处。工程建设总占地面积452.51公顷,其中永久占地面积193.70公顷,临时占地面积258.81公顷,工程总挖方量40.11万m^3,总填方量455.12万m^3,挖填平衡后,需借方455.01万m^3。工程总投资12.30亿元,其中土建工程投资2.88亿元。工程计划于2010年1月开工建设,2012年12月底建成通车。

工程沿线地貌类型属冲积平原区,暖温带大陆性季风气候,多年平均降水量686.5mm,多年平均气温13.9℃。项目区水土流失以微度水力侵蚀为主,土壤侵蚀模数背景值200t/(km^2·a)。建设单位积极编报水土保持方案,符合我国水土保持法律、法规的规定和要求,对防治工程建设造成新的水土流失、保护当地的生态环境十分必要。

二、同意方案的编制深度为初步设计阶段。方案编制依据充分,内容全面,水土流失防治责任范围和防治目标明确,水土保持分区及水土流失防治措施总体布局基本可行。经审查,方案符合开发建设项目有关技术规范的规定和要求,可作为下阶段工作依据。

三、同意方案设计水平年为2013年,届时方案确定的建设期的各项水土保持设施应全部按设计要求建成并发挥功能,达到水土保持专项验收的要求。

四、基本同意水土流失预测内容、预测方法及预测结果。经预测,本工程建设期将损坏和占压水土保持设施面积13.32公顷,可能造成的水土流失总量为4.3万t,新增水土流失量为4.0万t。路基防治区和取土场为水土流失重点治理区和监测区。

五、同意本工程采用建设类项目二级水土流失防治标准。基本同意本工程设计水平年的水土流失防治目标为:扰动土地治理率达95%,水土流失治理度达87%,水土流失控制比1.0,植被恢复率达97%,林草植被覆盖率达22%。

六、同意该工程水土流失防治责任范围面积为 532.23 公顷,其中项目建设区面积为 452.51 公顷(路基防治区、桥涵防治区、互通立交防治区、附属设施防治区、取土场防治区、施工道路防治区和施工生产防治区),直接影响区面积为 79.72 公顷(路基防治区、互通立交防治区、附属设施防治区、取土场防治区、施工道路防治区等的直接影响区)。

七、同意将水土流失防治区划分为七个防治分区,即路基防治区、桥涵防治区、互通立交防治区、附属设施防治区、取土场防治区、施工道路防治区和施工生产防治区。基本同意水土流失防治措施总体布局和各防治分区采取的防护措施:

路基工程防治区施工期要做好土石方调配,应充分利用现状地形,减少动土方量。要做好路基、路堑边坡的防护,剥离表土要集中堆放,并认真落实建设期间的临时排水等防护措施,控制人为水土流失。

桥涵及互通立交工程防治区:根据沿线水文地质、地形地貌等情况,依据相应的水文计算结果,调整桥长和底高程以满足泄洪要求;桥涵施工结束后拆除的施工围堰等弃渣(弃浆),应统一运至指定地点堆放并进行防护。

取土场防治区:施工期要做好表土剥离回用工作,排水沟要与周边自然排水体系相衔接,施工结束后及时采取复耕措施。

附属设施防治区:要做好表土剥离回用工作,施工结束后要及时对场内空闲地进行绿化美化。

施工道路防治区:在施工期间要做好临时排水工作,施工结束后应及时采取复耕或绿化措施。

施工生产生活防治区:要做好表土剥离回用工作,施工结束后要及时采取绿化或复耕措施。

各个防治分区的临时占地,工程结束后要及时进行土地整治,按要求复耕或恢复植被。

八、基本同意水土保持方案实施进度安排,要严格按照批复的水土保持方案所确定的进度组织实施水土保持工程。

九、基本同意水土保持监测内容、方法和频次。同意项目监测重点为取土场和路基工程区,基本同意采用定位观测、实地调查和现场巡查相结合的方法进行监测。

十、同意投资概算的编制依据、原则及方法。本工程水土保持总投资为 2314.71 万元,其中:防治费 2047.47 万元,水土保持监理费 108 万元,水土保持监测费 23.20 万元,水土保持补偿费 15.98 万元。

十一、建设单位在工程建设中重点做好以下工作:

1. 按照方案落实资金、管理等保证措施。建设过程中加强对施工单位的管理与监督,切实落实水土保持"三同时"制度。水土保持工程措施设计需要变更的,应报我厅同意并备案。

2. 认真开展水土保持监测和工程监理工作。委托有水土保持监测资质的机构承担水土保持监测工作,及时向有关水行政主管部门提交监测报告;委托有水土保持监理资质人员的机构承担水土保持工程监理工作,确保工程建设质量。

3. 落实临时防护措施,控制施工期间的水土流失量。及时交纳水土保持补偿费,定期向工程所在地水行政主管部门报告水土保持方案的实施情况,并接受有关水行政主管部门的监督检查。

4. 建设单位要按照《开发建设项目水土保持设施验收管理办法》的规定,在工程投入运行之前及时向河南省水利厅申请组织水土保持设施验收。水土保持设施未经验收或验收不合格的,工程不得交付使用,否则依法进行查处并追究有关当事人的责任。

二〇一〇年一月十二日

抄送:省发改委、省国土资源厅、省环保厅,商丘市水利局,河南省中陆工程技术有限公司

关于申请商丘至周口高速公路商丘段二期工程水土保持方案批复的报告

豫德高司〔2009〕25 号

签发人:李　林

河南省水利厅:

　　我公司委托河南省中陆工程技术有限公司编制的《商丘至周口高速公路商丘段二期工程水土保持方案报告书》(送审稿)已于 2009 年 11 月 26 日通过专家审查,根据专家组审查意见,我公司及河南省中陆工程技术有限公司已严格按照相关规定及修改意见对报告书予以了修改,现将修改后的报批稿报呈贵厅,望尽早批复为盼!

二〇〇九年十二月一日

(联系人:朱红涛　　电话:13937068977)

主题词:商周二期　水土保持　方案　批复　报告

河南德馨高速公路有限公司　　　　　　　　　　　　　　　2009 年 12 月 1 日印发

河南省文物局关于
商周高速公路商丘段二期工程选址的批复

豫文物基〔2010〕75 号

商丘市文物管理局：

  你局《关于商周高速公路商丘段二期工程项目路线穿越文物保护单位的请示》（商文物〔2010〕17 号）收悉。经研究，现批复如下：

  一、原则同意商周高速公路商丘段二期工程项目选址方案。

  依据《中华人民共和国文物保护法》的有关规定，工程建设前，应由我局委托相关文物考古单位对拟建区域及取土区进行文物勘探和考古发掘工作，用于文物保护的工作经费由建设单位列入建设工程预算。

  此复。

二〇一〇年八月二十七日

河南省文物局　　　　　　　　　　　　　　　　2010 年 8 月 27 日印发

校对：安静

商丘市文物管理局
关于商周高速公路商丘段二期工程项目路线穿越文物保护单位的请示

商文物字〔2010〕17号

河南省文物局：

　　商周高速公路商丘段二期工程是商丘市的重点建设工程项目,工程全长约27km。该工程立项后我局立即安排文物工作队对高速公路的走向及沿途进行了调查,通过调查发现商丘商速公路商丘段二期工程路线距省保单位朱堌堆汉墓和沈堌堆汉墓较远。即不在保护范围内,也不在控制地带内,对保护单位没有直接影响,我局同意该线路的走向,特申请省文物局对此事作出明确批示。

　　附:关于商周高速公路商丘段二期工程项目路线穿越文物保护单位沈堌堆汉墓、朱堌堆汉墓、胡堌堆汉墓附近的调查报告及路线走向图。（略）

二〇一〇年六月二十二日

关于商周高速公路商丘段二期工程项目路线穿越文物保护单位沈堌堆汉墓、朱堌堆汉墓、胡堌堆汉墓附近的调查报告

商周高速公路商丘段二期工程是商丘市的重点建设工程项目，由河南德鑫高速公路有限公司投资建设，工程全长约27km，路面征地宽约50m，总占地面积约160.3公顷，投资总概算为123952万元。

商周高速公路商丘段二期工程线路位于商丘市的西部和北部，途径商丘市睢阳区新城办事处和梁园区水池铺乡、三楼乡、李庄乡和双八镇，它南起商周高速公路与连霍高速公路交叉处的史楼枢纽互通，向北分别跨越S325省道、310国道和陇海铁路，然后向北分别跨越京九铁路，在梁园区双八镇东部的杨楼枢纽式立交与济广高速公路相连接，全长约27km。

商周高速公路商丘段二期工程开工建设在即，为确保沿线文物保护单位文物的安全，商丘市文物局随后组织商丘市文物工作队和梁园区文物管理办公室，对高速公路线路经过的文物保护单位情况进行调查。经实地调查，高速公路线路沿途从省级文物保护单位朱堌堆汉墓、沈堌堆汉墓和县级文物保护单位胡堌堆汉墓附近穿过。在省保单位朱堌堆汉墓和沈堌堆汉墓处，高速公路线路向东距离沈堌堆汉墓边缘100余米，向西距离朱堌堆汉墓边缘80m，均不在公布的朱堌堆汉墓和沈堌堆汉墓的保护范围和建设控制地带内。在县级文物保护单位胡堌堆汉墓处，高速公路线路从胡堌堆汉墓东侧穿过，中间尚有一定距离，亦不在胡堌堆汉墓的保护范围和建设控制地带内，高速公路对这两处保护单位均不构成影响。

省保护单位朱堌堆汉墓的保护范围和建设控制地带情况：自朱堌堆汉墓中心向南、北各37.5m，向东、西各40m为保护范围，自保护范围向外各15m为建设控制地带。省保护单位沈堌堆汉墓的保护范围和建设控制地带情况：自沈堌堆中心向东、西、南、北各50m为保护范围，自保护范围向外各50m为建设控制地带。

商丘市文物工作队

二○一○年二月六日

商丘市文物管理局
《关于商丘至周口高速公路商丘段二期工程路线走向征求意见的函》的回复

商文物字〔2009〕35号

河南省交通规划勘察设计院有限责任公司：

　　我局接到贵公司提供商丘至周口高速公路商丘段二期工程路线走向征求意见的函以后，按照提供的图纸走向进行了实地调查，该工程途经商丘市睢阳区、梁园区，就文物调查勘探有关情况回复如下：

　　一、睢阳区境内线路沿线地面上基本没有直接涉及文物保护单位。但是途经的潘洼行政村有一处2003年窑场取土时发现的清代周氏墓群，占地约80余亩，曾出土大量的石刻、石器等。

　　二、该线路南侧与连霍高速公路相接，在夏营村东侧1.3km处与一古河道相交，东侧是国家级重点文物保护单位宋国故城遗址，南侧与市级文物保护单位宋荦墓毗邻。

　　三、梁园区境内，该线路在市级文物保护单位沈鲤墓东约600m，基本影响不大。

　　四、距连霍高速公路与商周高速公路交接处向北5.3km，涉及省级文物保护单位徐堌堆汉墓群的朱堌堆和沈堌堆，两堌堆相距200米，其线路走向在二堌堆的建设控制地带内穿过。

　　五、距连霍高速公路与商周高速公路交接处向北8.3km，涉及省级文物保护单位徐堌堆汉墓群的胡堌堆，线路走向在胡堌堆的保护范围内。

　　六、陇海铁路以北及东北走向，地面上基本不涉文物保护单位，但是，商丘是黄河冲积平原，很多重要文物遗迹被多次的黄河泛滥埋藏地下，希望予以重视。

　　商周高速公路的建设有利于商丘的经济发展和社会的进步，作为职能部门我们必须大力支持，但保护文物又是《中华人民共和国文物法》赋予我们的职责。为此对于该路的选址我们提出以下几点建议：

　　一、基本同意该线路的走向，但在梁园区涉及省保单位保护范围的，对于直接影响文物保护单位保护的线路建议避开，重新选址。

　　二、对已知的文物点及文物遗迹开工前拨出专项经费进行考古发掘。

　　三、该线路走向途径的睢阳、梁园两区文化积淀厚重，文物众多，建议贵公司施工前必须由文物部门进行文物调查和文物勘探工作。确属地下无文物埋藏，发放有关证件方开工建设。

　　四、根据《中华人民共和国文物保护法》、《河南省〈文物保护法〉实施办法》的有关规定，将考古发掘和调查勘探经费纳入工程预算，并及时支付文物行政管理部门，进行文物调查勘探和考古发掘工作,以免造成地下文物遭到建设性破坏和影响工程施工。

二〇〇九年七月六日

《关于商丘至周口高速公路商丘段二期工程路线走向征求意见的函》的回复

河南德馨高速公路有限公司：

我局接到贵公司提供商丘至周口高速公路商丘段二期工程路线走向征求意见的函以后，按照提供的图纸走向进行了实地调查，意见回复如下：

同意该线路的线位，线路如果涉及文物保护单位保护范围及重点控制地带，该线路确定后，施工前按有关法律法规办理。

二〇〇九年七月六日

关于商(丘)周(口)高速公路商丘段二期工程需跨(穿)越陇海铁路京九铁路的复函

郑铁总函〔2009〕296号

商丘市人民政府：

贵市《关于商(丘)周(口)高速公路商丘段二期工程需跨(穿)越陇海铁路京九铁路》的函(商政函〔2009〕18号)已收悉。经研究复函如下：

一、原则同意商(丘)周(口)高速公路二期工程跨越陇海铁路、京九铁路，具体跨越铁路的地点、形式、结构等在下步设计审查中确定。

二、立交设计应执行国家有关规程、规范和规定，满足铁路有关技术规范和规定的要求，确保铁路运输安全。

三、立交修建迁改铁路设施不得低于现有技术标准，损坏铁路设施应及时恢复。

四、立交建设如占用铁路土地、损坏铁路林木，应按规定与铁路有关管理部门办理有关手续。

五、如因铁路改扩建，道路产权或管理部门应无偿配合拆迁。

六、为确保铁路运输安全，修建立交的设计、施工、监理应由具有铁路相应专业资质的单位承担，并按国家有关规定办理。

七、未尽事宜按郑州铁路局有关规定办理。

主题词：交通　铁路　基本建设　函

抄送：局总工、安监室、运输、机务、工务、电务、房地产、建管处。

郑州铁路局办公室　　　　　　　　　　　　　　　2009年5月20日印发

河南省国土资源厅
关于河南省商丘至周口高速公路商丘段
二期工程压覆矿产资源的审查意见

豫国土资函〔2009〕423 号

河南省高速公路发展有限责任公司：

　　你单位《关于河南省商丘至周口高速公路商丘段二期工程压覆矿产资源请示》(豫高司〔2009〕123 号)和《河南省商丘至周口高速公路商丘段二期工程压覆矿产资源储量核实评估报告》收悉。

　　商周高速公路商丘段二期工程是商周高速公路商丘段的北延工程，是商丘至周口、商丘至济宁高速公路的连接路段，是商丘市绕城高速公路西北向的重要通道。路线南起商丘至周口高速公路商丘段与连霍高速公路交叉的预留小史楼枢纽式立交主线 K99+690 处，路线向北跨越省道 S325 线，在梁园区宋武庄北预留机场互通式立交。路线在商丘西部李门楼东跨国道 G310 线和陇海铁路，在商丘北部跨省道 S207 线和京九铁路，止于商丘至菏泽高速公路杨楼互通式立交处。本项目采用四车道高速公路的建设标准，设计速度采用 120km/h，路基宽度 28m，路面宽度 23.5m。

商丘至周口高速公路商丘段二期工程拐点坐标一览表

点号	X	Y	点号	X	Y
1	3807200	20365000	11	3820150	20368800
2	3808850	20366000	12	3820350	20369350
3	3810200	20366550	13	3821500	20370600
4	3810900	20366600	14	3822350	20372350
5	3812300	20366600	15	3822500	20372850
6	3814150	20366350	16	3822700	20375200
7	3817400	20367100	17	3822850	20377300
8	3817900	30367300	18	3823000	20378350
9	3818400	20367450	19	3823650	20380100
10	3819550	20368200	20		

备注：表中坐标值是从工程布置图中取得

　　河南省地质矿产勘查开发局第一水文地质工程地质队承担了商丘至周口高速公路商丘段二期工程压覆矿产资源储量的核实工作，编制了《河南省商丘至周口高速公路商丘段二期工程压覆矿产资源储量核实评估报告》。评估结论是：通过系统地资料收集、整理和研究，以及野外的全面调查,对商丘至周口高速公路商丘段二期工程周围地质矿产调查核实,商丘至周口高速公路商丘段二期工程核实区范围内均未压覆已经查明矿产资源。

经审查,河南省商丘至周口高速公路商丘段二期工程未压覆已经查明的矿产资源储量。

主题词:国土资源　地矿　公路　压覆　意见

河南省国土资源厅办公室　　　　　　　　　　2009年7月6日印发

河南高速公路发展有限责任公司
关于河南省商丘至周口高速公路商丘段二期工程压覆矿产资源请示

豫高司〔2009〕123号

河南省国土资源厅：

  商周高速公路商丘段是河南省发展计划委员会以豫计基础〔2003〕1544号文批准实施的建设项目，路线全长69.32km，该项目2003年底开工，2006年年底建成。商周高速公路商丘段二期工程是商周高速公路商丘段的北延工程，位于商丘市区西北部，是商丘至周口、商丘至济宁高速公路的连接路段，路线全长约26.522km，投资估算总金额为99981.4483万元。拟建的商丘至周口高速公路商丘段二期工程拐点坐标见下表。

商丘至周口高速公路商丘段二期工程拐点坐标表

点号	X	Y	点号	X	Y
1	3807200	20365000	11	3820150	20368800
2	3808850	20366000	12	3820350	20369350
3	3810200	20366550	13	3821500	20370600
4	3810900	20366600	14	3822350	20372350
5	3812300	20366600	15	3822500	20372850
6	3814150	20366350	16	3822700	20375200
7	3817400	20367100	17	3822850	20377300
8	3817900	20367300	18	3823000	20378350
9	3818400	20367450	19	3823650	20380100
10	3819550	20368200			

备注：表中坐标值是从工程布置图中取得

  根据《中华人民共和国矿产资源法》，《中华人民共和国矿产资源法实施细则》、《矿产储量登记统计管理暂行办法》、《关于规范建设项目压覆矿产资源审批工作的通知》(国土资发〔2000〕386号)等有关法规要求。我单位委托河南省地质矿产勘查开发局第一水文地质工程地质队对商丘至周口高速公路商丘段二期工程压覆矿产资源情况进行核实。

  核实单位全面搜集了该工程区域地质矿产资料，并进行了野外实地调查，在此基础上，编制完成了《河南周口高速公路商丘段二期工程压覆矿产资源储报告》。

现将报告随文呈报,请审查核实,并尽快批复为盼。

河南高速公路发展有限责任公司

二〇〇九年五月十一日

(联系人:袁宝申　　　电话:13837156713)

主题词:高速公路　　压矿　　请示

河南高速公路发展有限责任公司办公室　　　　　　　　2009 年 5 月 11 日印发

地质灾害危险性评估报告备案登记表

建设项目或规划区名称		商丘至周口高速公路商丘段二期工程		
评估级别		一级评估		
用地范围及面积		道路改扩建段全长 26.522km,建设用地面积 2608 亩		
地理位置		起点:X:3807200; Y:20365000 终点:X:3823650 Y:20380100		
建设用地单位	名称	河南高速公路发展有限责任公司	法人代表	王金山
	地址	郑州市淮河东路19号	联系人	袁宝森
	项目名称	商丘至周口高速公路商丘段二期工程地质灾害危险性评估	电话	13837156713
	用地性质	基础设施用地	传真	0371-68736100
评估单位	名称	河南省地矿建设工程(集团)有限公司	法人代表	王道乐
	地址	郑州市互助路25号	联系人	张书彦
	评估资质	等级: 甲 级	电话	13837168189
		编号:国土资地灾评资字第(2005116007)号	传真	0371-67722809
评估报告	报告名称	商丘至周口高速公路商丘段二期工程地质灾害危险性评估报告		
	报告主编	谢山立	电话	67722821
	专家组	审查时间	2009年5月3日	
		专家组长		

续上表

评估单位对评估结论负责的承诺	本单位郑重承诺《商丘至周口高速公路商丘段二期工程地质灾害危险性评估报告》评估过程中采用的资料真实可靠,无变造和伪造,结论实事求是。 河南省地矿建设工程(集团)有限公司 2009 年 5 月 4 日
建设或规划单位按评估结论做好地质灾害防治工作的承诺	本单位承诺按照《商丘至周口高速公路商丘段二期工程地质灾害危险性评估报告》的内容和要求搞好地质灾害防治工作。 河南高速公路发展有限责任公司 2009 年 5 月 4 日
对建设项目或规划区地质灾害危险性评估工作是否符合有关规定的意见	评估单位具备地质灾害危险性评估甲级资质;报告审查聘请专家符合厅规定要求;评估单位已对评估结论作出负责性承诺;建设单位承诺按照评估报告中的要求进行地质灾害防治。 (备案国土行政主管部门盖章) 2009 年 月 日

关于商丘至周口高速公路商丘段二期工程场地地震安全性评价工作报告的评审意见

豫震评〔2009〕143号

河南省地震局：

  由中国地震局地球物理勘探中心郑州基础工程勘察研究院承担的《商丘至周口高速公路商丘段二期工程场地地震安全性评价工作报告》，经河南省地震安全性评定委员会有关专家评审，认为该报告符合中华人民共和国国家标准《工程场地地震安全性评价》（GB 17741—2005），符合中国地震局《工程场地地震安全性评价工作报告编写要求》，结论合理，同意报告中提出的结论意见。

河南省地震安全性评定委员会
二〇〇九年八月三十一日

抄送：中国地震局地球物理勘探中心郑州基础工程勘察研究院

编号：商周二期001

公路工程质量监督通知书

工程名称：商丘至周口高速公路商丘段二期工程
监督单位：河南省交通基本建设质量检测监督站

根据交通运输部《公路工程质量监督规定》和《河南省交通基本建设质量监督管理实施细则》的规定,我站将对商丘至周口高速公路商丘段二期工程建设项目进行工程质量监督。派出监督工程师实施对该工程的质量监督。李智峰为本项目监督工程师负责人。为保证监督工作顺利开展,方便建设、监理、施工单位做好配合工作,使监督工作取得良好效果,特制定如下监督工作计划。

监督工作计划

河南省交通基本建设质量检测监督站(以下简称质监站),依据《公路工程质量监督规定》、《公路工程竣(交)工验收办法》、《河南省交通基本建设质量监督管理实施细则》、《公路工程质量检验评定标准》、《施工合同》、《监理合同》及项目有关文件,对该工程从业各方的质量管理体系、质量管理制度的建立与实施、质量管理人员的工作情况及工程质量进行监督。

一、监督依据

(1)建设工程质量管理条例(国务院令〔2000〕279号)

(2)公路工程质量监督规定(交通部令〔2005〕第4号)

(3)公路工程竣(交)工验收办法(交通部令〔2004〕第3号)

(4)国家、交通运输部和河南省颁布的现行法规、标准、规范、规定,批准的项目设计图纸和依法签订的合同文件等。

(5)河南省人民政府关于进一步加强公路建设质量监督管理的通知(豫政〔2003〕50号)

(6)河南省公路建设工程质量管理细则(豫交工〔2003〕842号)

(7)河南省交通建设质量监督规程(试行)(豫交工〔2003〕851号)

(8)河南省公路三个关键阶段工程质量专项检查实施细则(豫交工〔2005〕65号)

(9)河南省公路水运安全生产监督规定(豫交工〔2005〕102号)

(10)河南省公路建设市场从业单位及人员信用管理办法(豫交工〔2007〕19号)

(11)关于进一步加强我省高速公路建设主要从业人员管理的通知等(豫交工〔2008〕48号)

二、监督内容

(一)基本要求

(1)严格贯彻落实《河南省人民政府关于进一步加强公路建设质量监督管理的通知》精神,认真执行《河南省交通建设质量监督规程(试行)》、《河南省交通基础设施建设监督办法》等。

(2)工程建设要符合国家基建程序,公开实行招标、投标工作。参建各方要坚决贯彻执行中华人民共和国工程建设标准强制性条文的规定,严格执行国家规范、标准和有关合同文件等,做到遵纪守法、文明施工,严禁转包和非法分包。

(3)按照省交通运输厅的要求,全面开展创优质工程活动。

(4)为实现公路工程建设标准化、规范化、精细化的管理目标,从各个环节进行研究,细化施工工艺,确定目标,制订标准与工法,认真落实。从细节入手、积极探讨新技术、新工艺、新材料,开展工程建设创优工作。

(5)施工单位、监理单位,应具有相应的资质和资信,项目经理、监理工程师、试验人员、安全人员等应持证上岗。

(6)监理代表处中心试验室、各施工单位试验室,应由质监站检查验收认可后,方可开展工作,否则出具数据视为无效。

(7)施工单位自检、监理单位抽检,应相对独立,并满足自检、抽检频率的要求。

(8)要严格按照河南省交通运输厅《关于加强高速公路主要从业人员管理的通知》的要求,进行人员管理。

(9)认真做好三个关键阶段检查工作。

(二)质量管理体系

(1)公路工程实行政府监督、法人管理、社会监理、企业自检的质量保证体系。

(2)建设单位要建立机制完善、运作规范的组织机构,积极筹措资金、坚持两个紧紧依靠,为工程创造良好宽松的施工环境。依据合同文件、规范和标准,建立适合本工程建设的各项管理办法和措施,以确保对整个工程建设进行全面有效地管理。

(3)设计单位要提高设计后续服务工作质量,及时做好设计文件的技术交底和施工过程中的设计变更工作。派驻工地的设计代表要常驻工地并加强对设计质量的跟踪服务。

(4)监理单位要坚持"严格监理、优质服务、公正科学、廉洁自律"的十六字方针,对工程重要部位、关键工序应加强旁站和严格交验程序,并加强监理中心试验室的人员和仪器配备,保证监理工作独立性。

(5)施工单位是确保整个工程质量的关键因素,施工单位应当按照合同约定组织施工管理和技术人员,施工设备应当及时到位,以满足工程需要。要均衡组织生产,加强现场管理,确保工程质量和进度,做到文明施工和安全生产。

(6)质监站将组织监督检查建设单位安全生产监管体系、从业单位安全生产保证体系和安全生产责任制的建立健全及运行情况,督促从业单位增加安全生产投入,完善安全生产条件,提高安全生产水平。

(三)质量管理制度

(1)参加项目建设的从业各方要建立和健全质量管理制度。

(2)项目公司要制订质量控制、质量管理办法和质量奖惩措施等。

(3)监理单位要制订包含质量监理目标、质量问题预控、详细执行措施等内容的质量监理方案。

(4)施工单位要制订质量管理目标、质量保证措施和内部质量奖惩办法,不断提高质量控制的责任心和技术能力。

(四)质量管理人员

(1)监理人员和施工单位的主要技术人员、质检人员数量和素质,应满足合同要求和工程要求,监理和施工单位质检人员数量和业务能力,应不使工程质量受到影响。

(2)建立监理人员、施工单位质检人员档案,认真记录质量管理人员的上岗情况(即巡视和旁站情况)、工作责任心、技术能力和工作质量。

(3)监理人员要认真填写监理日志,施工技术人员要认真填写施工日志。认真填写、整理和存放工程质量检查资料,尤其是隐蔽工程质量检查资料。监理、施工单位的质检资料要齐备和完整,以备质监站随时抽查。

(4)对于重要的现场试验(如原材料试验、击实标准、压实度、结合料质量、数量、试件强度、混凝土坍落度等),监理应有独立的平行试验或抽检试验,并保证监理规范规定的独立抽检频率。

（5）监理单位、施工单位，要经常性的结合施工情况对职工进行质量教育，学习规范、规程、合同和质量标准，加强按合同、按规范、按程序监理、施工的自觉性。

三、监督方法和措施

（1）工程质量监督工作采取质量动态监督。监督检查各级质量保证体系是否健全，运转是否正常；主要工程技术人员和监理人员是否到位，有无更换现象；工程款是否挪用，是否有转包和未经业主许可的分包现象；是否文明施工、安全施工。经常监督检查工程施工机械设备、试验仪器、测量仪器是否齐备、完好。利用施工单位、监理单位的仪器设备进行随机抽检和重点检查相结合，对工程质量隐患和不合格工程及时提出监督意见，并认真监督检查施工单位对质监通知的落实情况。施工单位要重视和落实监督工程师通知中所提出的问题，及时将整改后的书面信息反馈质监站。建立工程质量监督档案，把工程质量抽检情况、不合格工程整改情况、隐蔽工程的质量情况、大的工程设计变更情况及有关照片存档，并作为工程完工后对工程质量等级评定的依据之一。根据质监站的统一部署，加强现场巡视，每年参加省交通运输厅组织的质量安全大检查活动，并根据工程进展情况进行专项质量检查。参加工地例会，听取监理、施工单位质量管理情况，公布监督检查结果，并提出建议和要求。参加业主、监理代表处组织的工程质量检查评比活动。

（2）对违反质量管理法律、法规和规章的行为，将对有关责任人员和单位采取行政处罚。对造成重大质量事故和安全事故的有关责任人员和单位，必要时由有关部门对其进行法律制裁。

（3）按有关规定协助质监站组织监理人员考试、工地试验室临时资质等有关手续。

（4）积极配合交通运输部质监总站及上级主管部门组织的质量检查工作。做好质量事故、举报的调查处理。

（5）按照有关要求，结合工程进展情况，组织相应的专项检查，并做好三个关键阶段的检查工作。

（6）工程结束且具备交工验收条件后，质监站将组织交工检测，进行外业检测、检查内业资料，出具工程质量检测意见，并参加项目组织的交工验收。

（7）公路试运营期满后，且交工验收时提出的工程质量缺陷已处理完毕，工程决算、竣工资料编制完成，竣工决算已经审计，质监站将按《公路工程质量鉴定办法》对工程进行质量检测鉴定并出具质量鉴定报告，并参加交通主管部门组织的工程竣工验收。

交通基本建设工程质量监督申请书

河南省交通基本建设质量检测质量监督站：

  商丘至周口高速公路商丘段二期工程项目业已申请开工报告。按照交通运输部《公路工程质量监督规定》、《河南省交通基本建设工程质量监督管理实施细则》的有关要求，现提供该工程概况和有关资料（见附件），申请办理工程质量监督手续，请予以办理。

  附件：工程概况表

申请单位：河南德馨高速公路有限公司（公章）

2016年03月10日

附件

工程概况表

工程名称	商丘至周口高速公路二期工程		
建设依据	豫发改交通〔2009〕1830号文件批准建设		
工程地点	河南省商丘市境内		
建设单位	河南德馨高速公路有限公司		
建设单位通讯地址及电话	河南德馨高速有限公司 商丘市商虞路济广高速路口高丘公司院内		
设计单位	河南交通规划勘察设计院有限责任公司	设计负责人及电话	苏沛东 13703932009
施工单位	SZEQTJ-1标:河南省公路工程局集团有限公司	技术负责人及电话	韩光凯
	SZEQTJ-2标:安阳恒达公路发展有限责任公司		师春有
	SZEQTJ-3标:河南省路桥建设集团有限公司		何新建
	SZEQTJ-4标:中铁三局集团第五工程有限公司		孙宝忠
	SZEQTJ-6标:华通路桥集团有限公司		胡东明
监理单位	湖南金路工程咨询监理有限公司	监理负责人及电话	赵峰 13903861646
计划开工日期	2010年3月29日	计划竣工日期	2013年3月29日
工程概算	1239518227元	工程建安费	884950948元
建设规模	路线全长约26.991km,全线共设大桥132.4m/1座,中桥670.02m/12座,涵洞6道。设互通式立交4处,起点分别为史楼枢纽互通式立交、李门楼互通式立交、机场互通式立交(预留),终点为魏庄互通式立交,分离式立交13处,通道46道		
工程技术标准	本项目按双向四车道高速公路标准设计,设计速度120km/h,路基宽28m,其中行车道2×2×3.75m,硬路肩宽2×4.25m,中央分隔带宽3.0m(含左侧路缘带2×0.75m),土路肩2×0.75m。主线路面结构采用4cm细粒式改性沥青混凝土(AC-13)+6cm中粒式改性沥青混凝土(AC-20)+10cm密级配沥青碎石(ATB-25)+改性沥青下封层+36cm水泥稳定碎石+18cm水泥稳定碎石		
工程概况	路线起于商周高速公路与连霍高速公路交叉的史楼枢纽互通(K0+000),路线向北跨X024,在十里铺与曹庄间跨S325线,经宋武庄北与拟建的商丘机场路交叉(预留商丘机场路上跨建设条件),路线继续向北,经沈庄西,在两座汉墓群之间穿过,至梁浩中学东、魏庄西跨古宋河,经朱庄、田庄,在康庄西附近设李门楼互通立交(K10+630),经国家粮食储备库西侧先后与G310、陇海铁路和拟建的郑徐客运专线交叉,在薛庄、倪楼间,路线折向东北,径路楼、赵庄、前王庄北,沿东沙河南与京九铁路交叉,在周庄西北跨东沙河,在双八镇北跨G105,在魏庄东设魏庄互通立交与济广高速公路相连接(K26+000),为本项目终点		

关于商丘至周口高速公路商丘段
二期工程施工许可的请示

豫交集团〔2010〕323号

签发人:王金山

河南省交通运输厅:

商丘至周口高速公路商丘段二期工程,位于商丘市西北部,是商周高速公路的北延工程,南连商周高速及连霍高速公路,北接济广高速公路,是河南省高速公路网"十一五"期间规划建设的重点项目。

目前,本项目施工许可已具备以下条件:

1. 本项目已经河南省发改委核准(豫发改交通〔2009〕1830号文)。
2. 施工图设计已完成,河南省交通运输厅已批复(豫交规划〔2010〕337号文)。
3. 建设资金已经落实,并经我公司审计确认。
4. 建设用地已批复(国土资函〔2010〕447号文),拆迁基本完成。
5. 施工、监理单位已依法确定。
6. 已办理质量监督手续,已落实保证质量和安全的措施。

根据交通运输部《公路建设市场管理办法》第二十五条之规定,商丘至周口高速公路商丘段二期工程项目已具备施工许可条件,现申请办理施工许可。

妥否,请批示。

附件:商丘至周口高速公路商丘段二期工程施工许可申请书

(联系人:赵新征　　联系电话:0371-68731025)

主题词:【交通集团】高速公路　工程　施工许可　请示

抄送:国家发展和改革委员会、交通部、国土资源部,省交通厅、财政厅、审计厅、国土资源厅、水利厅、林业厅、环保局、文物局、地震局,许昌市政府、交通局。

河南交通投资集团有限公司综合事务部　　　　　　　　　　2010年10月20日印发

附件：

商丘至周口高速公路商丘段二期工程
施工许可申请书

申请人(项目法人)名称	河南德馨高速公路有限公司				
申请人(项目法人)地址及邮政编码	商丘市经济开发区珠江路　　邮编:476000				
法定代表人姓名及联系方式	姓名	徐珂	委托代理人姓名及联系方式	姓名	
	电话	0370-3588199		电话	
	手机	18937077111		手机	
	传真	0370-3588199		传真	
	E-mail			E-mail	
申请材料目录	1.《关于商丘至周口高速公路商丘段二期工程核准的批复》(豫发改交通〔2009〕1830号)； 2.《关于商丘至周口高速公路商丘段二期工程初步设计的批复》(豫发改设计〔2009〕1935号)； 3.《国土资源部关于商丘至周口高速公路商丘段二期工程建设用地的批复》(国土资函〔2010〕447号)； 4.《关于商丘至周口高速公路商丘段二期工程施工图设计的批复》(豫交规划〔2010〕337号)； 5.建设项目各合同段施工、监理单位名单,合同价情况； 6.已办理的质量监督手续； 7.工程质量和安全措施				
申请日期	2010年10月8日		法定代表人(委托代理人)签字或盖章		

注：1.本申请书由交通行政许可的实施机关负责免费提供；
　　2.申请人应当如实向实施机关提交有关材料和反映情况,并对申请材料实质内容的真实性负责。

续上表

项目基本情况	项目名称:商丘至周口高速公路商丘段二期工程
	路线起讫点:起点位于商周高速与连霍高速公路交叉处史楼枢纽互通,止于济广高速公路相接的魏庄互通
	建设规模及主要技术指标: 全线采用四车道高速公路标准,设计速度采用120km/h,路基宽度28m,建设里程为26.991km
建设依据	工可报告批准机关: 　　　　　　　　文号: /　　日期: / 项目申请报告核准机关:河南省发展和改革委员会 　　　　文号:豫发改交通〔2009〕1830号　日期:2009.11.06
	初步设计批准机关:河南省发展和改革委员会 　　　　文号:豫发改设计〔2009〕1935号　日期:2009.11.30
	施工图设计批准机关:河南省交通运输厅 　　　　文号:豫交规划〔2010〕337号　日期:2010.10.11
	批准总概算:123952万元　　其中部投资:无
土地征用办理情况	建设用地批准机关:中华人民共和国国土资源部 　　　　文号:国土资函〔2010〕447号　日期:2010.06.19
交通主管部门对建设资金的审计意见	该项目目前发生的各项费用,已按时按已完成工作量支付,项目资本金已落实,银行贷款已由国家开发银行开具贷款承诺函,资金使用情况良好。 (章) 2010年10月12日

续上表

项目法人基本情况	项目法人名称(章):河南德馨高速公路有限公司 法定代表人: 
	委托的项目建设管理单位(如有):

质量监督单位:河南省交通基本建设质量检测监督站

设计单位:河南省交通规划勘察设计院有限责任公司　　资质等级:　　甲级

申请开工日期:2010年1月1日计划竣工日期:2012年12月31日—计划工期:36个月

该项目施工许可实施机关的下一级地方人民政府交通主管部门初审意见(如有):

　　　　　　　　　　　　　　　　签字:　　　　　　　(章)

　　　　　　　　　　　　　　　　　　　　　　　年　月　日

该项目施工许可实施机关审批意见:

　　　　　　　同意

　　　　　　　　　　　　　　　　　　　　　　　(章)

　　　　　　　　　　　　　　　　　　　　　　　年　月　日

豫交施工许可〔2010〕9号

关于报送商丘至周口高速公路商丘段二期工程施工许可的报告

豫德高司〔2010〕144 号

签发人：徐　珂

河南高速公路发展有限责任公司：

　　商丘至周口高速公路商丘段二期工程，位于商丘市西北部，该项目是商周高速公路的北延工程，南连商周高速及连霍高速公路，北接济广高速公路，是河南省高速公路网"十一五"期间规划建设的重点项目。

　　河南省发展和改革委员会以豫发改交通〔2009〕1830 号文《关于商丘至周口高速公路商丘段二期工程核准的批复》批准立项，以豫发改设计〔2009〕1935 号文《关于商丘至周口高速公路商丘段二期工程初步设计的批复》批复工程初步设计，河南省交通运输厅以豫交规划〔2010〕337 号文《关于商丘至周口高速公路商丘段二期工程施工图设计的批复》批准施工图设计。

　　该项目由河南高速公路发展有限责任公司投资建设。项目批准总概算 123952 万元，其中 25% 为资本金，其余 75% 由项目法人河南德馨高速公路有限公司在国内光大银行、华夏银行、国家开发银行贷款。目前资本金和银行贷款都已到位。

　　该项目已完成各项招标，国土资源部以国土资函〔2010〕447 号文批复了该项目建设用地手续。该项目于 2010 年 1 月开工，拟于 2012 年 12 月建成通车。我公司根据交通运输厅基建程序要求，申请办理工程施工许可。

　　妥否，请批示。

　　附件：商丘至周口高速公路商丘段二期工程施工许可申请书（略）

（联系人：徐洪跃　　　电话：18937087866）

主题词：商周二期　施工许可　报告

河南德馨高速公路有限公司　　　　　　　　　　　　2010 年 10 月 11 日印发

路外建设项目施工许可证

编号：桥 2011-05-04

项目名称 批准文号	商丘至周口高速公路商丘段二期穿越京九 铁路立交桥工程 《关于商丘至周口高速公路商丘段二期穿越京九铁路立交桥工程的复函》 郑铁总函〔2010〕602 号
施工单位	中铁十局集团有限公司
工程所在地	京九铁路 K665+446
有效期限	2011 年 5 月 4 日至 2011 年 12 月 30 日
所持文件	商丘至周口高速公路商丘段二期穿越京九铁路 立交桥工程施工合同
审批单位	郑州铁路局总工程师室
审批日期	2011 年 5 月 4 日

路外建设项目施工许可证

编号:桥 2011-05-05

项目名称 批准文号	商丘至周口高速公路商丘段二期穿越陇海 铁路立交桥工程 《关于商丘至周口高速公路商丘段二期穿越陇海铁路立交桥工程的复函》 郑铁总函〔2010〕761号
施工单位	中铁三局集团第五工程有限公司
工程所在地	陇海铁路 K378+835
有效期限	2011年5月5日至2011年12月30日
所持文件	商丘至周口高速公路商丘段二期穿越陇海铁路 立交桥工程施工合同
审批单位	2011年5月5日 郑州铁路局总工程师室
审批日期	2011年5月5日

> 二、工程建设用地

国土资源部关于商丘至周口高速公路商丘段二期工程建设用地的批复

国土资函〔2010〕447号

河南省人民政府：

你省《关于商丘至周口高速公路商丘段二期工程建设用地的请示》（豫政文〔2010〕34号）业经国务院批准，现批复如下：

一、同意商丘市梁园区、睢阳区将农民集体所有农用地136.7326公顷（其中耕地126.5809公顷）转为建设用地并办理征地手续，另征收农民集体所有建设用地7.5682公顷、未利用地9.5482公顷，同时使用国有建设用地0.5628公顷、未利用地0.2924公顷。

以上共计批准建设用地154.7042公顷，由当地人民政府按照有关规定提供，作为商丘至周口高速公路商丘段二期工程用地。其中收费设施用地0.3公顷范围内的经营性用地以有偿方式供地，其余建设用地以划拨方式供地。

二、你省人民政府负责落实补充耕地。督促补充耕地责任单位认真按照补充耕地方案，补充数量相等、质量相当的耕地。

三、督促当地人民政府严格依法履行征地批后实施程序，按照经批准的征收土地方案及时足额支付补偿费用，安排被征地农民的社会保障费用，落实安置措施，妥善解决好被征地农民的生产和生活，保证原有生活水平不降低，长远生计有保障。征地补偿安置不落实的，不得动工用地。按照国务院批准征收土地反馈制度的有关规定，征地批后实施情况报国土资源部。

四、严格按照国家有关规定征收、使用新增建设用地土地有偿使用费，确保专项用于耕地开发。

二〇一〇年六月十七日

公开方式：依申请公开

主题词：国土资源　土地　公路　河南　批复

抄送：国务院办公厅、发展改革委、财政部、交通运输部、农业部、人民银行；国资委；国家林业局；国家土地督察济南局。

河南省人民政府
关于商丘至周口高速公路商丘段二期工程
建设用地的请示

豫政文〔2010〕34 号

签发人:郭庚茂

国务院:

  商丘至周口高速公路商丘段二期工程已经河南省发展和改革委员会核准。该工程需转用并征收商丘市梁园区、睢阳区农村集体农用地 136.7326 公顷(其中耕地 126.5809 公顷),征收梁园区、睢阳区农村集体建设用地 7.5682 公顷、未利用地 9.5482 公顷,使用国有建设用地 0.5628 公顷、未利用地 0.2924 公顷,共计 154.7042 公顷(其中耕地 126.5809 公顷),0.3000 公顷收费设施用地中的经营性用地拟出让给河南高速公路发展有限责任公司,其他建设用地拟划拨给该公司,作为商丘至周口高速公路商丘段二期工程建设用地。经审查,商丘市国土资源局拟订的农用地转用方案、补充耕地方案、征收土地方案和供地方案符合国家土地管理法律、法规的规定,现呈报审批。

  妥否,请批示。

  附件:商丘至周口高速公路商丘段二期工程建设用地明细表

(联系人:杨新生 电话:0371-65907223)

主题词:城乡建设 土地 请示

抄送:国土资源部,国家土地督察济南局

河南省人民政府办公厅   2010 年 3 月 15 日印发

附件

商丘至周口高速公路商丘段二期工程建设用地明细表

单位：公顷

权属单位		总计	农用地										建设用地							未利用地			
			合计	耕地			园地	林地	其他农用地					工矿仓储	农村宅基地	空闲宅基地	铁路用地	公路用地	水利设施	合计	河流水面	苇地	滩涂
				小计	旱地	水浇地			小计	农村道路	坑塘水面	农田水利	晒谷场等用地	合计									
	商丘市总计	154.7042	136.7326	126.5809	75.3354	51.2455	1.5326	1.1267	7.4924	4.0262	0.7555	1.8056	0.9051	8.1310	5.3642	0.2550	0.9931	0.2605	0.6380	0.6202	9.8406	0.7319	1.4965	7.6122
国有土地	国有土地	0.8552												0.5628				0.2605	0.3023		0.2924	0.2924		
	商丘市水务局合计	0.2924																			0.2924	0.2924		
	包河	0.2039																			0.2039	0.2039		
	古宋河	0.0885																			0.0885	0.0885		
	商丘市公路局合计	0.3023												0.3023					0.3023					
	一零五国道	0.1133												0.1133					0.1133					
	三一零国道	0.1195												0.1195					0.1195					
	商荷公路	0.0695												0.0695					0.0695					
	郑州铁路局合计	0.2605												0.2605				0.2605						
	京九铁路	0.0914												0.0914				0.0914						
	陇海铁路	0.1691												0.1691				0.1691						
集体土地	集体土地	153.8490	136.7326	126.5809	75.3354	51.2455	1.5326	1.1267	7.4924	4.0262	0.7555	1.8056	0.9051	7.5682	5.3642	0.2550	0.9931		0.3357	0.6202	9.5482	0.4395	1.4965	7.6122
	梁园区共计	137.1308	120.4283	111.5010	75.3354	36.1656	1.5326	1.1267	6.2680	3.7942	0.1442	1.4494	0.8802	7.1543	5.3018	0.2392	0.9931			0.6202	9.5482	0.4395	1.4965	7.6122
	李庄乡合计	40.6055	31.7089	29.5726	24.8050	4.7676			2.1363	1.4383		0.4694	0.2286	1.6872	0.9492	0.0149	0.2893			0.4338	7.2094		1.4965	5.7129
	乔庄村委会小计	4.1041	2.0231	1.8706	1.8706				0.1525	0.1525											2.0810			2.0810
	薛庄村民组	4.1041	2.0231	1.8706	1.8706				0.1525	0.1525											2.0810			2.0810
	关庄村委会小计	11.9720	10.9867	10.1217	7.6491	2.4726			0.8650	0.3107		0.3257	0.2286								0.9853			0.9853
	赵千庄西村民组	6.5206	5.5353	5.2053	3.1576	2.0477			0.3300	0.1797		0.1503									0.9853			0.9853
	杨庄东村民组	0.8629	0.8629	0.7986	0.7986				0.0643	0.0176		0.0467												
	杨庄西村民组	0.7592	0.7592	0.7412	0.7412				0.0180	0.0180														
	赵千庄东村民组	1.9247	1.9247	1.7945	1.3696	0.4249			0.1302	0.0727		0.0575												
	门庄村民组	1.9046	1.9046	1.5821	1.5821				0.3225	0.0227		0.0712	0.2286											
	曹楼村委会小计	8.3773	8.0731	7.5294	7.5294				0.5437	0.5131		0.0306		0.3042		0.0149								
	第八村民组	0.8324	0.8324	0.7842	0.7842				0.0482	0.0482														

续上表

权属单位	总计	农用地 合计	耕地 小计	耕地 旱地	耕地 水浇地	园地	林地	其他农用地 小计	其他农用地 农村道路	其他农用地 坑塘水面	其他农用地 农田水利	其他农用地 晒谷场等用地	建设用地 合计	建设用地 工矿仓储	建设用地 农村宅基地	建设用地 空闲宅基地	建设用地 铁路用地	建设用地 公路用地	建设用地 水利设施	未利用地 合计	未利用地 河流水面	未利用地 荒地	未利用地 滩涂
第三村民组	0.6422	0.6422	0.6422	0.6422																			
第五村民组	4.1958	3.9306	3.5698	3.5698				0.3608	0.3608				0.2652		0.0149	0.2503							
第四村民组	0.5206	0.5206	0.5206	0.5206																			
第六村民组	0.8044	0.7654	0.7248	0.7248				0.0406	0.0406				0.0390			0.0390							
第九村民组	1.3819	1.3819	1.2878	1.2878				0.0941	0.0635		0.0306												
潘堂村委会小计	5.8742	3.2982	3.0355	3.0355				0.2627	0.1952		0.0675		0.6801	0.3337					0.3464	1.8959		1.4965	0.3994
鸡庙村民组	2.2029	1.8531	1.6520	1.6520				0.2011	0.1336		0.0675		0.2157	0.0009					0.2148	0.1341		0.1297	0.0044
杨庄村民组	3.6516	1.4254	1.3638	1.3638				0.0616	0.0616				0.4644	0.3328					0.1316	1.7618		1.3668	0.3950
潘堂村民组	0.0197	0.0197	0.0197	0.0197																			
毕大庄村委会小计	2.9759	2.3604	2.2950		2.2950			0.0654	0.0198		0.0456		0.6155	0.6155									
孙瓦房村民组	2.9759	2.3604	2.2950		2.2950			0.0654	0.0198		0.0456		0.6155	0.6155									
李庄村委会小计	3.8953	3.8953	3.6483	3.6483				0.2470	0.2470														
张东村委会小计	3.8953	3.8953	3.6483	3.6483				0.2470	0.2470														
李梅楼村委会小计	3.2036	1.0715	1.0715	1.0715									0.0874						0.0874	2.1321		2.1321	
倪楼村民组	3.2036	1.0715	1.0715	1.0715									0.0874						0.0874	2.1321		2.1321	
牛庄村委会小计	0.2031	0.0006	0.0006	0.0006									0.0874						0.0874	0.1151		0.1151	
孙瓦房村民组	0.2031	0.0006	0.0006	0.0006									0.0874						0.0874	0.1151		0.1151	
双八镇合计	45.4794	41.9032	38.2691	35.1047	3.1644	0.5509	0.8515	2.2317	1.2923	0.1442	0.1876	0.6076	1.7824	0.8082	0.0840	0.7038			0.1864	1.7938	0.2836		1.5102
魏庄村委会小计	9.3781	9.3781	9.2447	9.2447				0.1334	0.1334														
魏庄村民组	9.3781	9.3781	9.2447	9.2447				0.1334	0.1334														
路楼村委会小计	11.1462	10.1516	9.8463	9.8463				0.3053	0.2371		0.0682		0.9946	0.8082					0.1864				
赵庄村民组	6.4965	5.5923	5.3511	5.3511				0.2412	0.1730		0.0682		0.9042	0.7178					0.1864				
路楼村民组	3.2267	3.1363	3.1074	3.1074				0.0289	0.0289				0.0904	0.0904									
王庄村民组	1.4230	1.4230	1.3878	1.3878				0.0352	0.0352														
彭元村委会小计	7.2763	6.7927	5.7056	5.7056		0.3125	0.3668	0.4078	0.4078				0.4836		0.4836								
杏园村民组	2.9902	2.8307	2.6572	2.6572				0.1735	0.1735				0.1595		0.1595								
曹元村民组	3.0321	2.7080	1.8400	1.8400		0.3125	0.3668	0.1887	0.1887				0.3241		0.3241								
黄庄村民组	1.2540	1.2540	1.2084	1.2084				0.0456	0.0456														

续上表

权属单位	总计	合计	耕地 小计	耕地 旱地	耕地 水浇地	园地	林地	其他农用地 小计	其他农用地 农村道路	其他农用地 坑塘水面	其他农用地 农田水利	其他农用地 晒谷场等用地	建设用地 合计	建设用地 工矿仓储	建设用地 农村宅基地	建设用地 空闲宅基地	建设用地 铁路用地	建设用地 公路用地	建设用地 水利设施	未利用地 合计	未利用地 河流水面	未利用地 苇地	未利用地 滩涂
西村村委会小计	7.0900	5.0760	4.0145	4.0145		0.2384	0.3419	0.4812	0.1536		0.0618	0.2658	0.2202			0.2202				1.7938	0.2836		1.5102
周庄村村民组	6.0419	4.0279	2.9664	2.9664		0.2384	0.3419	0.4812	0.1536		0.0618	0.2658	0.2202			0.2202				1.7938	0.2836		1.5102
西村中村民组	1.0481	1.0481	1.0481	1.0481																			
中村村委会小计	4.3973	4.3973	3.6905	3.6905				0.7068	0.1632	0.1442	0.0576	0.3418											
中村村民组	4.3973	4.3973	3.6905	3.6905				0.7068	0.1632	0.1442	0.0576	0.3418											
朱庄村村委会小计	4.1999	4.1159	3.7876	0.6232	3.1644		0.1428	0.1855	0.1855				0.0840		0.0840								
朱庄东村民组	0.0155	0.0155	0.0155	0.0155																			
翟庄村村民组	3.7228	3.7228	3.4138	0.2494	3.1644		0.1428	0.1662	0.1662														
朱庄村村民组	0.3622	0.3622	0.3583	0.3583				0.0039	0.0039														
朱庄西村民组	0.0994	0.0154	0.0154										0.0840		0.0840								
徐庄东村民组	0.5049	0.5049	0.5049	0.5049																			
刘庄村民组	0.4625	0.4625	0.4625	0.4625																			
潘楼村民组	0.0424	0.0424	0.0424	0.0424																			
东村村委会小计	1.4867	1.4867	1.4750	1.4750				0.0117	0.0117														
第三村民组	1.4867	1.4867	1.4750	1.4750				0.0117	0.0117														
水地铺乡合计	15.9275	15.7716	14.4385	2.6585	11.7800	0.9817		0.3514	0.2780		0.0734									0.1559	0.1559		
朱武庄二村民组	4.9013	4.8583	3.7817	2.6585	1.1232	0.9817		0.0949	0.0758		0.0191									0.0430	0.0430		
朱武庄二村民组	1.9331	1.9331	1.8556	1.1955	0.6601			0.0775	0.0584		0.0191									0.0000			
朱武庄一村民组	2.9682	2.9252	1.9261	1.4630	0.4631	0.9817		0.0174	0.0174											0.0430	0.0430		
朱沈庄村委会小计	8.4323	8.3194	8.1262		8.1262			0.1932	0.1389		0.0543									0.1129	0.1129		
王庄村民组	2.0116	1.8987	1.8822		1.8822			0.0165	0.0165											0.1129	0.1129		
沈庄西村民组	2.6440	2.6440	2.5786		2.5786			0.0654	0.0654														
沈庄北村民组	1.4085	1.4085	1.3719		1.3719			0.0366			0.0366												
朱庄南村民组	1.1673	1.1673	1.1496		1.1496			0.0177			0.0177												
沈庄东村民组	1.2009	1.2009	1.1439		1.1439			0.0570	0.0570														
程小桥东村委会小计	2.5939	2.5939	2.5306		2.5306			0.0633	0.0633														
程小桥东村民组	1.8333	1.8333	1.8062		1.8062			0.0271	0.0271														
程小桥西村民组	0.7601	0.7601	0.7239		0.7239			0.0362	0.0362														

集体土地

续上表

权属单位		总计	农用地										建设用地						未利用地			
			合计	耕地			园地	林地	其他农用地					合计	工矿仓储	农村宅基地	空闲宅基地	铁路用地	公路用地	水利设施	合计	河流水面	苇地	滩涂
				小计	旱地	水浇地			小计	农村道路	坑塘水面	农田水利	晒谷场等用地											
集体土地	程盛庄村民组	0.0005	0.0005	0.0005		0.0005																		
	王楼乡合计	35.1184	31.0446	29.2208	12.7672	16.4536		0.2752	1.5486	0.7856		0.7190	0.0440	3.6847	3.5444	0.1403					0.3891			0.3891
	康庄村委会小计	11.6367	8.0923	7.3492	1.0141	6.3351			0.7431	0.1836		0.5595		3.5444	3.5444									
	木庄村民组	8.4216	6.2769	5.5645		5.5645			0.7124	0.1529		0.5595		2.1447	2.1447									
	康新庄村民组	2.3803	1.2981	1.2674	0.4968	0.7706			0.0307	0.0307				1.0822	1.0822									
	曹楼庄村民组	0.8348	0.5173	0.5173	0.5173									0.3175	0.3175									
	三陵村委会小计	6.6300	6.6300	6.3497	6.3497				0.2803	0.1851		0.0952												
	袁店一村民组	4.6271	4.6271	4.4901	4.4901				0.1370	0.0418		0.0952												
	袁店二村民组	2.0029	2.0029	1.8596	1.8596				0.1433	0.1433														
	杨油坊村委会小计	6.5722	6.1831	6.0294	5.4034	0.6260			0.1537	0.0894		0.0643									0.3891			0.3891
	魏庄村民组	4.5016	4.1125	4.0387	3.4127	0.6260			0.0738	0.0738											0.3891			0.3891
	叶庄村民组	2.0706	2.0706	1.9907	1.9907				0.0799	0.0156		0.0643												
	刘庙村委会小计	10.2795	10.1392	9.4925	9.4925			0.2752	0.3715	0.3275			0.0440	0.1403		0.1403								
	刘庙西村民组	3.3049	3.3049	2.7985	2.7985			0.2752	0.2312	0.1872			0.0440											
	朱庄东村民组	6.9746	6.8343	6.6940	6.6940				0.1403	0.1403				0.1403		0.1403								
	睢阳区共计	16.7182	16.3043	15.0799	15.0799				1.2244	0.2320	0.6113	0.3562	0.0249	0.4139	0.0624	0.0158			0.3357					
	新城办事处合计	16.7182	16.3043	15.0799	15.0799				1.2244	0.2320	0.6113	0.3562	0.0249	0.4139	0.0624	0.0158			0.3357					
	夏营村委会小计	9.6613	9.4795	9.0073	9.0073				0.4722	0.2150		0.2572		0.1818					0.1818					
	夏营一村民组	3.2711	3.0893	3.0078	3.0078				0.0815	0.0815				0.1818					0.1818					
	夏营七村民组	1.3751	1.3751	1.3751		1.3751																		
	夏营三村民组	3.5778	3.5778	3.2751		3.2751			0.3027	0.1089		0.1938												
	夏营八村民组	1.4373	1.4373	1.3493		1.3493			0.0880	0.0246		0.0634												
	沈篮村委会小计	4.6418	4.4097	3.7433		3.7433			0.6664		0.5425	0.0990	0.0249	0.2321	0.0624	0.0158			0.1539					
	曹庄村民组	2.8233	2.6070	2.0076		2.0076			0.5994		0.4755	0.0990	0.0249	0.2163	0.0624				0.1539					
	八里井村民组	1.8185	1.8027	1.7357		1.7357			0.0670		0.0670			0.0158		0.0158								
	庞庄村委会小计	2.4151	2.4151	2.3293		2.3293			0.0858	0.0170	0.0688													
	十里铺后村民组	1.3783	1.3783	1.3613		1.3613			0.0170	0.0170														
	十里铺前村民组	1.0368	1.0368	0.9680		0.9680			0.0688		0.0688													

商丘市人民政府
关于商丘至周口高速公路商丘段二期
建设用地的请示

商政土〔2009〕112号

签发人:陶明伦

省人民政府:

  商丘至周口高速公路商丘段二期工程项目已经省发展和改革委员会以豫发改交通〔2009〕1830号批准立项。该项目需农用地转用,征收集体土地136.7326公顷,其中:耕地126.5809公顷(包括基本农田103.1680公顷),征收集体建设用地7.5682公顷、集体未利用地9.5482公顷,收回国有建设用地0.5628公顷、国有未利用地0.2924公顷。涉及我市梁园、睢阳2区的5个乡(镇)26个农村集体经济组织63个村民组(权属单位详见附件),拟划拨给河南高速公路发展有限责任公司,作为商丘至周口高速公路商丘段二期工程项目建设用地。经审查,商丘市国土资源局拟订的农用地转用方案、补充耕地方案、征收土地方案和供地方案符合土地管理法律、法规的规定,现呈报审批。

  妥否,请批复。

二〇〇九年十二月十七日

(联系人:徐文斌   电话:0370-3285176)

主题词:城乡建设 土地请示

抄送:省国土资源厅

商丘市人民政府办公室   2009年12月17日印发

商丘市人民政府
关于商丘至周口高速公路（商丘段）二期建设
项目用地的审查意见

商政土〔2009〕111号

省人民政府：

依据土地管理法律法规，商丘至周口高速公路（商丘段）二期建设项目用地应呈报国务院审批，我市人民政府依法对该建设项目用地进行了审查，意见如下：

一、建设项目基本情况

该项目是纳入我省2009年开工建设的重点基础交通项目，2009年8月通过省国土资源厅用地预审（豫国土资函〔2009〕553号）。2009年11月省发展和改革委员会批复可行性研究报告（豫发改交通〔2009〕1830号），2009年11月省发展和改革委员会批复工程初步设计（豫发改设计〔2009〕1935号）。项目按26.991km建设，总投资12.3952亿元。

工程用地涉及占用林地1.1267公顷，建设单位已于2009年12月取得省级林业主管部门使用林地审核同意书（豫林资许〔2009〕210号）。

受省国土资源厅的委托，我市国土资源局徐文斌、秦国庆于2009年12月15日对该项目（工程）拟征地块进行了实地踏勘。申报地类与实际地类相同，没有违法违规用地现象。

二、申请用地现状

依据《土地勘测定界规程》、《土地利用现状分类》等规定，河南省国土资源调查规划院对项目拟用地情况进行了实地勘测，形成的成果资料符合规定要求。

项目用地涉及我市梁园区、睢阳区的4个乡（镇）1个办事处26个村及3个国有单位，共29宗，已全部进行土地登记发证，土地产权明晰，界址清楚，权属无争议。申请用地总面积154.7042公顷，其中农用地136.7326公顷（耕地126.5809公顷，含基本农田103.1680公顷）、建设用地8.1310公顷、未利用地9.8406公顷。按权属和地类分：农民集体所有农用地136.7326公顷（耕地126.5809公顷，含基本农田103.1680公顷）、建设用地7.5682公顷、未利用地9.5482公顷，国有建设用地0.5628公顷、未利用地0.2924公顷。地类和面积准确。

三、用地规划计划与落实预审意见情况

用地涉及的土地利用总体规划调整，已按规定履行规划调整的论证和听证工作，编制的土地利用总体规划调整方案符合要求，建设项目对规划实施影响评估报告、规划修改各部门和专家论证意见及听证会纪要等材料齐备。

项目用地预审控制规模172.2680公顷，其中农用地140.0387公顷（耕地131.4180公顷，含基本农田117.9767公顷），申报用地小于预审控制用地规模，预审提出的补充耕地等意见，已按规定分别得到落实。

四、土地利用与供应情况

依据国家产业政策目录和《限制用地目录》、《禁止用地目录》等规定,项目符合国家产业政策和供地政策。拟采取划拨方式供地,符合《划拨用地目录》(国土资源部9号令)的规定。项目建设标准为四车道高速公路,建设内容为路基、互通式立体交叉工程、分离式立交。建设标准和建设内容符合项目初步设计批复的要求。项目各功能分区按照《公路建设项目用地指标》划分用地面积分别为主路基116.3354公顷、互通式立交33.9487公顷、分离式立交4.1201公顷、收费站0.3公顷。申请用地总面积和各功能分区用地均符合《公路建设项目用地指标》的规定。

项目以划拨方式供地,不涉及城市建设用地范围内新增用地,按规定不需缴纳新增建设用地土地有偿使用费。

五、征地补偿安置情况

项目征地补偿标准按省政府公布的区片综合地价执行,社会保障费用按原省劳动和社会保障厅《关于公布各地征地区片综合地价社会保障费用标准的通知》(豫劳社办〔2008〕72号)规定执行。共涉及2个征地区片,综合地价每亩补偿3.988万元~4.308万元。青苗补偿费标准为1.2万元/公顷。地上附着物补偿标准按商政〔2009〕93号文件规定执行。加上青苗和地上附着物等补偿,项目征地总费用10647.5854万元。征地批准后,依法实施征地程序,并按照法定期限,足额支付征地补偿款项。

征收土地需安置农业人口1743人(其中劳动力581人),征地前村(组)人均耕地0.468~2.0153亩,征地后人均耕地0.3334亩~1.9959亩。当地政府计划通过调整土地,农业安置1743人,人均调整耕地0.25亩~1亩;货币安置1743人,人均3.7194万元。可以妥善安排被征地农民的生产和生活。

我市人民政府已落实社保费用1218.484万元,其中1218.484万元已缴入当地社保资金专户,并将符合条件的被征地农民纳入社会保障体系,保证被征地农民原有生活水平不降低,长远生计有保障。

市国土资源管理部门按规定履行了征地报批前告知、确认和听证程序,商丘市国土资源局于2009年11月19日,对拟征地的用途、位置、补偿标准、安置途径,向被征地农村集体经济组织以及农户和地上附着物产权人进行了告知;商丘市国土资源局、被征地农村集体经济组织以及农户和地上附着物产权人,于2009年11月20日对拟征地的权属、地类、面积以及地上附着物权属、种类、数量进行了签字确认;商丘市国土资源局分别于2009年11月26日、27日、30日,12月1日、2日、3日向被征地农村集体经济组织及农户送达了听证告知书(商国土资听告字〔2009〕第124、125、126、127、128、129、130、131、132、133、134、135、136、137、138、139、140、141、142、143、145、146、147、148、149、150、152、153、154、155、156、157、158、159、160、161、162、163、164、165、166、167、168、169、170、171、172、173、174、175、176、177、178、179、180、181、182、183、184、185、186、187、357号)。当事人在5个工作日内未提出听证申请。商丘市国土资源局按照《国土资源听证规定》(国土资源部令第22号)出具了不予听证说明。

商丘市国土资源局分别于2009年11月30日,12月1日、2日、3日、7日向包括被征地农村集体经济组织及农户等送达了占用基本农田听证告知书(商国土资听告字〔2009〕第189、190、191、192、193、196、197、198、199、201、202、203、204、205、206、207、208、210、211、212、213、214、215、217、218、219、222、225、226、227、228、229、230、231、232、233、234、235、236、237、239、

240、241、242、243、244、245、246、247、248、249、250、251、252号)。当事人在5个工作日内未提出听证申请,商丘市国土资源局按照《国土资源听证规定》(国土资源部令第22号)出具了不予听证说明。

六、补充耕地和补划基本农田情况

项目占用耕地126.5809公顷,河南德馨高速公路有限公司委托泌阳县国土资源局按我省规定标准,足额缴纳耕地开垦费2423.3929万元,在我市人民政府申报用地前,落实了补充耕地任务。补充耕地地块位于泌阳县下碑寺乡、春水镇,挂钩的土地整理复垦开发项目为2009年驻马店市第五批补充耕地储备项目,项目已经驻马店市国土资源局验收(驻国土〔2009〕455号),并在省土地整理复垦开发项目信息报备系统中备案编号,对应编号为41172620090002。

该项目申请占用基本农田103.1680公顷,由泌阳县国土资源管理部门,在申报用地前,落实了补划基本农田103.1680公顷,耕地质量符合要求,做到了基本农田数量不减少、质量不降低。

七、压矿审批、地灾评估情况

经审查,项目不压覆重要矿产资源。

根据商丘市地质灾害防治规划,甲级地质灾害危险性评估单位河南省地矿建设工程(集团)有限公司对项目进行了地质灾害危险性评估,评估级别为一级,评估报告已经河南省国土资源厅审查通过,并在河南省国土资源厅备案。

八、信访与违法用地处理情况

该批次用地不存在群众上访和违法用地现象。

综上所述,商丘至周口高速公路(商丘段)二期建设项目申请用地情况真实,符合土地管理法律法规和有关规定,申报材料真实、准确,已全部在我市国土资源部门存档,同意报批,请予审查。

二〇〇九年十二月十六日

主题词:经济管理 土地 审查意见

商丘市人民政府办公室   2009年12月16日印发

河南省国土资源厅
关于商丘至周口高速公路商丘段二期工程
建设用地的预审意见

豫国土资函〔2009〕553号

河南省高速公路发展有限责任公司：

《河南省高速公路发展有限责任公司关于商丘至周口高速公路商丘段二期工程项目建设用地预审的请示》（豫高司正〔2009〕194号）收悉。根据《建设项目用地预审管理办法》（国土资源部令第42号）的规定，现提出如下预审意见：

一、商丘至周口高速公路商丘段二期工程是河南省交通厅以豫交计〔2009〕67号文件列入2009年高速公路新开工项目计划的交通基础设施建设项目。项目建设标准为四车道高速公路，建设里程27.546公里。用地符合国家土地供应政策。

二、商丘至周口高速公路商丘段二期项目拟占用商丘市梁园区李庄乡、刘口乡、双八镇、水池铺乡、王楼乡和睢阳区新城办事处土地共计176.2680公顷，其中农用地140.0387公顷，农用地中耕地131.4180公顷（含基本农田117.9767公顷），建设用地19.9471公顷，未利用地16.2822公顷。用地需调整土地利用总体规划。规划调整方案和补划基本农田方案在用地报批时随用地报件一并呈报国务院审批。在初步设计阶段，应进一步优化设计方案，从严控制建设用地规模，节约集约用地。

三、项目建设所需补充耕地资金要列入工程概算，同意你单位按照豫政〔2008〕52号文件规定，按一般耕地13万元/公顷、基本农田22万元/公顷标准缴纳耕地开垦费，委托商丘市国土资源局睢阳分局和梁园分局承担补充耕地任务。

四、要根据国家法律法规和有关文件的规定，认真做好征地补偿安置的前期工作，确保补偿安置资金足额到位，切实维护被征地农民的合法权益。

五、要按照《中华人民共和国土地管理法》和国务院文件的有关规定，依法落实土地利用总体规划修改方案，办理建设用地报批手续。未办理农用地转用和土地征收手续的不得开工建设。

六、综合以上情况，本项目通过用地预审。

七、依据《建设项目用地预审管理办法》的规定，本文件自印发之日起两年内有效。

二〇〇九年八月十九日

主题词：国土资源　土地　公路　预审意见

河南省国土资源厅办公室　　　　　　　　　　　　　2009年8月19日印发

河南高速公路发展有限责任公司
关于商丘至周口高速公路商丘段二期工程项目建设用地预审的请示

豫高司〔2009〕194号

签发人:王金山

河南省国土资源厅:

为改变商丘至周口高速公路商丘段道路运输状况,进一步提升高速公路服务水平,按照省委、省政府要求,我公司拟对商丘至周口高速公路商丘段二期工程进行建设。根据测算,该项目建成投入运营后将产生较大的社会效益和经济效益。

该项目经过商丘市梁园区,拟占用土地158.6824公顷,其中农用地123.5221公顷(其中耕地115.5764公顷,耕地中基本农田103.0881公顷)、建设用地18.8781公顷、未利用地16.2822公顷;商丘市睢阳区,拟占用土地17.5856公顷,其中农用地16.5166公顷(其中耕地15.8416公顷,耕地中基本农田14.8886公顷)、建设用地1.0690公顷。项目共拟占地176.2680公顷。根据《中华人民共和国土地管理法》及有关土地补偿法律、法规的规定,我公司已经将补充耕地的资金列入工程投资概算,拟采用缴纳耕地开垦费委托开垦的方式补充耕地,并按照当地有关收费标准缴纳耕地开垦费。

我公司按照国土资电发〔2006〕17号《关于当前进一步从严土地管理的紧急通知》以及国土资电发〔2006〕22号《关于严明法纪坚决制止土地违法的紧急通知》精神,在项目选址过程中严格遵守节约用地的总体要求。在无法规避基本农田的前提下,我公司联系设计单位优化工程设计,同时加大投入,尽量节约用地,使占地面积大大减少。

为了加快本项目前期进程,早日完成项目核准,及时开工建设,有效发挥商丘至周口高速公路商丘段二期工程项目的作用,特提出工程建设用地预审申请。

妥否,请批示。

(联系人:袁宝申　　电话:13837156713)

主题词:【高发公司】　高速公路　建设　用地预审　请示

河南高速公路发展有限责任公司办公室　　　　　　2009年7月16日印发

使用林地审核同意书

豫林资许〔2009〕210号

河南德馨高速公路有限公司：

根据《森林法》和《森林法实施条例》的规定，经审核，同意商丘至周口高速公路商丘段二期工程建设项目，征用商丘市梁园区王楼乡三陵村、杨油坊村，李庄乡李梅楼村，双八镇路楼村、彭园村、西村、朱庄村七个行政村和睢阳区新城办事处曹庄村集体农田防护林地9.881公顷。

你单位要按照有关规定办理建设用地审批手续，依法缴纳有关占用征用林地的补偿费用。建设用地批准后，需要采伐林木的，要依法办理林木极权伐许可手续。

二〇〇九 年十二 月 八 日

关于印发商周高速公路二期工程及连霍高速公路改扩建工程建设征用土地及地面附着物拆迁补偿标准的通知

商政〔2009〕93号

梁园区、睢阳区、永城市、夏邑县、虞城县、宁陵县、民权县人民政府,市人民政府有关部门：

商周高速公路二期工程及连霍高速公路改扩建工程是国家、省重点建设项目,该工程的建设对提高我市城市品位,提升我市在全国交通网中的枢纽地位,促进我市经济社会发展具有十分重要的意义。为保证高速公路建设征地拆迁工作的顺利进行,根据《中华人民共和国土地管理法》、《河南省实施〈土地管理法〉办法》、《河南省人民政府办公厅关于加强土地调控严格土地管理的通知》豫政办〔2007〕33号和《河南省人民政府办公厅关于加强我省国家建设征地上附着物补偿管理的通知》豫政办〔2009〕152号等有关规定,现就我市商周高速公路二期工程及连霍高速公路改扩建工程建设征用土地及地面附着物拆迁补偿标准通知如下：

一、关于拆迁房屋补偿

1. 拆迁各类房屋的补偿,包括旧料损失、拆除、搬运、新建人工等费用。在执行中可根据物价水平、房屋新旧程度确定补偿标准的上限或下限。
2. 厨房、厕所、牲畜、家禽圈舍等,根据情况酌情给予补偿。
3. 空调、闭路电视线、电话等通信设施拆移不予赔偿。
4. 征地拆迁公告后抢盖的建筑物一律不予赔偿。

二、关于树木赔偿

1. 移、伐补偿的树木,树归原主。
2. 成片观赏花卉及苗圃等按种植规范,依据相关部门规定标准补偿。
3. 经济林的补偿按种植规范,依据相关部门规定执行。
4. 征地拆迁公告后抢栽、抢种的树木一律不予赔偿。

三、关于水井、水渠补偿

1. 水井补偿包括开凿工程、用料及用工量计算。铸铁管井筒可参照混凝土管井管,增加材料差价进行补偿。
2. 废枯井按同类井标准的10%～30%进行补偿。
3. 水渠补偿包括旧料搬运、材料损失、拆建工费等。

四、关于通信、供电线路补偿

1. 电杆占地按每杆3m^2,拉线占地按每线2m^{2}补偿,铁塔按塔基实际占地面积计算,按征地区片综合地价进行补偿。
2. 补偿费包括拆迁电线、电杆、拉线、配件等需用的拆迁费。

五、关于坟墓补偿

补偿费包括迁葬的工料费。

六、关于其他补偿

1. 对持有效证件的乡、村办企业及农民私营企业厂房、设备等搬迁补偿,按有资质的专业评估机构评估价予以补偿。

2.《商丘市高速公路建设用地征用地面附着物补偿标准》没有涉及的地面附着物,可根据实际情况协商进行补偿,协商不成的由各级价格事务评估机构通过评估确定补偿标准。

七、永久性用地补偿

(一)征收集体土地标准

1. 土地补偿费及安置补助费。按照我省统一制定的征地区片综合地价执行。

2. 青苗补偿费每季为 600~800 元/亩。

3. 耕地开垦费。按照《河南省人民政府办公厅关于加强土地调控严格土地管理的通知》(豫政办〔2007〕33号)执行。

4. 征地群众社会保障费用。具体标准根据当地关于被征地群众社保安置情况,按省劳动和社会保障厅《关于公布各地征地区片综合地价社会保障费用标准的通知》(豫劳社办正〔2008〕72号)文件规定执行。

(二)占用、使用国有土地标准

根据土地使用权取得方式,原则上国有划拨土地按现有征地成本价格补偿;国有出让土地按照国家有关规定执行。

八、临时用地补偿标准

临时用地是指因工程建设临时占用占压用地(包括使用的堆料场、预制场和修建的工棚、简易道路占用土地)和取土用地。

(一)临时用地补偿

临时用地青苗补偿按年产值给予补偿,每季 600~800 元/亩,考虑到被临时使用的土地,破坏严重的(建预制厂、地面硬化等),恢复周期长,应多支付一季的青苗补偿费,临时用地地上附着物按拆迁补偿标准执行。

(二)临时用地复耕保证金

属工程占压用地的,复耕保证金按 2000 元/亩的标准缴纳;属取土等一般工程毁坏耕作层的,复耕保证金按 1000 元/亩标准缴纳。办理临时用地手续时,由施工单位向各县(市、区)国土部门缴纳,临时用地单位用地结束时,负责复耕。市国土资源局制定复耕验收标准,各县(市、区)国土部门和高速公路建设指挥部联合对复耕情况进行验收,经验收达标的,保证金如数退还。否则,由施工单位再复耕或从保证金中拿出费用由群众自行复耕。

(三)占用耕地取土的补偿

取土深度不得超过 1.6m。实取 1.3m 深,表层 30cm 厚活土推开集中堆放,复耕时恢复为耕作层,取土用地按 6800 元/亩补偿(土方不再取费),省高发公司每亩拨付 200 元用于工程建设协调费。因超深取土不能复耕的,按永久性征地补偿。

任何施工单位不得擅自与当地乡、村、组协调用地、拆迁等有关问题。

九、征地拆迁补偿费用管理使用办法

本工程征地及拆迁费用,由业主单位一次全额拨付给市高速公路建设指挥部,市高速公路建设指挥部再根据实际征地拆迁数量一次性拨付到各县(市、区)指挥部,全部用于征地拆迁补偿。

各县(市、区),要设立征地拆迁专用账户、专户储存、专款专用。

任何单位和个人不得截留、挪用。各乡镇(办事处)及各县(市、区)国土资源、交通管理部门要在各县(市、区)政府的领导下,按照国家有关法律法规,认真做好项目征地及拆迁补偿安置工作,特别要做好拆迁户的过渡安置工作,对拆迁户拆迁后确实无处居住的,可提前支付部分补偿费用。各级政府及国土、交通部门和业主单位要严格依法办事,切实维护被征地农民的合法权益。市高速公路建设指挥部每年要牵头组织一次专项审计检查,各级监察、审计等部门要对征地拆迁费用情况进行审计和监督,确保征地拆迁费用依法落实。

十、征地拆迁组织协调

连霍高速公路商丘境内改扩建工程及商周二期高速公路建设拆迁工作,由商丘市高速公路建设指挥部统一组织,沿线拆迁工作自各县(市、区)人民政府具体实施。市高速公路建设指挥部各成员单位及高速公路建设涉及的其他部门要顾全大局,竭力合作,及时解决征地拆迁工作中遇到的问题,确保工程建设征地拆迁工作顺利实施。

二〇〇九年十一月十七日

主题词:交通　高速公路　征地　拆迁　标准　通知

抄送:市委各部门,市人大,市政协,军分区,市中级法院,市检察院

商丘市人民政府办公室　　　　　　　　　　　　2009年11月17日印发

商丘市高速公路建设征用土地及地面附着物补偿标准

附着物名称	现状结构	单位	补偿标准(元)	备注
平房	土木结构	m²	260～330	土坯或夯土墙、瓦顶
	砖木结构	m²	350～430	全砖墙、瓦顶
	砖混结构	m²	450～530	砖墙、预制或现浇夯板顶
二层以上楼房	砖木结构	m²	360～440	
	砖混结构	m²	480～540	
简易房	石棉瓦、油毡顶	m²	110～150	土坯墙、草顶可参照此标准
砖围墙	二四墙	m²	50	墙高2m,基础高度不算
土围墙		m²	20	墙高2m,基础高度不算
厕所	砖墙结构	个	400	
	土墙结构	个	200	
猪圈		个	80	
门楼	砖混结构	个	800	
	其他	个	350	
鱼塘	土	亩	5000	
	水泥	亩	9000	
砖瓦窑	轮窑20门	座	205000	每增减1门增减6000元
	老式窑容量3万块	座	20500	容量每增减1万块增减2000元
水井	机井深40m混凝土井筒	眼	6000～14000	深度每增减1m增240元
	井深10m砖砌井筒	眼	3000	深度每增减1m增100元
	压水井(含机井)	眼	400	没有压机的,每眼200元
	对口抽(10～12cm)	眼	260	6cm～8cm的每眼150元
灌溉地埋管	塑料管	m	40	
	水泥管	m	50	
沼气池	砖石砌	m³	300	
温室	钢混凝土骨架玻璃顶	m²	90	
	钢混凝土骨架塑料薄膜顶	m²	70	
	简易塑料薄膜棚	m²	20	
坟墓	一墓一棺	座	800	每增加1棺增加200元
水渠(砖石结构)	横断面1m以上	m	90	
	横断面0.5m以上	m	50	
	横断面0.5m以下	m	30	
供电通信线路	水泥杆高度8m～10m	根	350	包括线路拆迁
	水泥杆高度11m～15m	根	400	包括线路拆迁
	木杆	根	150	包括线路拆迁
预制厂场地	水泥地坪厚10cm～15cm	m²	60	

续上表

附着物名称	现状结构		单位	补偿标准(元)	备 注
多年生药材	板蓝根、黄洋、留兰香		亩	900	芦笋、白芍等
乔木	规格			补偿标准(元)	备 注
	胸径(cm)	主干高(m)			
	5以下	1.5以上		8	
	6~10	2.5以上		15	
	11~15	3.5以上		32	
	16~20	4.5以上		50	
	21~25	5.5以上		72	
	26~30	6.5以上		90	
	31以上			100	
灌木类	现状结构			补偿标准(元)	每墩出条数按10~20根(包括柳、荆杨等灌木丝)
	白蜡条(墩)			5~8	
	紫穗槐(墩)			5~8	
	花椒(株)			17~46	
零星果树	1年以下幼树			7~8	包括苹果、梨、杏、石榴、核桃、柿、桃,其他果树按实际结果量酌情补偿
	2~3年未结果树			26~61	
	4~7年初果树			85~266	
	8~18年盛果树			272~327	
葡萄	不结果(墩)			9~15	
	结果(墩)			43~61	
苗圃	m²			68~76	

商周高速公路商丘段二期工程建设
征地、拆迁及协调服务协议

（商丘市）

甲方：河南德馨高速公路有限公司
乙方：商丘市商周高速公路二期工程建设指挥部

为做好商周高速公路商丘段二期工程建设的征地、拆迁及协调服务工作，创造优良的施工环境，保证项目的顺利实施，甲方将商周高速公路商丘段二期工程建设征地、拆迁及协调服务工作以总承包的形式全权委托给乙方。依据《中华人民共和国土地管理法》、《中华人民共和国土地管理法实施条例》、《中华人民共和国合同法》和相关文件规定，本着公平、公正、诚信的原则，经甲乙双方友好协商，达成以下合同条款：

一、工作目标

1. 为项目建设创造优良的施工环境，保证工程建设的顺利实施。

2. 确保商周高速公路商丘段二期工程（商丘市境内）建设项目按期开工，保质、保量按期竣工。

3. 为河南人民献出一条"质量高、线形好、外观美、环境优"的高速公路。

二、工作范围和工作职责

1. 商周高速公路商丘段二期工程建设项目线内（包括相关的附属工程占地）的永久征地工作；地方电力、通信及地下管网（线）迁改，地面附着物的清点、拆迁、补偿，线外改路改渠的协调、服务。

2. 帮助施工单位协调工程施工临时用地（含取、弃土场，生产和生活用地等）的审批、复耕及地面附着物的清点、拆迁及补偿工作。

3. 成立由商丘市人民政府牵头，由市交通、国土、公安、检察、纪检监察部门等单位有关领导组成的工程建设协调指挥部，负责搞好与本工程项目有关的土地征用等资料的报批工作。负责工程建设期间的施工环境保障服务和及时处理各种影响正常施工的突发案件；负责协助甲方搞好项目建设的前期筹备工作，如各项证件的报批审核工作等。

三、甲方责任

1. 向省、国家土地部门报送土地报件和办理相关的审批手续。

2. 负责文物勘探、环保评估、地质灾害评估、水土保持、林地占用及砍伐许可证的办理，省、市以上（含市级）水利、环保、林业等部门的工作和支付相关费用。

3. 负责向乙方提供征地用图和与之相关的其他材料；负责全线的土地勘察、定界、丈量工作，同时牵头完成项目地面附着物的清点、界桩的埋设等工作。

4. 根据协议向乙方支付费用并督促乙方按期履行合同。

5. 甲方保证原有通信、电力线缆、地下管网、道路、水渠的畅通。

四、乙方责任

1. 负责本项目工程建设的永久性土地的预审、征用、界桩埋设、确权、补偿、算账和地面附着物的清查、补偿、拆迁及地方电力、电信、地下管网（线）的拆迁和补偿；做好与水利、环保、国土、税务等相关部门的协调、保障工作；协助甲方完成全线范围内的土地勘察定界工作。负责协调工程施工临时用地（含取、弃土场，生产、生活用地等）的审批、复耕及地面附着物的清点、拆迁、补偿工作，并负责相关费用的落实到位。

2. 按甲方要求及时提供土地利用规划调整意见，按国家有关要求编制"一书四方案"及土地报批资料，并协助甲方办理相关审批手续。

3. 合同完成后，按照国家档案归档有关规定，负责整理完善土地征用地面附着物的清点、补偿、电力通信拆迁等档案资料。

4. 按甲方要求提供征用土地和设计变更后的调整用地，尽快向甲方提供合法的土地使用证和相关资料。

5. 负责协调施工临时用地和协助承包商进行土地的复耕及办理土地交接手续，保证施工单位顺利进行施工和退场。

6. 在本项目建设期间，负责做好沿线群众工作，负责协调工程参建单位与沿线基层组织和群众关系，处理施工过程中的干扰阻工事件，严禁强装强卸，强买强卖，做好施工环境的保障服务工作，依法严惩工程建设中的各种违法乱纪行为。尽量避免工程建设中的群众上访事件，如有发生，负责及时协调解决。

7. 负责成立由市人民政府牵头，由市交通、国土、公安、检察、纪检监察部门等单位有关领导组成的协调机构，并保证其成员主要精力放在为本工程服务上。

8. 负责按照国家的有关法律、法规要求及甲乙双方在本合同中协商的相关费率，向有关部门交纳规定费用。

9. 负责工程建设中关于土地征用等问题的延伸审计工作。

五、时间要求

本合同有效时间从签字之日起至竣工验收之日止。其中：

1. 2009年11月26日前，协助甲方完成项目征地的公告发布工作及与水利、税务、环保等相关单位的协调准备工作，为项目的顺利开展奠定良好的基础。

2. 2010年3月25日前，基本完成公路永久性占地范围的土地征用、地面附着物拆迁、地方电力电信及其他拆迁工作，并协助施工单位完成临时用地的征用工作，保证施工单位按期顺利进场施工。

3. 2009年12月5日前，市级以下（含市级）国土部门完成与项目征地有关资料的报批工作，并协助甲方上报省国土资源厅。如果因甲方原因影响资料报批工作，时间顺延。

4. 施工环境保障工作从施工单位进场之日起至施工单位全部安全退场之日止。

六、费用的确定

本着实事求是，利于工作的原则，经甲乙双方协商确定以下费用（见附件一《商周高速公路商丘段二期工程建设征迁费用计算书》）：

（一）征地拆迁总费用

1. 征地补偿费

土地补偿费　　捌仟壹佰零捌万贰仟壹佰壹拾伍元整　　（81082115元）。青苗补偿费　壹佰伍拾壹万捌仟玖佰柒拾壹　元整（1518971元）。

2. 附着物补偿费

附着物补偿费的标准参照商丘市人民政府　商政〔2009〕93号　文执行，总计：　壹仟壹佰柒拾叁万伍仟伍佰捌拾柒元整（11735587元）　。

征地拆迁总费用为第一至二项之和，共计　玖仟肆佰叁拾叁万陆仟陆佰柒拾叁元整（94336673元）　。

以上总费用不包括梁园、睢阳两区各4处，经确认的附属遗留问题，另签协议。其余征地、附属物款全部付清。

（二）征地拆迁管理费

按照征地拆迁费用的　2.8%　计算。作为市指挥部和市国土部门在勘测、定界、征地拆迁过程中协调、服务、报批、宣传、督导等管理费用，金额：　贰佰陆拾肆万壹仟肆佰贰拾陆元整　（2641426元）　。

（三）耕地占用税

按照财政部关于公路建设用地耕地占用税税额标准执行。

（四）协调工作经费及交通工具另签协议。

（五）不可预见费

按照征地拆迁总费用的　3%　执行，计　贰佰捌拾叁万零壹佰元整（2830100元）　。由甲、乙双方各掌握50%进行安排使用。市高速公路建设指挥部掌握的部分可用于征地拆迁和节约、改造土地工作的奖励。

（六）土地开垦费、森林植被费

按照国家有关规定，分别由省国土资源厅、省林业厅对甲方统一收缴、分配。

（七）施工单位进场后，由各中标单位与地方县（市、区）交通部门签订使用地方道路协议。

（八）征地群众社会保障费用。具体标准根据当地关于被征地群众社保安置情况，按省劳动和社会保障厅《关于公布各地征地区片综合地价社会保障费用标准的通知》（豫劳社办〔2008〕372号）文件规定执行。

七、奖惩措施

1. 优良施工环境奖，按征地拆迁总费用的1%计取，计　玖拾肆万叁仟叁佰陆拾陆元整（943366元）　。根据省、市高速公路建设"零阻工"考核实施办法，用于对施工期间乙方（各县、市、区）保障服务工作的奖励。

2. 因乙方产生问题协调不力而造成工程损失时，应承担相应部分的经济责任。

八、款项的支付

双方协商确定。

九、其他

1. 工程建设中，如有重大遗漏、工程变更等问题，由甲乙双方另行协商解决。

2. 本次总包干费用必须专款用于本项目工程的征地拆迁补偿，不得挪作他用。

3. 合同中没有包括的内容，作为遗留问题，如通信、电力、电杆线缆、地下管网的迁移改造，原有道路、水渠的改建、畅通等问题，下一步工作中甲乙双方根据实际情况另行协商解决。

4.本协议未尽事宜,经双方协商另行签订补充协议。

十、本合同自双方签字盖章之日起生效,合同一式六份,其中正本两份,副本四份,双方各持正本一份,副本两份。

甲方:(盖章)　　　　　　　　　　　　乙方:(盖章)

法定代表人:　　　　　　　　　　　　法定代表人:

或其
授权代理人:　　　　　　　　　　　　或其
　　　　　　　　　　　　　　　　　　授权代理人:

商丘至周口高速公路商丘段二期工程建设征地、拆迁及协调服务补充协议书

甲方：河南德馨高速公路有限公司（以下简称甲方）

乙方：商丘市商周高速公路二期工程建设指挥部（以下简称乙方）

为加快商丘至周口高速公路商丘段二期工程（以下简称商周二期工程）施工进度，创造良好施工环境，保证项目顺利实施，达到按期通车目标。依据2009年12月份签订的《商丘至周口高速公路商丘段二期工程建设征地、拆迁及协调服务》（以下简称原征地拆迁协议）协议书的第六款"费用的确定"的第四项"协调工作经费及交通工具另签协议"之规定，经甲、乙双方友好协商，就本项目乙方协调工作内容及经费达成如下补充协议：

一、协调工作内容

1. 原征地拆迁协议中载明由乙方承担的工作内容；

2. 乙方应负责协调商丘市人民政府与河南高速公路发展有限责任公司签署的《投资商周高速公路二期工程优惠协议书》中各项条款落实到位；

3. 按照河南省交通运输厅关于建设项目"零阻工"的要求，甲方建立"零阻工"台账，乙方根据甲方"零阻工"台账及工程实施需要，对沿线各区、乡（镇）施工环境协调工作进行奖励；

4. 协调服务时间自商周二期工程2009年6月正式开工起至商周二期工程竣工验收之日止。

二、协调工作经费

1. 协调工作经费

按原征地拆迁协议总费用（￥94336673）的2.5%计取，计人民币大写：贰佰叁拾伍万捌仟肆佰壹拾陆元捌角叁分（￥2358416.83）。

原征地拆迁协议中优良施工环境奖金额（征地拆迁总费用的1%）不变，计人民币大写：玖拾肆万叁仟叁佰陆拾陆元柒角叁分（￥943366.73）。由乙方作为协调工作经费和优良施工环境奖使用。

甲方不再向乙方提供交通工具，按每公里壹万元标准进行补助，计人民币大写：贰拾柒万元整（￥270000.00），乙方购车不足部分由协调工作经费中调剂使用。

上述三项费用共同构成协调工作经费总计人民币大写：叁佰伍拾柒万壹仟柒佰捌拾叁元伍角陆分（￥3571783.56）。

2. 协调工作经费时间界定

按照河南省交通运输厅要求，本项目拟定通车时间为2011年12月底。上述协调工作经费是指从本项目2009年6月26日正式开工至2011年12月底建成通车的协调费用。如果本项目2011年12月底建成通车，2012年起甲方不再支付乙方任何费用；如果本项目2011年12月底未建成通车，从2012年元月起，甲方以月包干费用形式支付乙方协调工作经费直至通车月份。

延期通车期间乙方月包干费用标准为:上述协调工作经费除以自 2009 年 7 月至 2011 年 12 月计 30 个月的月数,计人民币大写:壹拾壹万玖仟零伍拾玖元肆角伍分(￥119059.45)。

项目建成通车后,乙方应继续做好试运营期间的地方环境协调工作直至项目竣工验收,并不再收取任何费用。

三、付款方式

1. 以上协调工作经费,共计叁佰伍拾柒万壹仟柒佰捌拾叁元伍角陆分(￥3571783.56),分 2009、2010、2011 三年支付,支付比例为 30%、30%、40%。

2. 自甲、乙双方签订本协议之日起七个工作日内拨付 2009 及 2010 年费用,计人民币大写:贰佰壹拾肆万叁仟零柒拾元壹角肆分(￥2143070.14),扣除原已预付壹佰万元整(￥1000000.00),本次支付人民币大写:壹佰壹拾肆万叁仟零柒拾元壹角肆分(￥1143070.14)。

3. 剩余的 40% 费用 2011 年年初一次付清。

四、其他事项

1. 本协议为原征地拆迁协议不可分割一部分。
2. 本协议自甲、乙双方签字盖章后生效,具有法律效力。
3. 本协议未尽事宜再由甲、乙双方友好协商解决。
4. 本协议一式捌份,其中正本贰份,副本陆份,甲、乙双方各执正本壹份,副本叁份。

甲方:(盖章)　　　　　　　　　　　乙方:(盖章)

法定代表人:　　　　　　　　　　　　法定代表人:

或　　　　　　　　　　　　　　　　　或

授权代理人:　　　　　　　　　　　　授权代理人:

商丘至周口高速公路商丘段二期工程建设二次征地、拆迁及协调服务协议

甲方:河南德馨高速公路有限公司
乙方:商丘市商周高速公路二期工程建设指挥部

因商丘至周口高速公路商丘段二期工程(以下简称商周二期工程)设计变更路基加宽,进行二次征地。为加快商周二期工程建设,创建优良的施工环境,保证项目的顺利实施,甲方将商周二期工程建设二次征地、拆迁及协调服务工作委托给乙方。依据《中华人民共和国土地管理法》《中华人民共和国土地管理法实施条例》《中华人民共和国合同法》和相关文件规定,本着公平、公正、诚信的原则,经甲乙双方友好协商,达成以下合同条款:

一、工作范围

商周二期工程建设二次征地的永久征地工作,地面附着物的清点、拆迁、补偿和协调服务。

二、甲方责任

1. 负责向乙方提供征地用图和与之相关的其他材料;负责全线的土地勘察、定界、丈量工作,同时牵头完成项目地面附着物的清点、界桩的埋设等工作。

2. 根据协议向乙方支付费用并督促乙方按期履行合同。

三、乙方责任

1. 负责二次征地的土地征用、界桩埋设、确权、补偿、算账和地面附着物的清查、补偿、拆迁;协助甲方完成全线范围内二次征地的土地勘察定界工作及地面附着物的清点、拆迁、补偿工作,并负责相关费用的落实到位。

2. 按甲方要求提供涉及变更后二次征地的调整用地,尽快向甲方提供合法的土地使用和相关资料。

3. 在商周二期工程二次征地期间,负责做好沿线群众工作,负责协调工程参建单位与沿线基层组织和群众关系,处理施工过程中的干扰阻工事件,做好施工环境的保障服务工作,依法严惩各种违法乱纪事件,如有发生,负责及时的协调解决。

四、时间要求

2010 年 8 月 31 日前,基本完成商周二期工程二次征地的土地征用、地面附着物拆迁及其他拆迁工作。

五、费用的确定

本着实事求是、利于工作的原则,经甲乙双方协商确定征地补偿费为:

1. 土地补偿费 34600 元/亩,青苗补偿费 800 元/亩,梁园区 5.2188 公顷,共 78.282 亩;睢阳区 0.2306 公顷,共 3.459 亩。两区合计,5.4494 公顷、81.741 亩。征地补偿费为人民币大写:贰佰捌拾玖万叁仟陆佰叁拾壹元肆角(¥2893631.4 元)详见附表。

2.附着物补偿费

附着物补偿费为人民币大写:伍拾陆万伍仟贰佰零伍柒角贰分(￥565205.72元)详见附表。

3.征地拆迁管理费

按照征地拆迁费用的2.8%计算。作为市指挥部和国土部门在勘测、定界、征地拆迁过程中协调、服务、报批、宣传、督导等管理费用,金额为人民币大写:玖万陆仟捌佰肆拾柒元肆分(￥96847.44元)。

商周二期工程二次征地费用为第1、2、3项之和,共计人民币大写:叁佰伍拾伍万伍仟陆佰捌拾肆元伍角陆分(￥3555684.56元)。

六、款项的支付

本协议自甲、乙双方共同签订协议后,3个工作日内一次性支付。

七、其他

1.为加快二次征地工作进展,双方协商确定如乙方8月31日前完成二次征地工作,甲方支付奖金人民币五万元作为奖励。

2.征地过程中,如有重大遗漏、工程变更等问题,由甲乙双方另行协商解决。

3.本次商周二期工程二次征地费用必须专款用于本项目工程二次征地的拆迁协调服务工作。

4.本合同自双方签字盖章之日起生效,合同一式六份,其中正本两份,副本四份,双方各持正本一份,副本两份。

甲方:(盖章)　　　　　　　　　　乙方:(盖章)

法定代表人:　　　　　　　　　　　法定代表人:

或其

授权代理人:　　　　　　　　　　　或其

　　　　　　　　　　　　　　　　　授权代理人:

2010年8月12日　　　　　　　　　　2010年8月12日

商周高速公路二次征地附属物补偿统计表

2010年8月9日

附着物名称 建筑物	现状结构及规格 线状结构	单位	睢阳区	商议价	睢阳区 金额合计
平房	土木结构	m²		306.67	
平房	砖木结构	m²		403.33	
平房	砖混结构	m²		503.33	
楼房	砖木结构	m²		413.33	
楼房	砖混结构	m²		520.00	
院内地坪	水泥	m²		30.00	
简易房	石棉瓦、油毡顶	m²		136.67	
门楼	砖混结构	个		800.00	
砖围墙	二四墙	m²		50.00	
厕所	砖墙	个		400.00	
水井	机井深40m混凝土井筒	眼	3.00	11333.33	33999.99
水井	井深10m砖砌井筒	眼		3000.00	
水井	压水井	眼		400.00	
蓄水沼气池	砖石砌、水泥抹面	座		2000.00	
砖瓦窑	老式窑容量30000块	座		20500.00	
温室	简易温室	m²		20.00	
温室	钢混凝土骨架/菱镁结构塑料薄膜顶	m²		70.00	
鱼塘	土	亩		5000.00	
坟墓	一墓一棺	座		800.00	
坟墓	一墓二棺	座		1000.00	
坟墓	一墓三棺	座		1200.00	
坟墓	一墓四棺	座		1400.00	
供电通信线路	水泥线杆高度8~10m	根		350.00	
供电通信线路	水泥线杆高度11~15m	根		400.00	
猪圈		个		80.00	
预制厂	水泥地坪	m²		60.00	
乔灌木类	胸径(cm)	主干高(m)			
乔木	5以下	1.5以上	株	48.00	8.00	384.00
乔木	6~10	2.5以上	株	28.00	15.00	420.00
乔木	11~15	3.5以上	株	4.00	32.00	128.00
乔木	16~20	4.5以上	株		50.00	
乔木	21~25	5.5以上	株		72.00	
乔木	26~30	6.5以上	株		90.00	
乔木	31以上	7.5以上	株	3.00	100.00	300.00

续上表

附着物名称 建筑物	现状结构及规格 线状结构	单位	睢阳区	商议价	睢阳区金额合计
灌木类	白蜡条	墩		7.00	
	桑叉	墩		8.00	
	紫槐	墩		7.00	
零星果树	1年以下幼树	棵	47.00	7.67	360.49
	2~3年未结果树	棵	2.00	49.33	98.66
	4~7年出果期	棵	7.00	205.67	1439.69
	8~18年盛果期	棵	62.00	308.67	19137.54
苗圃		m²		73.33	
合计					56268.37

附着物名称 建筑物	现状结构及规格 线状结构	单位	梁园区 双八	王楼	李庄	水池铺	小计	商议价	梁园区金额合计
平房	土木结构	m²						306.67	
	砖木结构	m²			21		21	403.33	8469.93
	砖混结构	m²			28		28	503.33	14093.24
楼房	砖木结构	m²						413.33	
	砖混结构	m²			228		228	520.00	118560
院内地坪	水泥	m²			94.5		94.5	30.00	2835
简易房	石棉瓦、油毡顶	m²						136.67	
门楼	砖混结构	个			1		1	800.00	800
砖围墙	二四墙	m²			155.06		155.06	50.00	7753
厕所	砖墙	个			2		2	400.00	800
水井	机井深40m混凝土井筒	眼	6.00	3	2	2	13	11333.33	147333.29
	井深10m砖砌井筒	眼						3000.00	
	压水井	眼			2		2	400.00	800
蓄水沼气池	砖石砌、水泥抹面	座						2000.00	
砖瓦窑	老式窑容量30000块	座						20500.00	
温室	简易温室	m²						20.00	
	钢混凝土骨架/菱镁结构塑料薄膜顶	m²	190.00		390		580	70.00	40600
鱼塘	土	亩						5000.00	
坟墓	一墓一棺	座	6.00	1		13	20	800.00	16000
	一墓二棺	座	25.00		5	2	32	1000.00	32000
	一墓三棺	座		3			3	1200.00	3600
	一墓四棺	座						1400.00	
供电通信线路	水泥线杆高度8~10m	根						350.00	
	水泥线杆高度11~15m	根						400.00	
猪圈		个						80.00	

续上表

附着物名称	现状结构及规格		单位	梁园区				小计	商议价	梁园区金额合计
建筑物	线状结构			双八	王楼	李庄	水池铺			
预制厂	水泥地坪		m²						60.00	
乔灌木类	胸径(cm)	主干高(m)								
乔木	5以下	1.5以上	株	661	72	187	50	970	8.00	7760
	6~10	2.5以上	株	77	21		10	108	15.00	1620
	11~15	3.5以上	株	338	7	110		455	32.00	14560
	16~20	4.5以上	株	280	30	9	8	327	50.00	16350
	21~25	5.5以上	株	173	161	38	6	378	72.00	27216
	26~30	6.5以上	株	96		7	1	104	90.00	9360
	31以上	7.5以上	株	55	3	35	3	96	100.00	9600
灌木类	白蜡条		墩						7.00	
	桑叉		墩						8.00	
	紫槐		墩						7.00	
零星果树	1年以下幼树		棵						7.67	
	2~3年未结果树		棵				15	15	49.33	739.95
	4~7年出果期		棵	25	26		1	52	205.67	10694.84
	8~18年盛果期		棵		23	28		51	308.67	15742.17
苗圃			m²	22.5				22.5	73.33	1649.93
合计										508937.35

商丘至周口高速公路商丘段二期工程建设
二次征地拆迁补充协议

甲方:河南德馨高速公路有限公司
乙方:商丘市商周高速公路二期工程建设指挥部

为加快商周二期工程建设,创建优良的施工环境,保证项目的顺利实施,甲乙双方经友好协商,根据2010年8月12日签订的《商丘至周口高速公路商丘段二期工程建设二次征地、拆迁及协调服务协议》(以下简称原协议)第七款第2条规定,就工程设计变更发生的有关征地拆迁补偿事宜,达成以下补充协议:

一、工作内容

商周二期工程建设设计变更发生的有关征地拆迁、地面附着物清点工作。

二、费用的确定

本着实事求是的原则,经甲乙双方协商确定,附着物补偿费为人民币大写:陆拾叁万陆仟陆佰肆拾陆元陆角壹分(￥636646.61元)详见附表。

三、款项的支付

自本协议甲、乙双方共同签订后,3个工作日内一次性支付。

四、其他事宜

1. 本协议是原协议不可分割的一部分,与原协议具有同等法律效力。
2. 本协议自签订之日起生效。
3. 本协议一式捌份,双方各执肆份。

附件:1.商周二期工程附属物补偿统计表(略)
     2.商周二期工程拆迁地面附属物清点登记明细表(略)

甲方:(盖章)   乙方:(盖章)

法定代表人: 法定代表人:

或其   或其

授权代理人: 授权代理人:

2011年 月 日   2011年 月 日

商丘至周口高速公路商丘段二期工程建设三次征地、拆迁及协调服务协议

甲方:河南德馨高速公路有限公司
乙方:商丘市商周高速公路二期工程建设指挥部
因商丘至周口高速公路商丘段二期工程(以下简称商周二期工程)设计变更进行三次征地。为加快工程建设,创建优良的施工环境,保证项目的顺利实施,甲方将商周二期工程建设三次征地、拆迁及协调服务工作委托给乙方。依据《中华人民共和国土地管理法》、《中华人民共和国土地管理法实施条例》、《中华人民共和国合同法》和相关文件规定,本着公平、公正、诚信的原则,经甲乙双方友好协商,达成以下合同条款:

一、工作范围

商周二期工程建设三次征地的永久征地工作,地面附着物的清点、拆迁、补偿和协调服务。

二、甲方责任

1. 负责向乙方提供征地用图和与之相关的其他材料;负责全线的土地勘察、定界、丈量工作,同时牵头完成项目地面附着物的清点、界桩的埋设等工作。
2. 根据协议向乙方支付费用并督促乙方按期履行合同。

三、乙方责任

1. 负责三次征地的土地征用、界桩埋设、确权、补偿、算账和地面附着物的清查、补偿、拆迁;协助甲方完成全线范围内三次征地的土地勘察定界工作及地面附着物的清点、拆迁、补偿工作,并负责相关费用的落实到位。
2. 按甲方要求提供涉及变更后三次征地的调整用地,尽快向甲方提供合法的土地使用和相关资料。
3. 在商周二期工程三次征地期间,负责做好沿线群众工作,负责协调工程参建单位与沿线基层组织和群众关系,处理施工过程中的干扰阻工事件,做好施工环境的保障服务工作,依法严惩各种违法乱纪事件,如有发生,负责及时的协调解决。

四、时间要求

2011年3月20日前,完成商周二期工程三次征地的土地征用、地面附着物拆迁及其他拆迁工作。

五、费用的确定

本着实事求是、利于工作的原则,经甲乙双方协商确定征地补偿费为:
1. 土地补偿费34600元/亩,青苗补偿费800元/亩,共9.771亩。征地补偿费为人民币大写:叁拾肆万伍仟捌佰玖拾叁元肆角(¥345893.40)。
2. 地面附着物拆迁补偿费为人民币大写:壹万零壹拾元(¥10010.00)。
以上两项合计为人民币大写:叁拾伍万伍仟玖佰零叁元肆角(¥355903.40)详见附表。

六、款项的支付

本协议自甲、乙双方共同签订协议后,3个工作日内一次性支付。

七、其他

1. 本次商周二期工程三次征地费用必须专款用于本项目工程二次征地的拆迁协调服务工作。

2. 本合同自双方签字盖章之日起生效。

3. 本合同一式六份,双方各持三份。

附件:商丘至周口高速公路商丘段二期工程三次征地拆迁补偿计算表

甲方:(盖章)   乙方:(盖章)

法定代表人: 法定代表人:

或其   或其

授权代理人: 授权代理人:

2011年 月 日   2011年 月 日

附件

商丘至周口高速公路商丘段二期工程三次征地拆迁补偿计算表

序号	桩 号	权属单位	征地位置	面积（亩）	补偿标准（元/亩）	面积（m²）	补偿标准（元/m²）	补偿金额（元）
1	K20+975	梁园区双八镇路楼村	京九铁路水泵房	2.721	35400.00			96323.40
2	K20+998	梁园区双八镇路楼村	京九铁路东侧天桥引线	1.910	35400.00			67614.00
	K20+800	梁园区双八镇路楼村	蔬菜大棚拆迁10×14.3			143.00	70.00	10010.00
3	K11+850~K12+050	梁园区李庄乡毕大庄孙瓦房组	下穿陇海铁路扩宽渗井、水泵房	4.700	35400.00			166380.00
4	K12+050~K12+120	梁园区李庄乡李门楼村	下穿陇海铁路扩宽渗井	0.440	35400.00			15576.00
5								
6								
7								
8								
9								
10								
		合计		9.771	35400.00	143.000	70.00	355903.40

注：补偿标准35400元/亩含青苗补偿800元。

项目公司代表签字：

2011年3月10日

商丘市指挥部代表签字：

年 月 日

三、工程设计

关于商丘至周口高速公路商丘段二期工程初步设计的批复

豫发改设计〔2009〕1935号

商丘市发展改革委：

你委《关于呈报商丘至周口高速公路商丘段二期工程初步设计的请示》（商发改设计〔2009〕51号）及省交通运输厅《关于商丘至周口高速公路商丘段二期工程初步设计审查意见的函》（豫交规划〔2009〕276号）文均收悉。经研究，现批复如下：

一、原则同意河南省交通规划勘察设计院有限责任公司编制的工程初步设计。

二、路线走向及建设规模

路线起于商周高速公路与连霍高速公路交叉的史楼枢纽互通（K0+000），路线向北跨X024，在十里铺与曹庄间跨S325线，经宋武庄北与拟建的商丘机场路交叉（预留商丘机场路上跨建设条件），路线继续向北，经沈庄西，在两处汉墓群之间穿过，至良浩中学东、魏庄西跨古宋河，经朱庄、田庄，在康庄西附近设李门楼互通式立交（K10+630），经国家粮食储备库西侧先后与G310、陇海铁路和拟建的郑徐客运专线交叉，在薛庄、倪楼间，路线折向东北，经路楼、赵庄、前王庄北，沿东沙河南与京九铁路交叉，在周庄西北跨东沙河，在双八镇北跨G105，在魏庄东设魏庄互通式立交与济广高速公路相连接（K26+000），为本项目终点。路线全长26.991km。

三、主要技术标准

本项目按双向四车道高速公路标准设计，设计速度120km/h，路基宽28m。

主线路面结构采用4cm细粒式改性沥青混凝土（AC-13）+6cm中粒式改性沥青混凝土（AC-20）+10cm密级配沥青碎石（ATB-25）+改性沥青下封层+36cm水泥稳定碎石+18cm水泥稳定碎石。

桥涵设计荷载采用：公路—Ⅰ级，特大桥采用公路—Ⅰ级的1.3倍。设计洪水频率：特大桥1/300，大中桥、涵洞1/100，其他有关标准按《公路工程技术标准》（JTG B01—2003）中的规定执行。

四、主要工程数量

全线土方323万m^3，互通立交3处，大桥132.4m/1座，中桥670.02m/12座，涵洞5道，分离式立交11处（其中与铁路交叉2处），通道31道。

五、施工图设计时应依据专家审查意见和《公路工程技术标准》（JTG B01—2003）进一步优化。线路起终点路段应进一步做好与相关高速公路的衔接。

六、同意初步设计中推荐的桥型方案，但应抓紧完成防洪评价批复手续，并按照水利部门对《防洪影响评价》的批复进一步优化桥梁结构设计。

七、线路穿越沈堰堆、朱堌堆、胡堌堆古墓,须经省文物局批准。

八、施工图设计前,分离式立交的设置应进一步按地方路网规划优化,并在充分调查沿途实际情况后拟定切实可行的取、弃土方案,天桥、涵洞设置的数量及位置应以方便沿线群众的生产、生活为前提。

九、工程总占地控制在 1603 公顷以内。

十、总概算核定为 123952 万元。

附件:概算审核对比表

主题词:高速公路　工程　设计　批复

抄送:省交通厅、国土资源厅、文物局,商丘市政府及相关部门,省高速公路发展有限公司,河南省交通规划勘察设计院有限责任公司。

河南省发展和改革委员会办公室　　　　　　　　　　2009 年 11 月 30 日印发

附件

概算审核对比表

建设项目名称：商丘至周口高速公路商丘段二期工程

项	目	节	工程或费用名称	单位	原报概算 数量	原报概算 概算金额(元)	调整后概算 数量	调整后概算 概算金额(元)	增(+)减(-) 数量	增(+)减(-) 金额(元)
			第一部分 建筑安装工程费	公路公里	26.991	1101907689	26.991	884950948	0	-216956741
			临时工程	公路公里	26.991	15160567	26.991	13753779	0	-1406788
	1		临时道路	km	28.991	7441364	28.991	3174264	0	-4267100
	2		临时便桥	m/座	21.000/1.000	112675	21.000/1.000	112457	0	-218
	3		临时轨道铺设	km	1.600	193454	1.600	186080	0	-7374
	4		临时电力线路	km	7.600	344758	7.600	343084	0	-1674
	5		临时电信线路	km	9.000	59745	9.000	58819	0	-924
	6		临时圆管涵	道	8.000	90804	8.000	79238	0	-11566
	7		拌和设施安拆及场地处理	m²/座	75000.000/8.000	6917767	75000.000/8.000	9799837	0	2882070
			路基工程	km	24.500	259262291	24.5	176708199	0	-82554092
	1		场地清理	km	24.500	765762	24.5	1603608	0	837846
	2		挖方	m³	89135.400	749788	120199.200	498973	31063.8	-250515
	3		填方	m³	3087208.00	136959048	3234271.900	112759544	147063.9	-24199503
	4		特殊路基处理	km	26.576	7679719	24.964	40242052	-1.612	-36553667
	5		排水工程	km	40.798	19882608	38.772	28.6570	-2.026	-17076038
	6		防护与加固工程	km	40.002	22978029	39.734	17671122	-0.263	-5306907

续上表

项目	目	节	工程或费用名称	单位	原报概算 数量	原报概算 概算金额(元)	调整后概算 数量	调整后概算 概算金额(元)	增(+)减(-) 数量	增(+)减(-) 金额(元)
		7	路基零星工程	km	24.500	1131637	24.500	1126329	0	-5308
			路面工程	km	24.500	203394754	24.000	177646608	-0.5	-25748146
		1	路面底基层	m²	546180.000	25596623	559926.000	2164.0513	13746	-3956110
			18cm厚1%水泥稳定碎石	m²	546180.000	25596623	559926.000	21640513	13746	-3956110
		2	路面基层	m²	537921.000	51567381	555793.000	44317258	17872	-7250123
		3	36cm厚6%水泥稳定碎石	m²	537921.000	51567381	555793.000	44317258	17872	-7250123
			透层、黏层、封层	m²	556891.000	8632482	2263588.000	8495518	1706697	-136964
		1	透层	m²			555793.000	1862434	555793	1862434
		2	黏层	m²			1151797.000	17154400	1151797	1715440
		3	封层	m²	556998.000	8632482	555998.000	4917644	-893	-3714838
			沥青面层	m²	613430.000	102586126	619977.000	96691299	6547	-5894827
		1	10cm沥青碎石(ATB25)	m²	521480.000	36966363	531820.000	33344926	10340	-3521437
		2	6cm中粒式改性沥青混凝土(AC-20C)面层	m²	613430.000	37184943	619977.000	35795037	6547	-1389906
		3	1cm细粒式改性沥青混凝土(AC-13C)面层	m²	613430.000	28434821	619977.000	27451336	63547	-983485
		5	路缘石、路肩及中央分隔带	km	20.830	5013286	24.500	3099744	3.67	-1913542
		6	路面排水	km	21.465	9998854	24.500	3402277	3.035	-6596577
			桥梁涵洞工程	km	0.802	64523638	0.784	55960327	-0.018	-8563377
		1	涵洞工程	m/道	268.290/6.000	3230242	186.380/5.000	2698488	-81.91/-1	-531754
			盖板涵	m/道	268.290/6.000	3230242	186.380/5.000	2698488	-81.91/-1	-831754
		2	中桥工程	m/座	670.020/12.000	50683091	670.020/12.000	45142591	0	-5540500
四		1	装配式预应力混凝土连续箱梁桥	m²/m	6798.000/247.200	18191350	6921.600/247.200	16104780	123.6/0	-2086570

97

续上表

项	目	节	工程或费用名称	单位	原报概算 数量	原报概算 概算金额(元)	调整后概算 数量	调整后概算 概算金额(元)	增(+)减(-) 数量	增(+)减(-) 金额(元)
		2	预应力混凝土空心板桥	m²/m	11627.550/422.820	32491741	11320.960/404.320	29037810	-306.59/-18.5	-3453931
	3		大桥工程	m/座	132.400/1.000	10610305	132.400/1.000	8119248	0	-2491057
		1	东沙河大桥	m²/m	3641.000/132.400	10610305	3707.200/132.400	8119247	66.2/0	-2491057
五			交叉工程	处	62.000	470812737	62.000	385335075	0	-85477662
	1		通道	m/处	1493.750/46.000	53359214	971.270/31.000	28156257	-522.48/-15	-25202957
		1	钢筋混凝土板式通道	m/处	229.540/8.000	29434823	188.420/6.000	12267123	-41.12/-2	-17167700
		2	涵式通道	m/处	1264.210/38.000	23924390	770.560/25.000	15889134	-493.65/-13	-8035256
	2		分离式立体交叉	处	13.000	234533534	11.000	174964941	-2	-59568593
		2.1	与公路分离式立体交叉	处	11	70104117	9.000	45510802	-2	-24593315
		2.2	与铁路分离式立体交叉	处	2.000	164429417	2.000	129454139	0	-34975278
	3		史楼板纽互通式立体交叉	处	1.000	72878774	1.000	62937144	0	-9941630
	4		李门楼互通式立体交叉	处	1.000	58582517	1.000	50001066	0	-8581451
	5		魏庄互通式立体交叉	处	1.000	51458699	1.000	59275667	0	1781698
六			公路设施及预埋管线工程	公路公里	26.991	59924048	26.991	57535584	0	-2388464
	1		安全设施	公路公里	26.991	39680264	26.991	41239863	0	1558822
	2		管理养护设施	公路公里	26.991	12656495	26.991	12022677	0	-633818
		1	收费系统设施	公路公里	26.991	2117476	26.991	1875197	0	-242279
		2	收费系统设施	公路公里	26.991	5162212	26.991	4882515	0	-279697
		3	通信系统设施	公路公里	26.991	945262	26.991	943913	0	-1349
		4	供电系统设施	公路公里	26.991	3210121	26.991	3204695	0	-5426
		5	照明系统设施	公路公里	26.991	1221424	26.991	1116357	0	-105067

续上表

项	目	节	工程或费用名称	单位	原报概算 数量	原报概算 概算金额(元)	调整后概算 数量	调整后概算 概算金额(元)	增(+)减(-) 数量	增(+)减(-) 金额(元)
		3	其他工程	公路公里	26.991	7374055	26.991	4060587	0	-3313468
		1	改沟工程	km	0.464	233375			-0.464	-233375
		2	改路工程	km	5.296	7140680	8.153	4060587	2.857	-3080093
	1		公路交工前养护费	km	26.991	213234	26.991	213234	0	0
八			绿化及环境保护工程	公路公里	26.991	17501854	26.991	11839076	0	-5662778
	1		撒播草种和铺植草皮	m²	212903.800	1807342	199025.000	647763	-13878.8	-1159579
	2		种植乔木、灌木	株	436570.000	10392012	436570.000	7100812	0	-3291200
	3		声屏障	m	1515.000	5302500	1515.000	4090500	0	-1212000
九			管理、养护及服务房屋	公路公里	26.991	11327800	26.991	6172300	0	-5155500
	1		管理房屋	公路公里	26.991	11327800	26.991	6172300	0	-5155500
		1	李门楼收费站	m²	1151.000	4327600	1151.000	4187600	0	-140000
		2	魏庄收费站	m²	1542.000	7000200	550.000	1984700	-992	-5015500
			第二部分 设备及工具、器具购置费	公路公里	26.991	12095943	26.991	10900603	0	-1195340
	1		设备购置费	公路公里	26.991	11623600	26.991	10428260	0	-1195340
		1	需安装的设备	公路公里	26.991	11418600	26.991	9996400	0	-1422200
			监控系统设备	公路公里	26.991	3569000	26.991	3347000	0	-222000
			通信系统设备	公路公里	26.991	1201500	26.991	1156500	0	-45000
			收费系统设备	公路公里	26.991	2758900	26.991	2562900	0	-196000
			供电照明系统设备	公路公里	26.991	2654000	26.991	2306000	0	-348000
			管理、养护及服务房屋设备	公路公里	26.991	1235200	26.991	624000	0	-611200
	2		不需安装的设备	公路公里	26.991	205000	26.991	431860	0	226860

续上表

项	目	节	工程或费用名称	单位	原报概算 数量	原报概算 概算金额(元)	调整后概算 数量	调整后概算 概算金额(元)	增(+)减(-) 数量	增(+)减(-) 金额(元)
		1	监控系统设备	公路公里			26.991	15000	26.991	15000
		2	通信系统设备	公路公里	26.991	205000	26.991	205000	0	0
		3	收费系统设备	公路公里			26.991	211860	26.991	211860
			办公及生活用家具购置	公路公里	26.991	472343	26.991	472343	0	0
	第三部分 工程建设其他费用			公路公里	26.991	283748945	26.991	288694639	0	4945694
	土地、青苗等补偿和安置补助费			公路公里	26.991	129254040	26.991	149732814	0	20478774
一		1	工地备用费	公路公里	26.991	117056168	26.991	135130004	0	18073836
		2	拆迁补偿费	公路公里	26.991	12197875	26.991	14602810	0	2404938
二		1	建设项目管理费	公路公里	26.991	35332016	26.991	29240375	0	-6091641
			建设单位管理费	公路公里	26.991	13156998	26.991	11301039	0	-1855959
三		1	工程监理费	公路公里	26.991	20668245	26.991	16649520	0	-4018725
		2	设计文件审查费	公路公里	26.991	1101908	26.991	884951	0	-216954
		3	竣(交)工验收试验检测费	公路公里	26.991	404865	26.991	404865	0	0
		4	研究试验费	公路公里	26.991	1619460	26.991	1619460	0	0
四			建设项目前期工作费	公路公里	26.991	18806309	26.991	18804309	0	0
		1	可编制费	公路公里	26.991	1122524	26.991	1122524	0	0
		2	勘察设计费	公路公里	26.991	16194600	26.991	16194600	0	0
		3	勘察设计监理费	公路公里	26.991	809730	26.991	809730	0	0
		4	招标文件及标底编制费	公路公里	26.991	677455	26.991	677455	0	0
五			专项评价(估)费	公路公里	26.991	3576000	26.991	3576000	0	0
		1	环境影响评价费	公路公里	26.991	476000	26.991	476000	0	0

续上表

项目	节	工程或费用名称	单位	原报概算 数量	原报概算 概算金额(元)	调整后概算 数量	调整后概算 概算金额(元)	增(+)减(-) 数量	增(+)减(-) 金额(元)
	2	水土保持评估费	公路公里	26.991	300000	26.991	300000	0	0
	3	地震安全性评价费	公路公里	26.991	300000	26.991	300000	0	0
	4	地质灾害性评价费	公路公里	26.991	300000	26.991	300000	0	0
	5	压覆重要矿床评估费	公路公里	26.991	200000	26.991	200000	0	0
	6	文物勘察费	公路公里	26.991	1000000	26.991	1000000	0	0
	7	行洪论证费	公路公里	26.991	300000	26.991	300000	0	0
	8	使用林地可研报告编制费	公路公里	26.991	500000	26.991	500000	0	0
	9	用地预审报告编制费	公路公里	26.991	20000	26.991	20000	0	0
		联合试运转费	公路公里	26.991	546706	26.991	416238	0	-100468
九		生产人员培训费	公路公里	26.991	200000	26.991	200000	0	0
	1	建设期贷款利息	公路公里	26.991	94446414	26.991	85105443	0	-9340971
		第一、二、三部分费用合计	公路公里	26.991	1397752576	26.991	1184546189	0	-213206387
		预备费	元		65165308		54972037		-10193271
		2.基本预备费	元		65165308		54972037		-10193271
		新增加费用项目	公路公里	26.991	100000	26.991			-1000000
		铁路建设协调费	元		100000				-1000000
		概算总总额	元		1463917884		1239518226		-224399658
		其中:回收金额	元						
		公路基本造价	公路公里	26.991	1463917884	26.991	1239518226	0	-224399658

101

关于商丘至周口高速公路商丘段二期
初步设计审查意见的函

豫交规划〔2009〕276号

省发展和改革委员会：

　　根据省发改委《关于商丘至周口高速公路商丘段二期工程核准的批复》精神（豫发改交通〔2009〕1830号），商丘至周口高速公路商丘段二期工程初步设计文件已由河南省交通规划勘察设计院有限责任公司编制完成，经审查，将我厅意见函告如下：

　　一、路线走向及建设规模

　　路线起于商周高速公路与连霍高速公路交叉的史楼枢纽互通（K0+000），路线向北跨X024，在十里铺与曹庄间跨S325线，经宋武庄北与拟建的商丘机场路交叉（预留商丘机场路上跨建设条件），路线继续向北，经沈庄西，在两处汉墓群之间穿过，至良浩中学东、魏庄西跨古宋河，经朱庄、田庄，在康庄西附近设李门楼互通式立交（K10+630），经国家粮食储备库西侧先后与G310、陇海铁路和拟建的郑徐客运专线交叉，在薛庄、倪楼间路线折向东北，经路楼、赵庄、前王庄北，沿东沙河南与京九铁路交叉，在周庄西北跨东沙河，在双八镇北跨G105，在魏庄东设魏庄互通式立交与济广高速公路相连接（K26+000），为本项目终点。路线全长26.991km。

　　二、沿线地形、地貌

　　项目所在区域位于豫东黄河冲积平原，地势西北高、东北低，沿线主要为湖河相沉积低平地。

　　三、工程地质和水文地质

　　项目区域位于黄河故道南侧，地层主要由第三系和第四系松散物沉积而成，与公路工程有关的工程地质情况主要有盐渍土，局部洼地为轻度盐渍化亚黏土。

　　项目区域河流顺应地势走向，从西北流向东南，与本项目有关的主要河流为古宁河、东沙河、包河。

　　四、地震烈度

　　根据《中国地震动参数加速度区划图》（GB 18306—2001），区域地震基本烈度为Ⅵ度，地震动峰值加速度为0.05g。

　　五、主要工程技术标准

　　本项目按双向四车道高速公路标准设计，设计速度120km/h，路基宽28m，其中行车道宽2×2×3.75m，硬路肩宽2×4.25m，中央分隔带宽3.0m（含左侧路缘带2×0.75m），土路肩2×0.75m。

　　主线路面结构采用4cm细粒式改性沥青混凝土（AC-13）+6cm中粒式改性沥青混凝土

(AC-20)+10cm 密级配沥青碎石(ATB-25)+改性沥青下封层+36cm 水泥稳定碎石+18cm 水泥稳定碎石。

桥涵设计荷载采用:公路—Ⅰ级,特大桥采用公路—Ⅰ级的1.3倍。设计洪水频率:特大桥1/300,大中桥、涵洞1/100。其他有关标准按《公路工程技术标准》(JTG B01—2003)和《河南省高速公路设计技术要求》中的规定执行。

六、主要工程数量

全线土方 323 万 m^3,互通立交 3 处,大桥 132.4m/1 座,中桥 670.02m/12 座,涵洞 5 道,分离式立交 11 处(其中与铁路交叉 2 处),通道 31 道。

七、工程概算

根据交通部颁发的《公路基本建设项目概算预算编制办法》及河南省有关文件规定,工程概算控制在 123952 万元以内为宜。

请鉴核批复。

关于呈报《商丘至周口高速公路商丘段二期初步设计》的请示

商发改设计〔2009〕51号

省发改委：

根据豫发改交通〔2009〕1830号《关于商丘至周口高速公路商丘段二期工程核准的批复》文件精神，该项目初步设计已由河南省交通规划勘察设计院编制完成，其主要内容报告如下：

一、路线走向及建设规模

该项目路线起于商周高速公路与连霍高速公路交叉的史楼枢纽互通（K0+000），路线向北跨X024，在十里铺与曹庄间跨S325线，经宋武庄北与拟建的商丘机场路交叉（预留商丘机场路上跨建设条件），路线继续向北，经沈庄西，在两座汉墓群之间穿过，至良浩中学东、魏庄西跨古宋河，经朱庄、田庄，在康庄西附近设李门楼互通式立交（K10+630），经国家粮食储备库西侧先后与G310、陇海铁路和拟建的郑徐客运专线交叉，在薛庄、倪楼间路线折向东北，径路楼、赵庄、前王庄北，沿东沙河南与京九铁路交叉，在周庄西北跨东沙河，在双八镇北跨G105，在魏庄东设魏庄互通立交与济广高速公路相连接（K26+000），为本项目终点。

路线全长26.991km。全线土方323万m^3，共修建互通立交3处，分离式立交11处（其中与铁路交叉2处），通道31道，大桥132.4m/1座，中桥670.02m/12座，涵洞5道。

二、主要工程技术标准

本项目按双向四车道高速公路标准设计，设计速度120km/h，路基宽28m，其中行车道2×2×3.75m，硬路肩宽2×4.25m，中央分隔带宽3.0m（含左侧路缘带2×0.75m），土路肩2×0.75m。

主线路面结构采用4cm细粒式改性沥青混凝土（AC-13）+6cm中粒式改性沥青混凝土（AC-20）+10cm密级配沥青碎石（ATB-25）+改性沥青下封层+36cm水泥稳定碎石+18cm水泥稳定碎石。

桥涵设计荷载采用：公路—Ⅰ级，特大桥采用公路—Ⅰ级的1.3倍。设计洪水频率：特大桥1/300，中大桥、涵洞1/100。其他有关标准按《公路工程技术标准》（JTG B01—2003）和《河南省高速公路设计技术要求》中的规定执行。

根据《中国地震动参数加速度区划图》（GB 18306—2001），区域地震基本烈度为Ⅵ度，地震动峰值加速度为0.05g。

三、项目总投资

该工程投资总概算为123952万元。

现将《商丘至周口高速公路商丘段二期初步设计》随文呈上，请予审批。

二〇〇九年十一月十二日

主题词：交通　高速公路　初步设计　请示

抄送：市交通局、财政局、审计局、统计局。

商丘市发展和改革委员会设计审批科　　　　　　　　　　2009 年 11 月 23 日印发

关于呈报商丘至周口高速公路商丘段二期工程初步设计的请示

豫德高司〔2009〕22 号

市发展和改革委员会：

根据省发改委《关于商丘至周口高速公路商丘段二期工程核准的批复》（豫发改交通〔2009〕1830 号），该项目初步设计已由河南省交通规划勘察设计院编制完成，现随文报送，请批准。

一、路线走向及建设规模

路线起于商周高速公路与连霍高速公路交叉的史楼枢纽互通（K0+000），路线向北跨X024，在十里铺与曹庄间跨S325线，经宋武庄北与拟建的商丘机场路交叉（预留商丘机场路上跨建设条件），路线继续向北，经沈庄西，在两座汉墓群之间穿过，至良浩中学东、魏庄西跨古宋河，经朱庄、田庄，在康庄西附近设李门楼互通式立交（K10+630），经国家粮食储备库西侧先后与G310、陇海铁路和拟建的郑徐客运专线交叉，在薛庄、倪楼间路线折向东北，经路楼、赵庄、前王庄北，沿东沙河南与京九铁路交叉，在周庄西北跨东沙河，在双八镇北跨G105，在魏庄东设魏庄互通立交与济广高速公路相连接（K26+000），为本项目终点。

二、沿线地形、地貌

项目所在区域位于豫东黄河冲积平原，地势西北高、东北低，沿线主要为湖河相沉积低平地。

三、工程地质和水文地质

项目区域位于黄河故道南侧，地层主要有第三系和第四系松散物沉积而成，与公路工程有关的工程地质情况主要有盐渍土，局部洼地为轻度盐渍化亚黏土。

项目区域河流顺应地势走向，从西北流向东南，与本领目有关的主要河流为古宁河、东沙河、包河。

四、地震烈度

根据《中国地震动参数加速度区划图》（GB 18306—2001），区域地震基本烈度为Ⅵ度，地震动峰值加速度为 $0.05g$。

五、主要工程技术标准

本项目按双向四车道高速公路标准设计，设计速度120km/h，路基宽28m，其中行车道$2\times2\times3.75m$，硬路肩宽$2\times4.25m$，隔带宽3.0m（含左侧路缘带$2\times0.75m$，土路肩$2\times0.75m$）。

主线路面结构采用4cm细粒式改性沥青混凝土（AC-13）+6cm中粒式改性沥青混凝土（AC-20）+10cm密级配沥青碎石（ATB-25）+改性沥青下封层+36cm水泥稳定碎石+18cm水泥稳定碎石。

桥涵设计荷载采用：公路—Ⅰ级，特大桥采用公路—Ⅰ级的1.3倍。设计洪水频率：特大桥1/300，中大桥、涵洞1/100。其他有关标准按《公路工程技术标准》(JTG B01—2003)和《河南省高速公路设计技术要求》中大额规定执行。

六、重要工程数量

全线土方323万m^3，互通立交3处，大桥132.4m/1座，中桥670.02m/12座，涵洞5道，分离式立交11处(其中与铁路交叉2处)，通道31道。

七、工程概算

根据交通部颁发的《公路基本建设项目概算预算编制办法》及河南省有关文件规定，工程概算控制在123952万元以内为宜。

请鉴核批复。

二〇〇九年十一月二十日

主题词：呈报　商周二期　初步设计　请示

河南德馨高速公路有限公司　　　　　　　　　　2009年11月20印发

关于呈报《商丘至周口高速公路商丘段二期工程初步设计》文件的请示

豫德高司〔2009〕12 号

河南高速公路发展有限责任公司：

商丘至周口高速公路商丘段二期工程两阶段初步设计文件（送审稿）已由河南省交通规划勘察设计院有限公司设计完成，我公司会同设计监理单位对两阶段初步设计文件（送审稿）进行了初步审核，设计单位已按初步审核意见要求完成了初步设计文件编制工作，现随文呈报，请审核。

妥否，请批示。

附件：商丘至周口高速公路商丘段二期工程初步设计文件（略）

二〇〇九年九月二十九日

（联系人：赵西文　　　　　　电话：13598362257）

主题词：呈报　工程初步设计　请示

河南德馨高速公路有限公司　　　　　　　　　　　　2009 年 9 月 29 日印发

关于商丘至周口高速公路商丘段
二期工程施工图设计的批复

豫交规划〔2010〕337号

河南交通投资集团有限公司：

你公司关于商丘至周口公路商丘段二期工程施工图设计的请示（豫交集团〔2010〕49号）和由河南省交通规划勘察设计院有限责任公司编制完成的施工图设计文件收悉。根据河南省发改委《关于商丘至周口高速公路商丘段二期工程初步设计的批复》（豫发改设计〔2009〕1935号）精神，经审查，批复如下：

一、路线走向及建设规模

项目起点位于商周高速公路与连霍高速公路相交的史楼枢纽互通立交处（K0+000），路线向北跨X024，在十里铺与曹庄间跨S325线，在宋武庄北穿越拟建的商丘机场连接线，路线继续向北，经沈庄西，在两处汉墓群之间穿过，至良浩中学东、魏庄西跨古宋河，经朱庄、田庄，在康庄西附近设李门楼互通式立交（K11+275），经国家粮食储备库西侧先后与G310、陇海铁路交叉，在薛庄、倪楼间路线折向东北，经路楼、赵庄、前王庄北，沿东沙河南与京九铁路交叉，在周庄西北跨东沙河，在双八镇北跨G105，在魏庄东设魏庄互通式立交（K26+991）与济广高速公路相连接到达本项目终点。路线全长26.991km。

二、沿线地形、地貌

项目所在区域地势为西北高、东北低的微倾平原，绝大部分地区地势平坦，沿线主要为湖河相沉积低平地。

三、工程地质和水文地质

项目区域属黄河冲洪积平原，地层主要由第三系和第四系松散物沉积而成，成土母质为含粉质黄土，富含石灰质，微呈碱性。

本项沿线属淮河流域，沿线河流均属季节性河流，洪水季节水势湍急，区域内主要河流为：大沙河支流古宋河、东沙河、包河及其支流。

四、地震烈度

根据《中国地震动参数加速度区划图》（GB 18306—2001），区域地震基本烈度为Ⅵ度，地震动峰值加速度为$0.05g$。

五、主要工程技术标准

本项目按双向四车道高速公路标准设计，设计速度120km/h，路基宽29m，其中行车道宽$2\times2\times3.75m$，硬路肩宽$2\times4.75m$，中央分隔带宽3.0m（含左侧路缘带$2\times0.75m$），土路肩$2\times0.75m$。

主线路面结构采用4cm细粒式改性沥青混凝土（AC-13）+6cm中粒式改性沥青混凝土

（AC-20）+10cm 密级配沥青碎石（ATB-25）+改性沥青下封层+36cm 水泥稳定碎石+16cm 水泥稳定碎石。

桥涵设计荷载等级采用公路—Ⅰ级，特大桥采用公路—Ⅰ级的 1.3 倍。设计洪水频率：特大桥 1/300，大中桥、涵洞 1/100。

其他有关标准按《公路工程技术标准》（JTG B01—2003）和《河南省高速公路设计技术要求》中的规定执行。

六、主要工程数量

主线挖方 14.1 万 m^3，填方 331.5 万 m^3，沥青混凝土路面 61.9 万 m^2；大桥 104.52m/1 座，中桥 610.8m/11 座，小桥 49.94m/2 座；分离式立交 634.82m/10 座（不含陇海、京九铁路分离），天桥 1 座，通道 29 道，涵洞 62 座，互通式立交 3 处（其中枢纽互通式立交 2 处）。

七、工程预算

根据交通部颁发的《公路基本建设工程概算、预算编制办法》及河南省有关文件规定，经审查，该项目主体工程预算为 108890 万元（不含陇海、京九铁路分离立交及房建、机电、绿化工程费用）。

八、陇海、京九分离式立交及房建、机电、绿化工程施工图设计另行报批。

附件：施工图预算审核对比表

附件

施工图预算审核对比表

建设项目名称：商丘至周口高速公路商丘段二期工程

项目			工程或费用名称	单位	原报数据		审定数据		增（+）减（-）	
					数量	预算金额（元）	数量	预算金额（元）	数量	金额（元）
			第一部分 建筑安装工程费	公路公里	26.991	760029426	26.991	751254423	0	-8775003
一			临时工程	公路公里	26.991	10511263	26.991	9065576	0	-1445687
	1		临时道路	km	28.991	3176216	28.991	3168374	0	-7842
		1	临时便道的修建与维护	km	28.991	3176216	28.991	3168374	0	-7842
	2		临时便桥	m/座	21.000/1.000	111576	21.000/1.000	111525	0	-51
	3		临时轨道铺设	km	1.600	181653	1.600	183926	0	2273
	4		临时电力线路	km	7.600	341837	7.600	341678	0	-159
	5		临时电信线路	km	9.000	58440	9.000	58414	0	-26
	6		临时圆管涵	道	8.000	77148	8.000	77515	0	367
	7		拌和设施安拆及场地处理	m²/座	75000.000/13.000	6564394	75000.000/10.000	5124145	0/-3	-1440249
		1	路面稳定粒料拌和设施安拆及场地处理	m²/座	45000.000/6.000	1650756	45000.000/4.000	1108828	0/-2	-541928
		2	沥青混合料拌和设施安拆及场地处理	m²/座	22500.000/3.000	2877602	22500.000/2.000	1935703	0/-1	-941899
		3	水泥混凝土拌和设施安拆及场地处理	m²/座	45000.000/4.000	2036035	45000.000/4.000	2079614	0	43579
二			路基工程	km	20.771	182560146	20.771	172008900	0	-10551246
	1		场地清理	km	18.375	1494099	18.375	1380629	0	-113470
		1	清理与掘除	m²	794742.300	1299312	794742.300	1147949	0	-151363
		2	挖除旧路面	m²	2584.000	49559	2584.000	49215	0	-344
		3	拆除旧建筑物、构筑物	m³	351.000	145229	443.700	183465	92.7	38236

续上表

项	目	节	工程或费用名称	单位	原报数据 数量	原报数据 预算金额(元)	审定数据 数量	审定数据 预算金额(元)	增(+)减(-) 数量	增(+)减(-) 金额(元)
	2		挖方	m³	145011.500	623150	140915.300	604814	-4096.2	-18336
		1	挖土方	m³	134775.200	338289	130679.000	325672	-4096.2	-12617
		2	挖非适用材料	m³	10236.300	211592	10236.300	209930	0	-1662
		3	利用方运输	m³	10589.800	73269	10131.000	69212	-458.8	-4057
	3		填方	m³	3297825.300	112278819	3314729.800	108972102	16904.5	-3306717
		1	路基填方	m³	3128548.300	106728183	3145537.400	104769776	16989.1	-1958407
		2	改路、改河、改渠填方	m³	8572.100	35352	8487.500	34603	-84.6	-749
		3	结构物台背回填	m³	160704.900	5515284	160704.900	4167722	0	-1347562
	4		特殊路基处理	km	21.054	38480076	21.054	33960687	0	-4519389
		1	路床处理	km	21.054	8664926	21.054	6547806	0	-2117120
		2	桥头地基处理	km	1.920	26454253	1.920	23905419	0	-2548834
		3	低填浅挖路基处理	km	0.700	163223	0.700	128788	0	-34435
		4	换填处理	km	3.242	1159337	3.242	1173974	0	14637
		5	积水洼地、水塘路基	km	0.908	2038338	0.908	2204699	0	166361
	5		排水工程	km	39.749	6890166	39.749	6992851	0	102685
		1	排水沟	m³/m	7194.600/39749.000	6187195	7194.600/39749.000	6263442	0	76247
		2	急流槽	m³/m	439.610/2401.008	472070	439.610/2401.008	499145	0	27075
		3	边沟涵	m/道	48.500/9.000	66665	48.500/9.000	64334	0	-2331
		4	K5+734(1-4×3.0)箱通附属渗井	m/道	33.490/1.000	164236	33.490/1.000	165929	0	1693
	6		防护与加固工程	km	43.773	22100007	43.773	19517601	0	-2582406
		1	坡面植物防护	m²	221468.300	5540810	248821.800	6307294	27353.5	766484

续上表

项	目	节	工程或费用名称	单位	原报数据		审定数据		增减	
					数量	预算金额(元)	数量	预算金额(元)	增(+)减(-)数量	金额(元)
		2	坡面污工防护	m³/m²	28499.900/104777.280	16559197	22557.800/80950.690	13210307	-5942.1/-23826.59	-3348890
	7		路基零星工程	km	20.771	693829	20.771	580217	0	-113612
三			路面工程	km	23.361	193836204	23.361	192528053	0	-1308151
	1		路面底基层	m²	633825.000	22511032	614459.000	20594267	-19366	-1916765
		1	18cm厚3.5%水泥稳定碎石(16cm)	m²	633825.000	22511032	614459.000	20594267	-19366	-1916765
	2		路面基层	m²	613301.000	45519488	602309.000	44542053	-10992	-977435
		1	36cm厚5%水泥稳定碎石(34cm)	m²	613301.000	45519488	602309.000	44542053	-10992	-977435
	3		透层、黏层、封层	m²	2425068.000	10313423	2405274.000	8965176	-19794	-1348247
		1	透层	m²	613301.000	2241365	602207.000	2890389	-11094	649024
		2	黏层	m²	1198261.000	1985016	1200655.000	2307222	2394	322206
		3	封层	m²	613506.000	6087042	602412.000	3767565	-11094	-2319477
	4		主线沥青面层	m²	619111.000	109318852	619111.000	113637013	0	4318161
		1	10cm沥青碎石(ATB-25)	m²	587129	42665353	587129.000	44164329	0	1500976
		2	6cm中粒式改性沥青混凝土(AC-20C)面层	m²	628863.000	39331796	627094.000	40963337	-1769	1631541
		3	4cm细粒式改性沥青混凝土(AC-13C)面层	m²	619111.000	27321703	619111.000	28507347	0	1185644
	5		路槽、路肩及中央分隔带	km	21.721	3041640	21.721	1599982	0	-1441658
		1	培路肩	m²	36313.478	418826	39435.000	460258	3121.522	41432
		2	沥青混凝土拦水缘石	m³	1079.600	1170040	1030.700	994184	-48.9	-175856
		3	其他	km	21.721	1452774	21.721	145539	0	-1307235
	6		路面排水	km	23.361	3131769	23.361	3189562	0	57793
		1	排水管	m	3503.950	336087	3503.950	339388	0	3301

113

续上表

项目	目	节	工程或费用名称	单位	原报数据 数量	原报数据 预算金额(元)	审定数据 数量	审定数据 预算金额(元)	增(+)减(-) 数量	增(+)减(-) 金额(元)
		2	集水槽	m	8311.600	2356454	8311.600	2371190	0	14736
		3	集水井	m³/个	115.420/218.000	112748	115.420/218.000	113657	0	909
		4	急流槽	m³/m	355.730/1446.852	326481	355.730/1446.852	365326	0	38845
四			桥梁涵洞工程	km	0.765	62643127	0.765	63283198	0	640071
	1		涵洞工程	m/道	428.880/11.000	3636521	428.880/11.000	3684584	0	48063
		1	钢筋混凝土管涵	m/道	124.910/3.000	373065	124.910/3.000	375910	0	2845
		2	盖板涵	m/道	45.230/1.000	709646	45.230/1.000	743722	0	34076
		3	箱涵	m/道	258.740/7.000	2553810	258.740/7.000	2564953	0	11143
	2		小桥工程	m/座	49.940/2.000	4365338	49.940/2.000	4316093	0	-49245
		1	1×16m(K2+812小桥)	m²/m	578.840/19.960	1882395	578.840/19.960	1844848	0	-37547
		2	2×13m(K15+311杨庄小桥)	m²/m	869.420/29.980	2482943	869.420/29.980	2471245	0	-11698
	3		中桥工程	m²/座	610.800/11.000	46873422	610.800/11.000	47435579	0	562157
		1	预应力混凝土空心板桥	m²/m	17713.200/610.800	46873422	17713.200/610.800	47435579	0	562157
	4		大桥工程	m/座	104.520/1.000	7767847	104.520/1.000	7846941	0	79094
		1	5×20m(K24+739东沙河大桥)	m²/m	3031.080/104.520	7767847	3031.080/104.520	7846941	0	79094
五			交叉工程	处	47.000	264330161	47.000	259314393	0	-5015768
	1		通道	m/处	1024.810/31.000	25352890	1024.810/31.000	25442561	0	896741
		1	钢筋混凝土板式通道	m/处	71.960/2.000	6609638	71.960/2.000	6639993	0	30355
		2	涵式通道	m/处	952.850/29.000	18743252	952.850/29.000	18802568	0	59316
	2		天桥	m/处	44.120/1.000	1323392	44.120/1.000	1324569	0	1177
		1	钢筋混凝土天桥	m/处	44.120/1.000	1323392	44.120/1.000	1324569	0	1177

续上表

项目	目	节	工程或费用名称	单位	原报数据 数量	原报数据 预算金额（元）	审定数据 数量	审定数据 预算金额（元）	增(+)减(-) 数量	增(+)减(-) 金额（元）
	3		分离式立体交叉	处	12.000	52898626	12.000	53509096	0	610470
		1	与公路分离式立体交叉	处	10.000	52898626	10.000	53509096	0	610470
	4		史楼枢纽互通式立体交叉	处	1.000	61412471	1.000	59391923	0	-2020548
		1	主线路基土石方	m³/km	238878.300/0.900	9155047	240172.000/0.900	8771763	1293.7/0	-383284
		2	匝道路基土石方	m³/km	217883.900/2.704	7858441	215716.500/2.704	7512627	-2167.4/0	-345814
		3	主线特殊路基处理	km	0.778	1973665	0.778	1946989	0	-26676
		4	匝道特殊路基处理	km	3.150	2669034	3.150	2349417	0	-319617
		5	主线排水工程	m³	177.200	152387	177.200	154265	0	1878
		6	匝道排水工程	m³	277.270	238813	277.270	241747	0	2934
		7	主线防护工程	m³	1023.700	681596	1023.700	694932	0	13336
		8	匝道防护工程	m³	1241.700	1790969	1241.700	1681004	0	-109965
		9	主线路面工程	m²	25388.000	8061954	25374.000	8060031	-14	-1923
		10	匝道路面工程	m²	20424.000	6823951	20374.000	6762353	-50	-61598
		11	桥梁通道沥青面层	m²	5036.000	545554	5036.000	570525	0	24971
		12	主线涵洞工程	m/道	106.600/2.000	1097016	106.600/2.000	1104668	0	7652
		13	匝道涵洞工程	m/道	18.700/1.000	114518	18.700/1.000	115914	0	1396
		14	主线桥梁工程	m/座	65.080/1.000	5869021	65.080/1.000	5888464	0	19443
		15	匝道桥梁工程	m/座	375.400/1.000	13034622	375.400/1.000	12180720	0	-853902
		16	主线通道	m/道	73.240/2.000	1083374	73.240/2.000	1091022	0	7648
		17	匝道通道	m/道	10.870/1.000	262510	10.870/1.000	265482	0	2972
	5		李门楼互通式立体交叉	处	1.000	51174639	1.000	49206964	0	-1967675

续上表

项目	节	工程或费用名称	单位	原报数据 数量	原报数据 预算金额(元)	审定数据 数量	审定数据 预算金额(元)	增(+)减(-) 数量	增(+)减(-) 金额(元)
	1	主线路基土石方	m³/km	205415.000/1.100	7150650	202210.300/1.100	6964429	-3204.7/0	-186221
	2	匝道路基土石方	m³/km	161162.500/1.850	5979431	163767.700/1.850	5844060	2605.2/0	-135371
	3	连续线路基土石方	m³/km	2537.900/0.320	78970	2537.900/0.320	77467	0	-1503
	4	主线特殊路基处理	km	1.215	1795698	1.215	1619465	0	-176233
	5	匝道特殊路基处理	km	1.812	2091111	1.812	1579802	0	-511309
	6	主线排水工程	m³	311.700	247961	311.700	269824	0	21863
	7	匝道排水工程	m³	253.530	206189	253.530	243443	0	37254
	8	主线防护工程	m³	1583.600	1096650	853.200	896300	-730.4	-200350
	9	匝道防护工程	m³	1015.200	1160751	432.500	789428	-582.7	-371323
	10	主线路面工程	m²	34112.000	10887180	33862.000	10719100	-250	-168080
	11	匝道路面工程	m²	19324.000	6190424	19354.000	6080384	30	-110040
	12	桥梁通道沥青面层	m²	3468.000	375692	3468.000	391966	0	16274
	13	平面交叉(互通内)	处	1.000	612390	1.000	635839	0	23449
	14	匝道涵洞工程	m/道	16.200/1.000	91336	16.200/1.000	91484	0	148
	15	主线桥梁工程	m/座	42.980/1.000	3115021	42.980/1.000	3088606	0	-26415
	16	匝道桥梁工程	m/座	201.360/3.000	8124444	201.360/3.000	8126897	0	2453
	17	主线通道	m/道	36.200/1.000	963348	36.200/1.000	879191	0	-84157
	18	匝道通道	m/道	35.250/2.000	779791	38.250/2.000	679517	0	-100274
	19	线外圆管涵(互通内排水上的)	m/道	66.000/1.000	227601	66.000/1.000	229762	0	2161
6		魏庄互通武立交	处	1.000	72168143	1.000	70439280	0	-1728863
	1	主线路基土石方	m³/km	59429.600/0.315	2042436	59810.600/0.315	2004393	381/0	-38043

续上表

项目	节	工程或费用名称	单位	原报数据 数量	原报数据 预算金额(元)	审定数据 数量	审定数据 预算金额(元)	增(+)减(-) 数量	增(+)减(-) 金额(元)
	2	匝道路基土石方	m³/km	282191.900/2.627	10431688	282191.900/2.627	10018767	0	-412921
	3	被交道路基土石方	m³/km	80458.500/1.981	3005423	80458.500/1.981	2827515	0	-177908
	4	主线特殊路基处理	km	0.351	144457	0.351	109161	0	-35296
	5	匝道特殊路基处理	km	2.329	2141473	2.329	1720791	0	-420682
	6	被交道特殊路基处理	km	2.227	5341930	2.227	4405855	0	-936075
	7	主线排水工程	m³	127.100	100587	127.100	101937	0	1350
	8	匝道排水工程	m³	331.920	264576	331.920	268093	0	3517
	9	被交道排水工程	m³	420.800	333020	420.800	337492	0	4472
	10	主线防护工程	m³	642.000	394211	642.000	402923	0	8712
	11	匝道防护工程	m³	1903.300	1834933	1903.300	1779402	0	-55531
	12	被交道防护工程	m³	2196.500	1487743	2196.500	1508623	0	20880
	13	主线路面工程	m²	9531.000	3075088	9531.000	3073366	0	-1722
	14	匝道路面工程	m²	34723.700	11188413	34933.700	11223652	210	35239
	15	被交道路面工程	m²	10172.000	4682293	16345.000	4817654	6173	135361
	16	桥梁通道沥青面层	m²	5070.000	549240	5070.000	573032	0	23792
	17	匝道涵洞工程	m/道	104.210/4.000	1112672	104.210/4.000	1136379	0	23707
	18	被交道涵洞工程	m/道	14.790/2.000	305142	14.790/2.000	312449	0	7307
	19	匝道桥梁工程	m/座	270.440/1.000	16364796	270.440/1.000	16334032	0	-30764
	20	被交道桥梁工程	m/座	97.400/1.000	4401723	97.400/1.000	4471309	0	69586
	21	匝道通道	m/处	103.650/4.000	2304407	103.650/4.000	2336162	0	31755
	22	被交道涵式通道	m/处	23.100/3.000	661892	23.100/3.000	676292	0	14400

续上表

项	目	节	工程或费用名称	单位	原报数据 数量	原报数据 预算金额(元)	审定数据 数量	审定数据 预算金额(元)	增(+)减(-) 数量	增减 金额(元)
七			公路设施及预埋管线工程	公路公里	26.991	38496724	26.991	49136803	0	10640079
	1		安全设施	公路公里	26.991	33849593	26.991	44447635	0	10598042
		1	新泽西护栏	m	25164.800	25165.600	25165.600	17297269	0.8	17272103.4
		2	活动护栏	m		288000	360.000	288000	360	288000
		2	波形钢板护栏	m	59102.000	11844280	59931.000	14846346	829	3002066
		3	隔离栅	m	56941.000	4269174	56941.000	4282590	0	13416
		4	公路标线	m²	34630.000	1966892	34663.000	1386016	33	-580876
		6-1	凸起路标	个	3932.000	83217	3932.000	83178	0	-39
		6-3	隔离墩	个	24.000	15600	24.000	15600	0	0
		6-4	隔离墩	个	17.000	1020	31.000	1860	14	840
		6-5	防落物网	m²	73.200	7153	73.200	7394	0	241
		10	轮廓标	根	3284.000	30609	3284.000	27136	0	-3473
		11	防眩板	个	24157.000	2415700	26641.000	1864870	2484	-550830
		12	里程碑、百米桩、公路界碑	块	997.000	39494	997.000	40012	0	518
		13	各类标志牌	块	166.000	4647837	172.000	4307365	6	-340472
	2		其他工程	公路公里	26.991	4433896	26.991	4475933	0	42037
		1	改路工程	km	7.915	4433896	7.821	4475933	-0.094	42037
	3		公路交工前养护费	km	26.991	213234	26.991	213234	0	0
八			绿化及环境保护工程	公路公里	26.991	7651800	26.991	5917500	0	-1734300
	1		声屏障	m²	9862.500	7651800	9862.500	5917500	0	-1734300
		1	消声板声屏障	m²	9862.500	7651800	9862.500	5917500	0	-1734300

续上表

项目	节	目	工程或费用名称	单位	原报数据 数量	原报数据 预算金额（元）	审定数据 数量	审定数据 预算金额（元）	增（+）减（-） 数量	增（+）减（-） 金额（元）
三			第二部分 设备及工具、器具购置费	公路公里	26.991	472343	26.991	472343	0	0
			办公及生活用家具购置	公路公里	26.991	472343	26.991	472343	0	0
			第三部分 工程建设其他费用	公路公里	26.991	308983133	26.991	303621994	0	-5361139
一			土地、青苗等补偿和安置补助费	公路公里	26.991	187698532	26.991	188490695	0	792163
	1		土地征用费	公路公里	26.991	135895454	26.991	135713570	0	-181884
		1	主线工程	亩	1855.999	106271920	1853.606	106126004	-2.393	-145916
		2	互通立交工程	亩	522.610	29623534	521.880	29587566	-0.73	-35968
	2		拆迁补偿费	公路公里	26.991	51803078	26.991	52777125	0	974047
二			建设项目管理费	公路公里	26.991	25771246	26.991	24864923	0	-906323
	1		建设单位管理费	公路公里	26.991	10126777	26.991	10044292	0	-82485
	2		工程监理费	公路公里	26.991	14479575	26.991	13664512	0	-815063
	3		设计文件审查费	公路公里	26.991	760029	26.991	751254	0	-8775
	4		竣（交）工验收试验检测费	公路公里	26.991	404865	26.991	404865	0	0
三			研究试验费	公路公里	26.991	1619460	26.991	1619460	0	0
四			建设项目前期工作费	公路公里	26.991	15058509	26.991	15058509	0	0
	1		工可编制费	公路公里	26.991	1122524	26.991	1122524	0	0
	2		勘察设计费	公路公里	26.991	12448800	26.991	12448800	0	0
	3		勘察设计监理费	公路公里	26.991	809730	26.991	809730	0	0
	4		招标文件及标底编制费	公路公里	26.991	677455	26.991	677455	0	0
五			专项评价（估）费	公路公里	26.991	2795000	26.991	2795000	0	0
	1		环境影响评价费	公路公里	26.991	250000	26.991	250000	0	0

119

续上表

项目	节		工程或费用名称	单位	原报数据		审定数据		增减	
					数量	预算金额(元)	数量	预算金额(元)	增(+)减数量	减(-)金额(元)
	2		水土保持评估费	公路公里	26.991	250000	26.991	250000	0	0
	3		地震安全性评价费	公路公里	26.991	105000	26.991	105000	0	0
	4		地质灾害性评价费	公路公里	26.991	170000	26.991	170000	0	0
	5		压覆重要矿床评估费	公路公里	26.991	170000	26.991	170000	0	0
	6		文物勘察费	公路公里	26.991	650000	26.991	650000	0	0
	7		行洪论证费	公路公里	26.991	200000	26.991	200000	0	0
	8		使用林地可研报告编制费	公路公里	26.991	500000	26.991	500000	0	0
	9		用地预审报告编制费	公路公里	26.991	500000	26.991	500000	0	0
	八		联合试运转费	公路公里	26.991	361989	26.991	341613	0	-20376
	九		生产人员培训费	公路公里	26.991	200000	26.991	200000	0	0
	十		建设期贷款利息	公路公里	26.991	75478396	26.991	70251794	0	-5226602
			第一、二、三部分费用合计	公路公里	26.991	1069484901	26.991	1055348760	0	-14136141
二			预备费	元		29820195		29552909		-267286
		2.	基本预备费	元		29820195		29552909		-267286
三			史楼、魏庄互通立交保通费用	元				4000000		4000000
			预算总金额	元		1099305096		1088901669		-10403427
			其中:回收金额	元				0		0
			公路基本造价	公路公里	26.991	1099305096	26.991	1088901669	0	-10403427

120

关于呈报商丘至周口高速公路商丘段二期工程施工图设计的请示

豫德高司〔2010〕34 号

河南高速公路发展有限责任公司：

依据河南省发展和改革委员会批复的商丘至周口高速公路商丘段二期工程初步设计(豫发改设计〔2009〕1935 号文)，由河南省交通规划设计院有限责任公司对商丘至周口高速公路商丘段二期工程土建等主体工程进行了施工图设计。该项目施工图设计已编制完成，现随文报送，请批示。

附件：商丘至周口高速公路商丘段二期工程两阶段施工图设计(略)。

二〇一〇年四月二十七日

（联系人：赵西文　　　　　电话：13598362257）

主题词：商周二期　施工图　设计　请示

河南德馨高速公路有限公司　　　　　　　　　　2010 年 4 月 27 日印发

关于商丘至周口高速公路商丘段二期工程交通机电工程详细设计、供配电照明及10kV供电线路工程施工图设计的批复

豫交规划〔2011〕94号

河南交通投资集团有限公司：

你公司豫交集团〔2010〕334号文报送的"关于商丘至周口高速公路商丘段二期工程交通机电工程详细设计、供配电照明及10kV供电线路工程施工图设计的请示"已收悉，根据省发改委豫发改设计〔2009〕1935号文对该项目初步设计的批复，结合该路段实际情况，经审查批复如下：

一、原则同意由河南省交通规划勘察设计院有限责任公司编制完成的《商丘至周口高速公路商丘段二期工程交通机电工程详细设计》、《商丘至周口高速公路商丘段二期工程供配电照明工程施工图设计》和商丘市天宇电力工程勘测设计有限公司编制完成的《商丘至周口高速公路商丘段二期工程10kV供电线路工程施工图设计》。

二、本路段机电工程包含监控、收费、通信系统、外场设备及相关土建工程；供配电照明工程包含低压变配电系统及互通立交和收费广场的照明系统；10kV供电工程包含10kV高压供电线路及变压器、高压开关柜系统。

三、本路段机电工程的实施应按照相关技术要求，实现与省联网中心的联网挂接，并充分考虑与相邻路段的互联、搭接，同时应确保杨楼收费站机电工程实施期间原有系统的正常运行。

四、本路段不设监控、收费、通信分中心，归属商丘至开封高速公路监控通信分中心统一管理。

五、预算

核定本项目交通机电工程预算为1536万元（详见工程预算审核对比表），其中：建筑安装工程费746万元；设备及工器具购置费689万元；工程建设其他费57万元；预备费44万元。

核定本项目供配电照明工程预算为239万元（详见工程预算审核对比表），其中：建筑安装工程费69万元；设备及工器具购置费156万元；工程建设其他费7万元；预备费7万元。

核定本项目10kV供电线路工程预算为136万元（详见工程预算审核表），其中：建筑安装工程费88万元；设备及工器具购置费4万元；工程建设其他费41万元；预备费3万元。

六、以上工程费用从该高速公路项目批复概算中调剂使用。

附件:预算审核对比表

抄送:厅有关处室。

附件

预算审核对比表

建设项目名称：商丘至周口高速公路商丘段二期工程交通机电工程详细设计

项目	节	工程或费用名称	单位	报审预算		核定预算		核定较报审增减	
				数量	金额（元）	数量	金额（元）	数量	金额（元）
七		第一部分 建筑安装工程费	公路公里	26.991	6453583	26.991	7456439	0	1002856
		公路设施及预埋管线工程	公路公里	26.991	6453583	26.991	7456439	0	1002856
	1	管理、养护设施	公路公里	26.991	6453583	26.991	7456439	0	1002856
		1 收费系统设施	项	1	1535637	1	1541866	0	6229
		2 通信系统设施	项	1	3588145	1	4370962	0	782817
		3 监控系统设施	项	1	1204624	1	1423619	0	218995
		4 监控系统设施（二期）	项	1	125178	1	119992	0	-5186
一		第二部分 设备及工具、器具购置费	公路公里	26.991	6288800	26.991	6896700	0	607900
	1	设备购置费	公路公里	26.991	6288800	26.991	6896700	0	607900
		需安装的设备	项	1	5988300	1	6554000	0	565700
		1 收费系统设备	项	1	2813800	1	3826900	0	1013100
		2 通信系统设备	项	1	756500	1	671500	0	-85000
		3 监控系统设备	项	1	2070000	1	1665600	0	-404400
		4 监控系统设备（二期）	项	1	348000	1	390000	0	42000

续上表

项	目	节	工程或费用名称	单位	报审预算 数量	报审预算 金额(元)	核定预算 数量	核定预算 金额(元)	核定较报审增减 数量	核定较报审增减 金额(元)
	2		不需安装的设备	项		300500	1	342700	0	42200
		1	收费系统设备	项	1	90000	1	90000	0	0
		2	通信系统设备	项	1	210500	1	210500	0	0
		3	监控系统设备	项	1		1	42200	0	42200
	三		第三部分 工程建设其他费用	公路公里	26.991	493042	26.991	572447	0	79405
		1	建设项目管理费	公路公里	26.991	196189	26.991	226676	0	30487
		2	建设单位管理费	项	1	60664	1	70091	0	9427
		2	工程监理费	项	1	129072	1	149129	0	20057
		3	设计文件审查费	项	1	6454	1	7456	0	1002
			建设期贷款利息	项	1	296853	1	345771	0	48918
一			第一、二、三部分费用合计	公路公里	26.991	13235425	26.991	14925586	0	1690161
			预备费	公路公里	26.991	388157	26.991	437394	0	49237
一			1.价差预备费	公路公里	26.991		26.991		0	
二			2.基本预备费	公路公里	26.991	388157	26.991	437394	0	49237
			预算总金额	公路公里	26.991	13623582	26.991	15362980	0	1739398

预算审核对比表

建设项目名称：商丘至周口高速公路商丘段一期二期工程供配电照明工程施工图设计

项	目	节	工程或费用名称	单位	报审预算 数量	报审预算 金额(元)	核定预算 数量	核定预算 金额(元)	核定较报审增减 数量	核定较报审增减 金额(元)
			第一部分 建筑安装工程费	公路公里	26.991	642981	26.991	687219	0	44238
七			公路设施及预理管线工程	公路公里	26.991	642981	26.991	687219	0	44238
	1		管理养护设施	公路公里	26.991	642981	26.991	687219	0	44238
		1	供电系统设施	项	1	97217	1	97217	0	0
		2	照明系统设施	项	1	545763	1	590002	0	44239
			第二部分 设备及工具、器具购置费	公路公里	26.991	1356000	26.991	1566000	0	210000
一			设备购置费	公路公里	26.991	1356000	26.991	1566000	0	210000
	1		需安装的设备	公路公里	26.991	1356000	26.991	1566000	0	210000
		1	供配电系统设备	项	1	573000	1	573000	0	0
		2	照明系统设备	项	1	778000	1	988000	0	210000
	2		不需安装的设备	项	1	5000	1	5000	0	0
		1	供配电系统设备	项	1	5000	1	5000	0	0
			第三部分 工程建设其他费用	公路公里	26.991	65858	26.991	74824	0	8966
三			建设项目管理费	公路公里	26.991	19547	26.991	20891	0	1344
	1		建设单位管理费	项	1	6044	1	6460	0	416
	2		工程监理费	项	1	12860	1	13744	0	884
	3		设计文件审查费	项	1	643	1	687	0	44
			建设期贷款利息	公路公里	26.991	46312	26.991	53932	0	7620
			第一、二、三部分费用合计	公路公里	26.991	2064839	26.991	2328043	0	263204
			预备费	公路公里	26.991	60556	26.991	68223	0	7667
一			1.价差预备费	公路公里	26.991		26.991		0	
二			2.基本预备费	公路公里	26.991	60556	26.991	68223	0	7667
			预算总金额	公路公里	26.991	2125395	26.991	2396266	0	270871

预算审核对比表

建设项目名称：商丘至周口高速公路商丘段二期工程10kV供电线路工程施工图设计

项	目	节	细目	工程或费用名称	单位	报审预算 数量	报审预算 金额(元)	核定预算 数量	核定预算 金额(元)	核定较报审增减 数量	核定较报审增减 金额(元)
七				第一部分 建筑安装工程费	公路公里	26.991	882153	26.991	881939	0	-214
	1			公路设施及预理管线工程	公路公里	26.991	882153	26.991	881939	0	-214
				管理,养护设施	公路公里	26.991	882153	26.991	881939	0	-214
		3		供电系统设施	项	1	882153	1	881939	0	-214
			1	李门楼收费站外接	公里	5.914	746659	5.914	751759	0	5100
			2	魏庄枢纽外接	公里	0.5	135494	0.5	130180	0	-5314
				第二部分 设备及工具、器具购置费	公路公里	26.991		26.991	38220	0	38220
一				设备购置费	公路公里	26.991		26.991	38220	0	38220
	1			需安装的设备	项	1		1	38220	0	38220
		1		李门楼收费站外接	公里	5.914		5.914	15000	0	15000
		2		魏庄枢纽外接	公里	0.5		0.5	23320	0	23320
				第三部分 工程建设其他费用	公路公里	26.991	385012	26.991	405556	0	20544
一				土地征用及拆迁补偿费用	公路公里	26.991	236428	26.991	200748	0	-35680
二				建设项目管理费	公路公里	26.991	34200	26.991	26811	0	-7389
	1			建设单位管理费	项	1	14039	1	8290	0	-5749
	2			工程监理费	项	1	19052	1	17639	0	-1413
	3			设计文件审查费	项	1	1109	1	882	0	-227
四				前期工作费	项	1	84361	1	83382	0	-979
五				线路转让费(腾让)	项			1	66000	1	66000
十一				建设一、二、三部分费用合计	项	1	30023	1	28615	0	-1408
				第一、二、三部分费用合计	公路公里	26.991	1267165	26.991	1325715	0	58550
一				1.价差预备费	公路公里	26.991	24743	26.991	36933	0	12190
二				2.基本预备费	公路公里	26.991	24743	26.991	36933		12190
				预算总金额	公路公里	26.991	1291908	26.991	1362648	0	70740

关于商丘至周口高速公路商丘段二期工程 交通机电工程详细设计、供配电照明、 10kV 供电线路工程施工图设计的请示

豫交集团〔2010〕334 号

河南省交通运输厅：

2009 年河南省发展改革委员会在商丘至周口高速公路商丘段二期工程初步设计的批复中(豫发改设计〔2009〕1935 号)，批复该项目交通机电工程、供配电照明、10kV 供电线路工程概算金额为 2182.6937 万元。项目公司委托河南省交通规划勘察设计院有限责任公司、商丘市天宇电力工程勘测设计有限公司完成了施工图设计的编制工作。

本项目路段全长 26.991km，共设一处收费站，两处枢纽互通，机电工程等预算金额为 1596.7873 万元，其中通信、监控、收费系统预算金额为 1362.3582 万元，供电照明工程预算金额为 212.54 万元，10kV 供电线路预算金额为 130 万元。

经审查，所编制的施工图设计文件基本符合国家规范要求，部分需要修改完善(详见审查意见)。现将详细设计图纸及预算报厅审批。

妥否，请批示。

附件：1. 机电工程详细设计审查意见(略)
      2. 机电工程详细设计文件(略)
      3. 10kV 供电线路施工图设计(略)

二〇一〇年十月二十五日

(联系人：牛玲　　　　　电话：0371-68731025)

主题词：【交通集团】　高速公路　施工图　请示

河南交通投资集团有限公司综合事务部　　　　　　　　　　　2010 年 10 月 25 日印发

商丘至周口高速公路商丘段二期工程机电工程详细设计审查意见回复

一、总体

1.《商周高速公路商丘段二期工程交通机电详细设计》文件,符合《编制办法》,各系统设计方案、系统功能、系统结构图、功能框图、流程、外场设施布设原则合理,满足运营管理的需求。

2. 建议本项目与商丘分中心改造(商开、商亳荷、商周高速公路机电工程整合工程)方案一并考虑。商丘分中心改造在软硬件上应充分考虑商周段接入所增加的工程量,避免后期分中心再次改造(建议把分中心扩容的内容写清楚,以便在分中心改造项目中实施)。

回复:按意见调整。

二、监控系统

1. 除在本路段史楼枢纽互通和魏庄枢纽互通设置必要的监控设施外,建议强化路网管理,完善连霍方向监控设施,提高对枢纽立交区的监控能力。

回复:已完善连霍高速方向的监控设施。

2. 建议将门架式显示屏的技术参数:亮度6000cd/m^2、亮度6级以上可调,修改亮为度8000cd/m^2、亮度16级以上可调。双向四车道门式CMS显示屏尺寸由1×12,改为1×10。

回复:已按意见修改。

3. 建议将TV14摄像机设置在互通立交附近,并补充摄像机的主要技术参数。

回复:已修改TV14摄像机位置,补充了摄像机的主要技术参数。

4. 鉴于本路段不属于小气候区域,为减少系统后期维护工作量和节约建设运营成本,建议取消气象监测设备、配套线缆和传输设备。

回复:已按意见取消气象检测器和相应配套线缆、传输设备。

5. 建议微波车检器技术指标:探测能力由4车道改为探测能力在8~10车道。另外功率数为0.5kW是否有误,请核对。

回复:探测能力改为8~10车道,功率数为0.05kW。

6. 鉴于本路段3处互通立交距离商丘分中心较近,外场数据较为集中,建议由节点光端机改为点对点光端机,节约投资。

回复:考虑后期的全程监控和不多占用主线光缆的光纤分配,采用节点光端机。

7. 为便于对外场设备的布设做出正确判断,建议在监控外场设备布设图中注明结构物的位置。

回复:已按意见补充机构为位置。

8. 请补充F型情报板的钢结构图以及微波车检器立柱杆高尺寸。

回复:已按意见补充。

9. 监控外场设备从连霍史楼枢纽互通、济广高速魏庄枢纽互通箱变取电,均存在距离过长、线路走向复杂等问题,建议结合照明系统设计,从附近照明配电箱取电。

回复:附近无照明配电箱,从枢纽互通箱变取电。

10. 建议补充发生特殊交通安全或紧急事件能及时采集、迅速决策处理并发布控制指令、实施救助的应急处理预案。

回复:已按意见修改。

11. 道路监控、收费站及收费广场监控视频上传连霍商丘分中心,并按《路段监控系统联网技术要求补充规定》要求进行字符叠加。

回复:已按意见增加了连霍商丘分中心字符叠加设备。

12. 建议监控系统增加CIS地理信息系统。

回复:已按意见修改。

三、通信系统

1. 建议与分中心的改造项目加强沟通,应根据分中心现场情况确定李门楼收费站ONU是单独组网还是破坏(接入商周路一期或商菏高速)入网。

回复:已经与相关的业主单位、厂商代表联系,目前商丘分中心通信设备已经没有预留接口,考虑到设备的安全性,建议李门楼收费站ONU单独组网。

2. 高频开关组合电源没有10A模块,请对模块数量重新进行配置。

回复:李门楼无人站高频开关电源容量为: $-48V/2\times30A$。

3. 应做好与照明专业的协调,在通信管道施工图中增加立交区高杆灯供电电缆横穿道路的管道,避免重复开挖。

回复:按照专家要求,和照明专业协调。

4. 设计说明、工程数量清单、图纸工程量应保持一致,并建议核对工程量。如:通信管道主干为8根$\phi40/33mm$硅芯管,图中为9根$\phi40/33mm$;光缆芯数30芯还是36芯。

回复:通信管道主干为8根$\phi40/33mm$硅芯管,光缆芯数为30芯。

5. 通信管道敷设硅芯管数量应充分考虑与之相连的连霍高速及济广高速的情况,以免形成瓶颈。并确保路网通信路由的互联互通。

回复:已经考虑相关路段的情况。

6. 建议增加办公信息化相关设备。

回复:按照专家意见增加。

四、收费系统

1. 按照河南省有关技术要求,收费系统应增加全车牌自动识别系统,同时具有车牌抓拍功能,不再设置车道CCTV。车牌自动识别仪技术指标中应增加BNC端口,补光设备改为LED。

回复:按意见调整。

2. 车牌自动识别系统杨楼工程量是按9套考虑的,建议与目前全省全车牌识别系统改造工作加强沟通,避免重复。

回复:目前车牌识别系统改造工程尚未正式展开,本项目杨楼收费站暂定9套,以后根据改造工程情况进行调整。

3. 建议明确通行信号灯、雾灯的显示尺寸。

回复:按意见明确信号灯和雾灯尺寸。

4. 新增收费站切换矩阵要考虑与连霍商丘分中心矩阵的级联控制。新增矩阵应包含网络控制端口,满足监控联网软件的网络控制。

回复:按意见补充矩阵端口要求。

5. 有 ETC 车道,收费广场外沿据中心线的距离保持在 50m 以上。

回复:根据意见与主体设计单位进行沟通。

6. 建议增加收费站区,安防报警系统设备。

回复:按意见增加收费站安防设施。

五、供配、电照明系统

1. 请补充魏庄枢纽 10kV 供电线路工程设计文件。

回复:10kV 供电线路不在本专业设计范围,10kV 设计、施工由建设方另行委托实施。

2. 配电房设备平面布置图,变压器柜距离后墙只有 600mm 存在安全隐患,建议调整为 1000～1200mm。

回复:本项目选用干式变压器,并带 IP20 外壳,变压器柜距墙 600mm 已能满足相关规范要求。

3. 灯具供电采用 5 芯电缆,建议改为 4 芯。

回复:按专家意见调整。

4. 魏庄枢纽互通属丁字形枢纽互通,建议高杆灯的数量变为 3 基,取消 GD2 高杆灯。

回复:GD2 所在位置为高速公路分流区,建议保留高杆灯 GD2。

5. 建议将灯杆均采用热镀锌防腐处理,表面再进行喷塑处理,改为广场灯杆按此要求实施,立交枢纽区高杆灯杆只采用热镀锌防腐处理。

回复:按专家意见修改。

二〇一〇年九月三十日

关于商丘至周口高速公路商丘段二期工程下穿陇海铁路段施工图设计的批复

豫交规划〔2011〕539 号

河南交通投资集团有限公司：

你公司"关于商丘至周口高速公路二期工程 K10+500～K13+220 段施工图设计的请示"（豫交集团〔2011〕144 号）收悉，根据河南省发改委《关于商丘至周口高速公路商丘段二期工程初步设计的批复》（豫发改设计〔2009〕1935 号）和《关于商丘至周口高速公路商丘段二期工程施工图设计的批复》（豫交规划〔2010〕337 号）精神，商周二期高速公路下穿陇海铁路立交工程施工图设计文件已由河南省交通规划勘察设计院有限责任公司编制完成。经审查，批复如下：

一、项目建设规模

商丘至周口高速公路商丘段二期工程初步设计批复的跨越陇海铁路方案为上跨方案；施工图设计批复时，预留 K11+726～K12+614 段共计 0.888km 为跨越陇海铁路路段，另行报批。经铁路部门审查，最终确定本项目采用为下穿方案，施工图设计采用箱型框架桥下穿国道 310 及陇海铁路，涉及段落为 K10+500～K13+220 段共计 2.7km，超预留 1.812km。

二、主要工程技术标准

该工程路基段采用设计速度 120km/h 双向四车道高速公路技术标准，下穿国道 310 及陇海铁路采用 14.2+14.6m（净）2 孔连续式箱桥，其他有关标准按《公路工程技术标准》（JTG B01—2003）规定执行。

三、工程预算

根据交通部颁发的《公路基本建设工程概算、预算编制办法》及河南省有关文件规定，经审查，该项目核定的预算为 15311 万元，扣除原主线批复中包含的建设费用 8143 万元后，陇海铁路下穿分离式立交预算为 7168 万元（详见总预算表）。

附件：总预算表

附件

总 预 算 表

建设项目名称:商丘至周口高速公路商丘段二期工程

编制范围:K10+500~K13+220段施工图预算

项	目	节	工程或费用名称	单位	审 定 预 算	
					数量	预算金额(元)
			第一部分　建筑安装工程费	公路公里	2.720	132936667
二			路基工程	km	1.620	46920335
	1		场地清理	km	1.620	20273
		1	清理与掘除	m²	23134.900	20273
	2		挖方	m³	192633.7	1800544
		1	挖土方	m³	188300.900	510991
		2	挖非适用材料	m³	4332.800	80120
		4	弃方运输	m³	181275.000	1209433
	3		填方	m³	134456.600	4378427
		1	路基填方	m³	130812.300	4291696
		2	结构物台背回填	m³	3377.300	86731
	4		特殊路基处理	km	3.844	34328682
		1	路床处理	km	2.720	304377
		2	桥头地基处理	km		
		2	换填处理	km	0.070	27127
		3	积水洼地、水塘路基	km	0.259	567868
		4	U形槽工程	m³/m	33232.7/795.1	33429310
	5		排水工程	km	1.620	5333911
		1	排水沟	m³/m	476.9/2345.0	991948
		2	急流槽	m³/m	27.8/134.9	26871
		3	集水井	处	1.000	2403217
		4	渗井	m	402.000	305419
		5	排水管涵(D100钢波纹管)	m	41.000	165542
		6	雨水井1	个	1.000	21749
		7	雨水井2	个	1.000	15027
		8	出水池	处	1.000	9126
		9	排水渠	km	0.821	1395011
	6		防护与加固工程	km	2.384	1013245
		1	坡面植物防护	m²	14460.500	451836
		2	坡面圬工防护	m³	1506.300	561409
	7		路基零星工程	km	1.620	45253
三			路面工程	km	1.620	14181542
	1		路面底基层	m²	44733.000	1499276
		1	16cm厚3.5%水泥稳定碎石	m²	44733.000	1499276
	2		路面基层	m²	44032.000	3256262

续上表

项目	目	节	工程或费用名称	单位	审定预算 数量	预算金额(元)
		1	34cm厚5%水泥稳定碎石	m²	44032.000	3256262
	3		透层、黏层、封层	m²	173976.000	651821
		1	透层	m²	44023.000	211295
		2	黏层	m²	85913.000	165094
		3	封层	m²	44040.000	275432
	4		主线沥青面层	m²	43011.000	8053351
		1	10cm沥青碎石(ATB-25)	m²	43158.000	3246527
		2	6cm中粒式改性沥青混凝土(AC-20C)面层	m²	43268.000	2826398
		3	4cm细粒式改性沥青混凝土(AC-13C)面层	m²	43011.000	1980425
	5		路槽、路肩及中央分隔带	km	1.422	140868
		1	培路肩	m²	1662.714	19406
		2	沥青混凝土拦水缘石	m³	33.100	31927
		3	土路肩加固	m³	200.700	82032
		4	其他	km	1.422	7503
	6		路面排水	km	1.790	579965
		1	排水管	m	331.800	97833
		2	集水槽	m	1319.700	445698
		3	集水井	m³/个	9.24/21.0	9557
		4	急流槽	m³/m	27.09/138.1	26878
五			交叉工程	处	5.000	64995005
	1		通道	m/处	64.7/2.0	1227322
		1	涵式通道	m/处	64.7/2.0	1227322
	2		分离式立体交叉	处	2.000	17988227
		1	与公路分离式立体交叉	处	1.000	7397191
		2	与铁路分离式立体交叉	处	1.000	10591036
	3		李门楼互通式立体交叉	处	1.000	45779457
		1	主线路基土石方	m³/km	121010.1/1.1	4126295
		2	匝道路基土石方	m³/km	143310.8/1.9	5050702
		3	连接线路基土石方	m³/km	2537.9/0.3	77467
		4	主线特殊路基处理	km	0.984	1560650
		5	匝道特殊路基处理	km	1.806	1538469
		6	主线排水工程	m³	332.870	527738
		7	匝道排水工程	m³	253.530	224859
		8	主线防护工程	m³	249.100	530118
		9	匝道防护工程	m³	410.400	972946
		10	主线路面工程	m²	34602.000	10891434
		11	匝道路面工程	m²	19354.000	6097020
		12	桥梁通道沥青面层	m²	3468.000	391966

续上表

项目		节	工程或费用名称	单位	审定预算	
					数量	预算金额(元)
		13	平面交叉(互通内)	处	1.000	614656
		14	主线涵洞工程	m/道	41.0/1.0	99658
		15	匝道涵洞工程	m/道	30.4/1.0	139589
		16	主线桥梁工程	m/座	43.0/1.0	3093527
		17	匝道桥梁工程	m/座	201.4/3.0	8227585
		18	主线通道	m/道	36.2/1.0	879191
		19	匝道通道	m/道	43.2/2.0	735586
七			公路设施及预埋管线工程	公路公里	2.720	6839784
	1		安全设施	公路公里	2.720	6818296
		1	新泽西护栏	m	3567.400	2456267
		2	活动护栏	m	30.000	24000
		3	波形钢板护栏	m	9032.000	2724042
		4	隔离栅	m	5926.000	551386
		5	公路标线	m²	5276.080	210957
		6-1	突起路标	个	1000.000	21154
		6-3	防撞桶	个	6.000	3900
		6-4	隔离墩	个	17.000	1020
		6-5	防落物网	m²	78.080	7886
		10	轮廓标	根	589.000	4430
		11	防眩板	个	3648.000	255360
		12	里程碑、百米桩、公路界碑	块	35.000	3758
		13	各类标志牌	块	35.000	554136
	2		公路交工前养护费	km	2.720	21489
			第三部分 工程建设其他费用	公路公里	2.720	14805123
二			建设项目管理费	公路公里	2.720	4041275
	1		建设单位管理费	公路公里	2.720	1249605
	2		工程监理费	公路公里	2.720	2658733
	3		设计文件审查费	公路公里	2.720	132937
四			建设项目前期工作费	项	1.000	681800
十一			建设期贷款利息	公路公里	2.720	10082048
			第一、二、三部分费用合计	公路公里	2.720	147741790
			预备费	元		4129792
二			2、基本预备费	元		4129792
			建设项目其他费用(不做预备费基数)	元		1242400
一			铁路保通费	元		842400
二			G310保通费	元		400000
			扣除 K10+500~K11+726 和 K12+614~K13+220 已批复预算			-81433305
			预算总金额	元		71680677
			公路基本造价	公路公里	2.720	71680677

135

关于商丘至周口高速公路商丘段二期工程 K10+500~K13+220 段施工图设计的请示

豫交集团〔2011〕144 号

河南省交通运输厅：

依据《关于商丘至周口高速公路商丘段二期工程施工图设计的批复》（豫交规划〔2010〕337 号）精神，其中穿越陇海铁路（含并行的规划郑徐客专）、京九铁路两段（K10+500~K13+220 段）施工图设计另行报批。

一、设计过程

初步设计阶段，本项目跨越陇海铁路设计方案为 27×35m 装配式预应力混凝土连续箱梁上跨桥。在施工图设计阶段，郑州铁路局多次召开上跨设计方案审查会议并提出审查意见，设计单位最终修改完善后的上跨桥梁施工图设计于 2010 年 9 月上报郑州铁路局审查。其后接到郑州铁路局通知，铁道部工程设计鉴定中心以鉴综电〔2010〕445 号文《关于开展客运专线建设有关问题设计核查的紧急通知》要求"对高速公路与新建客运专线工程交叉时应优先采用公（铁）路立交下穿客运专线的设计方案"。郑州铁路局以此要求本项目上跨陇海铁路（含并行的规划郑徐客专）方案改为下穿方案。

河南省交通运输厅于 2010 年 9 月 30 日在商丘组织召开了该项目与陇海铁路（含并行的规划郑徐客专）交叉设计方案专家评审会，与会专家研究同意该项目上跨陇海铁路方案改为下穿，同时下穿 310 国道。据此，设计单位对主线纵断面进行重新布设，穿越陇海铁路段设计范围调整为 K10+500~K13+220 共 2.72km，涉及原施工图批复中已批复的 K10+500~K11+732 和 K12+545~K13+220 两段，以及原施工图批复中预留的上跨桥梁对应段落 K11+732~K12+545 段。

二、本次所报施工图设计范围为 K10+500~K13+220，其预算情况分述如下：

1. K10+500~K13+220 段（包括下穿陇海铁路箱桥）：按原施工图预算主材价格编制预算为 19039.24 万元（含下穿陇海铁路预算 1328.12 万元），按现行主材价格编制预算为 20405.30 万元，故因材料价格上涨增加费用 1366.06 万元。

2. 下穿陇海铁路顶进箱桥 K12+115.942~K12+157.820 段：按郑州铁路局规定，由中铁工程设计咨询集团有限公司郑州设计院设计，并于 2011 年 1 月 18 日经郑州铁路局审查通过，预算金额为 1328.12 万元。

3. 原已批复施工图设计的 K10+500~K11+732 及 K12+545~K13+220 段：由于上跨方案改为下穿方案，引起已批复施工图设计的上述两个段落纵断面发生变化，原批复的上述两个段落对应的施工图预算为 11642.36 万元（不含预留的 K11+732~K12+545 部分）。

现将商丘至周口高速公路商周段二期工程 K10+500~K13+220 段施工图设计上报省厅审批。

妥否,请批示。

附件:1. 商丘至周口高速公路商丘段二期工程(略)
    2. K10+500~K13+220 段施工图设计(略)

二〇一一年五月十日

(联系人:牛玲　　　　联系电话:0371-87165706)

主题词:高速公路　施工图设计　请示

河南交通投资集团有限公司综合事务部　　　　　　　　　2011 年 5 月 10 日印发

关于商丘至周口高速公路商丘段二期工程绿化施工图设计的批复

豫交规划〔2011〕85 号

河南交通投资集团有限公司：

　　你公司"关于商丘至周口高速公路二期工程绿化施工图设计的请示"（豫交集团〔2011〕170 号）和由河南省交通规划勘察设计院有限责任公司编制完成的《商丘至周口高速公路二期工程绿化施工图设计》收悉。经审查，批复如下：

　　一、原则同意河南省交通规划勘察设计院有限责任公司编制完成的商丘至周口高速公路二期工程绿化施工图设计。

　　二、该项目绿化区主线全长 26.991km，互通区绿化 3 处（其中枢纽互通 2 处），收费站绿化 1 处。

　　三、应以适地适树原则进行绿化，少用或不用生长缓慢、价格昂贵、不易成活的树种。所采用树种应结合高速公路沿线的实际情况，严格控制相关树种规格，尽量降低造价。

　　四、要按照乔、灌、草及常绿与落叶树种合理搭配原则进行绿化，乔木、灌木栽植间距要按照其习性和生长规律合理布置。

　　五、乔、灌、草及常绿与落叶树种宜按照其最佳种植时间栽种植播。

　　六、结合《河南省高速公路设计技术要求》（河南省地方标准 DB41/T 419—2005）的有关规定，经审查，本项目绿化工程施工图预算核定为 583.7 万元（详见预算审核对比表）。

　　附件：审核对比表

附件

审核对比表

建设项目名称：商丘至周口高速公路商丘段二期工程

项	目	节	细目	工程或费用名称	单位	报审预算 数量	报审预算 金额(元)	审核预算 数量	审核预算 金额(元)	审核比报审增(+)减(-) 数量	审核比报审增(+)减(-) 金额(元)
	八			第一部分 建筑安装工程费	公路公里	26.991	5820899	26.991	5392744	0	-428155
				绿化及环境保护工程	公路公里	26.991	5820899	26.991	5392744	0	-428155
		1		主线绿化	公路公里	26.991	2881751	26.991	2641306	0	-240445
		2		史门楼互通	处	1.000	1163433	1.000	1129527	0	-33906
		3		李门楼互通	处	1.000	397782	1.000	374743	0	-23039
		4		魏庄互通	处	1.000	1321623	1.000	1194126	0	-127497
		5		李门楼收费站	处	1.000	56311	1.000	53042	0	-3269
				第三部分 工程建设其他费用	公路公里	26.991	318867	26.991	278224	0	-40643
三		1		建设项目管理费	公路公里		200064		163939	0	-36125
		2		建设项目管理费	公路公里		77825		50692	0	-27133
		3		工程监理费	公路公里		116418		107855	0	-8563
				设计文件审查费	公路公里		5821		5393	0	-428
十一				建设期贷款利息	公路公里		118803		114285	0	-4518
				第一、二、三部分费用合计	公路公里	26.991	6139766	26.991	5670968	0	-468798
三				预备费	元		180629		166701	0	-13928
				2.基本预备费	元		180629		166701	0	-13928
				预算总金额	元		6320395		5837669	0	-482726
				其中：回收金额	元						0
				公路基本造价	公路公里	26.991	6320395	26.991	5837669	0	-482726

139

关于商丘至周口高速公路商丘段二期工程房屋建筑工程施工图设计的批复

豫交规划〔2011〕465号

河南交通投资集团有限公司：

你公司《关于商丘至周口高速公路商丘段二期工程房屋建筑工程施工图设计的请示》（豫交集团〔2011〕73号）收悉。根据省发改委豫发改设计〔2009〕1935号文对该项目初步设计的批复，结合厅豫交规划〔2010〕308号文对该项目房建工程概念设计的批复，经审查批复如下：

一、原则同意由河南省交通规划勘察设计院有限责任公司编制完成的该项目房建工程施工图设计及根据专家审查意见所做的修改设计。

二、建设规模

全线设置2处匝道收费站，新增建筑面积核定为2010m^2，其中：李门楼收费站1435m^2，杨楼收费站在原场区内进行改扩建，新增职工宿舍楼575m^2。

三、结构形式

1. 李门楼收费站为地上二层钢筋混凝土框架结构，建筑耐火等级为二级，建筑抗震设防烈度为6度。配电房、水泵房、门卫房等附属用房均为单层砌体结构，建筑耐火等级为二级，建筑抗震设防烈度为6度。

2. 杨楼收费站职工宿舍楼为地上二层钢筋混凝土框架结构，建筑耐火等级为二级，建筑抗震设防烈度为6度。

四、应特别注意各站区综合楼各功能用房面积的合理分配，并且尽可能提高使用面积系数，以满足实际需求。

五、核定该项目房建工程预算982万元（详见预算审核对比表），其中：建筑安装工程费894万元，设备及工器具购置费9万元，预备费29万元。

六、以上工程费用从该高速公路建设项目批复概算中调剂使用。

七、工程建设应严格按照已批复的设计进行，根据实际情况确需进行设计变更的，必须切实履行设计变更程序。

附件：预算审核对比表

二〇一一年十二月六日

抄送：厅有关处室。

附件

预算审核对比表

项目名称:商丘至周口高速公路商丘段二期工程房建工程

序号	工程或费用名称	站区占地（亩）	原报建筑面积（m²）	原报预算（元）	核定建筑面积（m²）	核定预算（元）	增减额（元）	备 注
	第一部分 建筑安装工程费	0.00	2043.10	9587872.65	2010.10	8941337.58	-646535.07	
1	李门楼收费站	0.00	1435.10	6630236.88	1435.10	6495515.07	-134721.81	建筑面积不包括收费天棚面积270.81m²
2	杨楼收费站	0.00	608.00	2957635.77	575.00	2445822.51	-511813.26	建筑面积不包括收费天棚面积450.18m²
	第二部分 设备及工器具购置费			0.00		589000.00	589000.00	
1	李门楼收费站			0.00		541000.00	541000.00	
2	杨楼收费站			0.00		48000.00	48000.00	
	第一、二部分费用合计			9587872.65		9530337.58	-57535.07	
	预备费			0.00		285910.13	285910.13	第一、二部分费用×3%
	合计			9587872.65		9816247.71	228375.06	

关于商丘至周口高速公路商丘段二期房屋建筑工程施工图设计的请示

豫交集团〔2011〕73号

河南省交通运输厅：

根据省厅《关于商丘至周口高速公路商丘段二期房屋建筑工程概念设计的批复》(豫交规划〔2010〕308号)和经省厅确定的设计方案，项目公司委托设计单位完成了本项目的施工图设计工作。经初步审查，施工图设计文件符合编制要求，按照项目基本建设程序，现将施工图设计文件上报省厅审批。

妥否，请批示。

附件：商丘至周口高速公路商丘段二期房屋建筑工程施工图设计（略）

二〇一一年三月二十九日

（联系人：牛玲　　　　联系电话：0371-87165706）

主题词：房屋建筑　施工图　请示

河南交通投资集团有限公司综合事务部　　　　　　　　　　2011年3月29日印发

四、变更设计

河南省交通运输厅文件

豫交建管〔2011〕33 号

关于商周高速公路二期工程部分碎石桩变更为粉喷桩的批复

河南交通投资集团有限公司：

你集团《关于商周高速公路二期工程部分碎石桩变更为粉喷桩的请示》（豫交集团〔2011〕9 号）收悉。根据《河南省高速公路建设项目设计变更管理办法》、《厅属高速公路建设项目工程造价管理规定》，经审查，现批复如下：

一、设计变更内容

商周高速公路二期工程土建二标、三标施工单位进场后，由于实际地质条件与勘察设计情况不完全一致，原设计碎石桩多次试桩不能满足规范和设计要求；同时由于该项目地处城乡接合部，碎石桩施工时产后的震动对沿线房屋影响较大，多次引发群众阻工事件。为确保工程质量、加快施工进度，现同意将该项目土建一标、二标、三标部分路段的碎石桩变更为粉喷桩，共减少碎石桩 201720 延米，增加粉喷桩 202914 延米。

二、设计变更预算

经审查，该项目施工图原批复预算中，该部分碎石桩对应预算为 1306.5 万元，变更为粉喷桩后预算为 750.8 万元，预算减少 555.7 万元。本次设计变更批复后，请你集团督促项目建设单位认真履行项目法人职责，加强造价控制，确保工程质量。

二〇一一年五月十六日

抄送：河南德馨高速公路有限公司。

河南省交通工程定额站

商周高速公路二期工程部分碎石桩变更为粉喷桩设计变更预算审查意见

根据河南省交通投资集团有限公司报送的"关于商周高速公路二期工程部分碎石桩变更为粉喷桩的请示"(豫交集团〔2011〕9号)文件及相应资料,商周高速公路二期工程施工中沿线桥梁、通道等结构物台背及部分高填方路段地基处理部分碎石桩变更为粉喷桩。

变更原因: 省交投变更申请文件提出,施工单位进场后二、三标多次试桩均不满足规范和设计要求,导致大面积施工段落停工近3个月,同时项目地处城乡接合部,碎石桩施工振动对附近房屋造成不同程度的影响(如裂缝),沿线多次发生群众阻工事件,制约工程进度。为确保工程质量、加快施工进度,结合商丘境内类似地质环境高速公路地基处理的成功经验,拟将一、二、三标段部分段落碎石桩变更为粉喷桩。

变更数量: 原设计拟变更的碎石桩量为201720m,变更后粉喷桩量为202914m。

变更费用: 交投申请文件中已对项目公司报审费用进行了审核,比项目公司上报变更费用减少476万元。

我站依据上述变更资料,提出以下审查意见:

1. 随同变更资料提供的变更减少数量不齐全,无详细变更增加数量。附件资料中变列说明内容不齐全。

2. 缺少变更预算,项目公司上报粉喷桩单价49元/m、交投集团审核后单价39元/m均无单价分析。

3. 变更中原碎石桩单价按62.85元/m,依据不明。施工图批复预算中为64.77元/m。

4. 根据厅设计变更管理办法,应按施工图批复预算的材料单价、费率计算粉喷桩工程预算,作为厅批复此项设计变更预算费用增减依据。此变更费用不作为项目公司与施工单位结算的依据。项目公司与施工单位的结算单价应结合招标文件对新增单价的规定确定。

根据以上意见,业主单位按照批复的施工图预算费率、单价调整了该项变更单价,调整后单价为45.46元/m,但分摊了静载试验检测费6.86元/m,取芯试验费1.6元/m。审查认为按预算口径调整变更单价,不应计入试验检测费用,变更单价应为37元/m。原施工图批复该部分碎石桩费用为1306.5万元,变更为粉喷桩后费用为750.8万元,减少555.7万元。

河南德馨高速公路有限公司
关于呈报商周高速公路二期工程部分
碎石桩变更为粉喷桩的请示

豫德高司〔2010〕78号

签发人：徐 珂

河南高速公路发展有限责任公司：

  河南省交通勘测规划设计院有限责任公司编制的《商周高速公路二期工程两阶段施工图设计》中，沿线桥梁、通道等结构物台背及部分高填方路段地基处理采用碎石桩处理方式。土建施工单位进场后，按照设计图纸立即组织进行试桩。根据试桩结果，除 No.1 合同段试桩合格外，其余两个合同段部分路段多次试验，其试桩结果均不能满足规范和设计要求。期间，我公司先后多次组织省内外专家及设计负责人进行现场调研，并积极尝试多种方式改进施工工艺，但最终试桩结果仍不能满足要求。

  目前，商周二期土建工程已进入施工的关键时期，No.2、3 合同段由于碎石桩试桩不成功已导致大面积施工段落停工近三个月。同时，本项目地处商丘城乡接合部，周边民房众多，碎石桩施工导致的震动造成附近房屋出现不同程度的影响（如裂缝），沿线群众多次发生阻工事件，严重制约工程进度。

  为了确保工程质量，加快施工进度，经项目公司研究，结合商丘境内类似地质环境高速公路（商周高速公路商丘段、济广高速公路商丘段）地基处理的成功经验，拟将 No.2、3 合同段部分段落碎石桩变更为粉喷桩（包括沿线因碎石桩施工而影响民房的段落）。我公司已于6月17日向省设计院函告此变更意向，并已得到设计单位的认可。拟变更的碎石桩的总量为436812 延米，变更后的粉喷桩的总量为 409573 延米。碎石桩变更为粉喷桩建设费用减少7384557.2 元。我公司此次变更申报符合豫交建管〔2010〕60 号文《关于印发〈河南省高速公路建设项目设计变更管理办法〉的通知》中"特殊不良地质路段处置方案发生变化的"规定要求，属于较大设计变更。现随文呈报，请予以批复。

  妥否，请批示。

附件:1. 沿线碎石桩拟变更为粉喷桩段落表及因碎石桩施工影响民房的段落(略)
2. 碎石桩原设计图纸及变更为粉喷桩图纸(略)
3. 变更前后技术经济比较(略)
4. 设计变更四联单及所附资料(略)
5. 关于商周高速公路二期工程部分碎石桩变更为粉喷桩的会议纪要(略)

(联系人:徐洪跃　　　　　电话:18937087866)

主题词: 商周二期　碎石桩　变更　粉喷桩　请示

河南德馨高速公路有限公司　　　　　　　　　　　　　2010年6月25日印发

河南高速公路发展有限责任公司文件

豫高司工〔2011〕101号

关于商周二期高速公路项目台背回填水泥土变更为碎石土变更设计的批复

河南德馨高速公路有限公司：

你公司《关于部分桥头台背回填水泥土变更为碎石土的请示》（豫德高司〔2011〕163号）收悉。根据《河南省高速公路建设项目设计变更管理办法》、《集团高速公路建设项目设计变更管理办法》，经审查，现批复如下：

一、设计变更内容

商周二期工程施工图设计台背回填为4.5%的水泥土，为加快台背回填速度，加快工程进度，确保2011年通车，同意部分台背回填由4.5%的水泥土变更为碎石土（重量比6:4）。

二、设计变更预算

经审查，水泥土回填单价以58元/m³为限价，碎石土单价以105元/m³为限价，变更工程量为51197.4m³，共增加费用2406278元。变更增加的费用从工程预算费用支出。

本次设计变更批复后，请项目公司认真履行项目法人职责，加强造价控制，确保工程质量。

抄送：河南交通投资集团工程技术部

河南德馨高速公路有限公司关于部分桥头台背回填水泥土变更为碎石土的请示

豫德高司〔2010〕163号

签发人：徐　珂

河南高速公路发展有限责任公司：

商丘至周口高速公路商丘段二期工程（以下简称商周二期）已经省发改委批准立项，计划工期为三年，2012年底建成通车。按照省厅统一部署，本项目拟提前至2011年底通车。为加快工程实施进展，按照项目公司计划安排，今年底拟完成全部桥梁下部施工并半幅架设梁板，力争半幅贯通，为明年路面施工奠定良好基础。

为力争提前通车，项目公司对加快工程实施的措施进行了全面分析研究。结合项目实际，为早日开展桥梁上部施工，鉴于本项目桥梁多为3~4跨的20m或16m空心板结构形式的中、小桥，全线盖梁共计251片，其中桥头盖梁130片，占52%，桥头盖梁施工是架梁的前提，而桥头台背回填施工又是制约桥头盖梁施工的关键因素。原施工图设计中桥头台背回填采用4.5%水泥土的处理方式，鉴于水泥土施工周期较长（终凝时间7小时以上），且根据规范要求每层厚度应控制15cm以内。为加快桥头台背回填速度，拟将4.5%水泥土变更为碎石土（重量比6:4）。

经项目公司测算，全线桥头回填数量为51197.4m³，水泥土回填单价63.06元/m³，碎石土单价以105元/m³作为最高限价（将来与各承包商所签单价不超此价），共需增加费用2147218.96元，拟从项目建设预留费中支出。

妥否，请批示。

附件：1. 变更前后技术经济比较（略）
　　　2. 设计变更申报审批表及附件（略）

（联系人：徐洪跃　　　　电话：18937087866）

主题词：商周二期　桥头　水泥土　变更　碎石土　请示

河南德馨高速公路有限公司　　　　　　　　　　　　　　2010年11月3日印发

第二部分 交工验收

商丘至周口高速公路商丘段二期工程

交 工 验 收 报 告

商丘至周口高速公路商丘段二期工程
交工验收委员会
二〇一一年十二月二十二日

商丘至周口高速公路商丘段二期工程交工验收报告

一、交工验收工作组织情况

依据交通部《公路工程竣(交)工验收办法》的要求,商丘至周口高速公路商丘段二期工程设计、监理、施工等参建单位已完成合同规定的工作内容,并完成交工文件编制;河南省交通基本建设质量检测监督站完成了本项目交工验收前必要的质量检测工作,本项目已经具备交工验收条件。

2011年12月20日至21日,河南德馨高速公路有限公司组建商丘至周口高速公路商丘段二期工程交工验收委员会进行本项目交工验收。交工验收委员会由工程建设、设计、监理、施工、质量监督等单位的代表组成,交工验收工作还邀请了河南省交通运输厅、河南交通投资集团有限公司、河南高速公路发展有限责任公司等单位代表参加(详见交工验收委员会成员名单)。

交工验收委员会下设综合组、路基路面交安组、桥涵组、房建机电组、内业组。

交工验收委员会认真听取了工程参建各方的报告:

(1)建设单位关于工程项目执行情况的报告。

(2)设计单位关于工程设计情况的报告。

(3)监理单位关于工程监理(含设计变更)情况的报告。

(4)施工单位关于工程施工情况的报告。

交工验收委员会在听取报告、审查资料和实地察看的基础上,审查通过了河南德馨高速公路有限公司《商丘至周口高速公路商丘段二期工程项目执行报告》。

二、工程概况

(一)概述

商丘至周口高速公路商丘段二期工程是商周高速公路商丘段的北延工程,南连商周高速及连霍高速,北接济广高速商丘至菏泽(省界)段。商丘至周口高速公路商丘段二期工程全长26.991km,投资概算总金额为123951.8226万元,2010年1月1日开工建设,2011年12月21日工程完工。

(二)建设依据

(1)河南省发展和改革委员会《关于商丘至周口高速公路商丘段二期工程核准的批复》(豫发改交通〔2009〕1830号)。

(2)河南省发展和改革委员会《关于商丘至周口高速公路商丘段二期工程初步设计的批复》(豫发改设计〔2009〕1935号)。

(3)国土资源部《国土资源部关于商丘至周口高速公路商丘段二期工程建设用地的批复》(国土资函〔2010〕447号)。

(4)河南省交通运输厅《关于商丘至周口高速公路商丘段二期工程施工图设计的批复》

（豫交规划〔2010〕337 号）。

（三）主要设计标准

全线采用双向四车道高速公路标准，路基宽29m，设计速度120km/h。

桥涵设计荷载为公路—Ⅰ级，设计洪水频率为路基、大、中、小桥、涵洞1/100。

主线路面结构采用4cm 细粒式改性沥青混凝土（AC-13）+6cm 中粒式改性沥青混凝土（AC-20）+10cm 密级配沥青碎石（ATB-25）+改性乳化沥青稀浆封层+34cm 水泥稳定碎石基层+16cm 水泥稳定碎石底基层，路面总厚度70cm。主要技术指标采用情况见下表。

主要技术指标采用情况表

序号	项目		单位	技术指标	
				规范值	采用值
1	公路等级			高速公路	高速公路
2	设计速度		km/h	120	120
3	路基宽度		m	—	29
4	车道数		条	—	4
5	平曲线最小半径	一般值	m	1000	2500
		极限值	m	650	
6	不设超高最小平曲线半径		m	5500	5500
7	停车视距		m	210	210
8	最大纵坡		%	3	-2.85
9	最短坡长		m	300	315
10	凸形竖曲线最小半径	一般值	m	17000	17000
		极限值	m	11000	
11	凹形竖曲线最小半径	一般值	m	6000	8642
		极限值	m	4000	
12	桥涵设计的汽车荷载等级			公路—Ⅰ级	公路—Ⅰ级
13	桥涵设计洪水频率			1/100	1/100

主要工程数量：全线填方407.65万 m^3，挖方58.98万 m^3，沥青混凝土路面81.0551万 m^2，水泥混凝土路面4547m^2，防排圬工51026.82m^3。全线设大桥1座，中小桥14座，涵洞15道，通道42道，互通式立交3处，分离式立交12处，通道桥3座，天桥1座，匝道桥6座，收费站1处。

（四）主要参建单位

本次交工路段工程：土建工程划分6个施工标段（其中有1个预制标），路面工程2个标段，交通安全工程6个标段，房建工程1个标段，交通机电工程1个标段，供配电照明工程1个标段，绿化工程1个标段。本项目划分1个土建监理总监办（含路面、绿化、交安）、1个房建监理总监办和1个机电总监办。

1. 建设单位

河南德馨高速公路有限公司

2. 设计单位

河南省交通规划勘察设计院有限责任公司

中铁工程设计咨询集团有限公司郑州设计院

3. 监理单位

湖南金路工程咨询监理有限公司

西安普迈项目管理有限公司

江苏伟信工程咨询有限公司

4. 质量监督单位

河南省交通基本建设质量检测监督站

5. 施工单位

施工单位明细见下表。

合同段		单位名称
土建工程	一标	河南省公路工程局集团有限公司
	二标	安阳市恒达公路发展有限责任公司
	三标	河南省路桥建设集团有限公司
	四标	中铁三局集团第五工程有限公司
	五标	中铁十局集团有限公司
	预制标	华通路桥集团有限公司
路面工程	一标	河南省公路工程局集团有限公司
	二标	河南省路桥建设集团有限公司
房建工程		河南省天宇建设集团有限公司
绿化工程		河南润丰园林绿化有限公司
交通安全工程	一标	河南省公路工程局集团有限公司
	二标	潍坊恒建交通工程有限公司
	三标	河南豫龙交通工程有限公司
	四标	湖南省郴州公路桥梁建设有限责任公司
	五标	江苏东方交通工程有限公司
	六标	河南省路桥建设集团有限公司
供配电照明工程		内乡县晟达电力工程建设有限责任公司
机电工程		郑州汉威光电技术有限公司

三、工程质量评议

交工验收委员会在听取建设单位、设计单位、施工单位、监理单位报告、查阅档案资料和查看工程现场后,对工程质量进行了评议。

(1)路基稳定无沉陷变形;边坡平顺稳定,无污染,无冲刷或冲沟;路面平整,行车舒适,无颠簸及接缝跳车现象,路面密实,沥青混合料无明显析离现象,无脱皮、石子外露、泛油、碾压痕等;波形护栏板美观平顺,标线清晰分明,上下标志清晰,使用性能良好。

(2)涵顶通道铺装平顺,无跳车现象,基础稳定;台身、涵底铺砌、盖板、墙身无开裂现象;洞身、帽石、八字墙直顺,无翘曲;洞内基本无积水,排水畅通。

桥梁铺装层平整、密实、无泛油,桥面排水良好;伸缩缝无变形、开裂现象,车辆通过时无跳车;护栏直顺、牢固;踏步顺直、完好;桥梁的内外轮廓线顺滑清晰,各部位混凝土表面平整,外观良好,无裂缝;混凝土结构无空洞和钢筋外露,支座位置准确;桥梁锥坡无垂直通缝或塌陷,勾缝平顺,无脱落现象。

桥涵工程各部位混凝土强度均符合要求,几何尺寸准确;外观质量良好;互通式立交工程线形流畅。

(3)房建工程主体结构安全可靠,收费雨棚结构稳定,无沉降裂缝;照明工程满足功能需要;门窗安装牢固,开关灵活,玻璃窗纱完好;室内地面平整,面砖色泽协调;踢脚线高度一致,出墙厚度均匀;楼梯齿角整齐,防滑条顺直;卫生器具安装平整牢固,器具洁净,使用功能良好,地面无积水;室内电器安装位置正确,灯具及其控制开关工作正常;给排水、供配电、空调、污水处理等设备齐全,基本符合设计要求。

(4)项目批复的工可、初设、相关评估及土地批复等文件齐全,招投标、开工令、交工图表等资料基本完整,设计变更、报审程序完备;设计和施工图等编制、批复完整,设计变更手续齐全,施工与管理的进度、质量、支付、质监抽检、各试验检测及工程认定、评定真实,与工程实际相符;施工内业资料中,材料检验、材料配比、试验数据、施工记录、自检资料等基本齐全;监理工程师能够按照现行《公路工程施工监理规范》(JTG G10)的要求对工程实施全方位的监理,抽检资料、试验数据齐全,内业资料的收集数量基本满足《公路工程竣(交)工验收办法实施细则》的要求。

商丘至周口高速公路商丘段二期工程在施工单位对工程质量自检、监理工程师对工程质量评定的基础上,按照交通部颁发《公路工程竣(交)工验收办法》计算得出该工程质量评分值为95.85分,交工验收委员会认定整体工程质量合格。

四、存在问题及建议

(一)问题

(1)个别路段边坡没刷到位,路缘带出水口顺接不到位。

(2)个别桥台桥梁伸缩缝填充有杂物,桥涵端头残留土方。

(3)个别路段护栏板安装不到位,线缆标识不完整,安全岛相对高程偏高。

(4)个别内业资料中有复印件,审、签表签字盖章不齐全。

(二)建议

(1)通车前对局部路面和边坡残余土方进行清理,进一步完善站区排水。

(2)限期对监控、收费系统进行调试并增设绿色通道监控设施。

(3)尽快督促施工、监理档案的归类、建档和移交,并尽快办理主线及沿线站区土地使用证及房屋所有权证,为竣工验收做好准备。

(4)交工后尽快进行工程清算,完成工程变更资料整理及数量表、工程决算和财务决算,做好工程最终审计,加快环保、档案两个专项验收的前期准备工作。

上述存在的问题和建议,以及质量检测意见中提出的问题,由建设单位和监理部门负责督促相关施工单位逐项落实、整改和完善。

五、结论及意见

(1)商丘至周口高速公路商丘段二期工程经交工验收委员会进行现场外业察看、内业资料检查,认为建设单位、设计单位、监理单位、施工单位在工程建设中能够遵守基本建设程序和相关标准规范,履行合同,相互配合,圆满完成了建设任务,工程质量合格,同意通过交工验收。

(2)参建单位在交工验收后应及时向业主移交工程资料档案,以便档案专项验收顺利进行。

（3）凡属缺陷责任期内出现的质量问题,由原施工单位负责处理;运营中非工程质量原因出现的问题,由管养单位负责解决。各施工单位和管理养护部门要密切配合,做好商丘至周口高速公路商丘段二期工程的缺陷修复和养护管理工作。

（4）交工验收委员会建议商丘至周口高速公路商丘段二期工程尽快完成工程决算,做好工程审计、环保验收和档案资料归档整理等工作,为竣工验收做好准备。

附件:
1. 商丘至周口高速公路商丘段二期工程交工验收报告表
2. 商丘至周口高速公路商丘段二期工程交工验收质量评定
3. 商丘至周口高速公路商丘段二期工程验收分组意见(外业组、内业组)
4. 商丘至周口高速公路商丘段二期工程交工验收委员会名单

商丘至周口高速公路商丘段二期工程交工验收委员会
二〇一一年十二月二十二日

附件1

商丘至周口高速公路商丘段二期工程
交工验收报告表

一	工程名称	商丘至周口高速公路商丘段二期工程
二	工程地点及主要控制点	商丘至周口高速公路商丘段二期工程是商周高速公路商丘段的北延工程,南连商周高速及连霍高速,北接济广高速商丘至菏泽(省界)段。项目全长26.991km。 主要控制点:史楼枢纽互通立交,李门楼互通立交,下穿陇海、京九铁路箱桥,魏庄枢纽互通立交
三	建设依据	(1)河南省发展和改革委员会《关于商丘至周口高速公路商丘段二期工程核准的批复》(豫发改交通〔2009〕1803号)。 (2)河南省发展和改革委员会《关于商丘至周口高速公路商丘段二期工程初步设计的批复》(豫发改设计〔2009〕1935号)。 (3)国土资源部《关于商丘至周口高速公路商丘段二期工程建设用地的批复》(国土资函〔2010〕447号)。 (4)河南省交通运输厅《关于商丘至周口高速公路商丘段二期工程施工图设计的批复》(豫交规划〔2010〕337号)
四	技术标准与指标	技术标准:双向四车道高速公路。 全线采用双向四车道高速公路标准,路基宽29m,设计速度120km/h。 桥涵设计荷载为公路—Ⅰ级,设计洪水频率为路基、大、中、小桥、涵洞1/100。 主线路面结构采用4cm细粒式改性沥青混凝土(AC-13)+6cm中粒式改性沥青混凝土(AC-20)+10cm密级配沥青碎石(ATB-25)+改性乳化沥青稀浆封层+34cm水泥稳定碎石基层+16cm水泥稳定碎石底基层,路面总厚度70cm
五	建设规模及性质	新建双向四车道高速公路,全长26.991km
六	开工日期	2010年01月01日
	完工日期	2011年12月21日
七	批准概算	12.3952亿元人民币
八	工程建设主要内容	新建双向四车道高速公路,包括路基工程、路面工程、桥涵工程、交通安全设施等
九	实际征用土地数(亩)	2627.76
十	建设项目工程质量认定结论	合格,通过交工验收

续上表

十一	存在问题及建议	（一）问题 （1）个别路段边坡没刷到位，路缘带出水口顺接不到位。 （2）个别桥台桥梁伸缩缝填充有杂物，桥涵端头残留土方。 （3）个别路段护栏板安装不到位，线缆标识不完整，安全岛相对高程偏高。 （4）个别内业资料中有复印件，审、签表签字盖章不齐全。 （二）建议 （1）通车前对局部路面和边坡残余土方进行清理，进一步完善站区排水。 （2）限期对监控、收费系统进行调试并增设绿色通道监控设施。 （3）尽快督促施工、监理档案的归类、建档和移交，并尽快办理主线及沿线站区土地使用证及房屋所有权证，为竣工验收做好准备。 （4）交工后尽快进行工程清算，完成工程变更资料整理及数量表、工程决算和财务决算，做好工程最终审计，加快环保、档案两个专项验收的前期准备工作

附件2

商丘至周口高速公路商丘段二期工程
交工验收质量评定

根据交通运输部《公路工程竣(交)工验收办法》(交通部令2004年第3号)文件和《公路工程竣(交)工验收办法实施细则》(交公路发〔2010〕65号)文件要求,项目公司组织监理、施工单位对商丘至周口高速公路商丘段二期工程交工验收进行了质量评价。

经现场实测实量,并核查施工和监理资料,在施工单位对工程质量自检、监理工程师对工程质量评定的基础上,按照《公路工程质量检验评定标准 第一册 土建工程》(JTG F80/1—2004)及《公路工程竣(交)工验收办法》,计算出该项目工程质量评分为95.85分。

详见《商丘至周口高速公路商丘段二期工程交工验收监理对各合同段工程质量评分一览表》。

河南德馨高速公路有限公司
二〇一一年十二月二十日

商丘至周口高速公路商丘段二期工程交工验收监理对各合同段工程质量评分一览表

项目名称：商丘至周口高速公路商丘段二期工程

合同段	实得分	备 注
土建一标	97.1	
土建二标	96.2	
土建三标	96.1	
土建四标	95.9	
土建五标	96.7	
土建六标	96.5	
路面一标	97.3	
路面二标	97.1	
交安一标	94.4	
交安二标	95.8	
交安三标	95.9	
交安四标	94.8	
交安五标	95.3	
交安六标	94.2	
房建标	95.85	
机电标	96.3	
供配电照明标	96.75	
平均得分	95.85	

附件 3

商丘至周口高速公路商丘段二期工程交工验收外业组
（路基、路面、交通安全设施工程）

项目名称：商丘至周口高速公路商丘段二期工程

路基路面交安组	一、路基路面交安组察看评价 　　路基稳定无沉陷变形；边坡平顺稳定，无污染，无冲刷或冲沟；路面平整，行车舒适，无颠簸及接缝跳车现象，路面密实，沥青混合料无明显离析现象，无脱皮、石子外露、泛油、碾压痕等；波形护栏板美观平顺，标线清晰分明，上下标志清晰，使用性能良好。 二、问题 (1)个别路段边坡没刷到位。 (2)个别路缘带出水口顺接不到位。 (3)个别路段护栏板安装不到位。 三、建议 建议通车前对局部路面进行清洗
签名	组长：（签名） 成员：（签名）　（签名）　（签名） 日期：2011年 12月 21日

商丘至周口高速公路商丘段二期工程交工验收外业组
（桥梁、涵洞、通道工程）

项目名称：商丘至周口高速公路商丘段二期工程

桥涵通组	一、桥涵通组察看评定 　　涵顶通道铺装平顺，无跳车现象，基础稳定；合身、涵底铺砌、盖板、墙身无开裂现象；洞身、帽石、八字墙直顺，无翘曲；洞内基本无积水，排水畅通。 　　桥梁铺装层平整、密实、无泛油，桥面排水良好；伸缩缝无变形、开裂现象，车辆通过时无跳车；护栏直顺、牢固；踏步顺直、完好；桥梁的内外轮廓线顺滑清晰，各部位混凝土表面平整，外观良好，无裂缝；混凝土结构无空洞和钢筋外露，支座位置准确；桥梁锥坡无垂直通缝或塌陷，勾缝平顺，无脱落现象。 　　桥涵工程各部位混凝土强度均符合要求，几何尺寸准确；外观质量良好；互通式立交工程线形流畅。 二、问题及建议 （一）问题 （1）个别桥台桥梁伸缩缝填充有杂物。 （2）个别桥涵端头有施工坡道残留土方。 （二）建议 及时清理伸缩缝杂物及清除坡道残留土方
签名	组长：包永丰 成员：刘涛　陈翔 日期：2011年12月21日

商丘至周口高速公路商丘段二期工程交工验收外业组
（房建、机电工程）

项目名称：商丘至周口高速公路商丘段二期工程

房建机电组	一、房建机电组察看意见 　　房建工程主体结构安全可靠,收费雨棚结构稳定,无沉降裂缝；照明工程满足功能需要；门窗安装牢固、开关灵活、玻璃窗纱完好；室内地面平整,面砖色泽协调；踢脚线高度一致,出墙厚度均匀；楼梯齿角整齐,防滑条顺直；卫生器具安装平整牢固,器具洁净,使用功能良好,地面无积水；室内电器安装位置正确,灯具及其控制开关工作正常；给排水、供配电、空调、污水处理等设备齐全,基本符合设计要求。 　　机电设备安装到位,设施完好；通信系统运行正常。 二、问题 (1)线缆标识不完整。 (2)安全岛的相对高程偏高。 三、建议 (1)限期对监控、收费系统进行调试并增设绿色通道监控设施。 (2)需进一步完善商丘西站厨房及双八站宿舍楼排水
签名	组长： 成员： 日期： 2011 年 12 月 21 日

商丘至周口高速公路商丘段二期工程交工验收内业组

项目名称：商丘至周口高速公路商丘段二期工程

内业组	一、内业组察看意见 　　项目批复的工可、初设、相关评估及土地批复等文件齐全，招投标、开工令、交工图表等资料基本完整，设计变更、报审程序完备；设计和施工图等编制、批复完整，设计变更手续齐全，施工与管理的进度、质量、支付、质监抽检、各试验检测及工程认定、评定真实，与工程实际相符；施工内业资料中，材料检验、材料配比、试验数据施工记录、自检资料等基本齐全；监理工程师能够按照现行《公路工程施工监理规范》(JTG G10)的要求对工程实施全方位的监理，抽检资料、试验数据齐全，内业资料的收集数量基本满足《公路工程竣(交)工验收办法实施细则》的要求。 二、问题 　　个别内业资料中有复印件，个别审、签表签字盖章不齐全。 三、建议 （1）尽快督促施工、监理档案的归类、建档和移交，并尽快办理主线及沿线站区土地使用证及房屋所有权证，为竣工验收做好准备。 （2）交工后尽快进行工程清算，完成工程变更资料整理及数量表、工程决算和财务决算，做好工程最终审计。 （3）加快环保、档案两个专项验收的前期准备工作
签名	组长： 成员： 日期：2011年12月21日

附件 4

商丘至周口高速公路商丘段二期工程交工验收委员会名单

	姓　名	单　位	职务/职称	签　名
主任	金　雷	河南高速公路发展有限责任公司	总经理/高工	
副主任	吴连民	河南省交通运输厅建管处	副处长	
	贾渝新	河南省交通基本建设质量检测监督站	总工/教高	
	韩　冰	河南高速公路发展有限责任公司	助理调研员/教高	
	徐　珂	河南德馨高速公路有限公司	董事长/高工	
委员	常　琳	河南省交通运输厅建管处	主任科员	
	齐　明	河南交通投资集团有限公司	工程技术部/高工	
	范永丰	河南弘卢高速公路有限公司（特邀）	董事长/教高	
	师恒周	河南卢阳高速公路有限公司（特邀）	董事长/高工	
	刘　涛	河南驿宛高速公路有限公司（特邀）	副总经理/高工	
	周　斌	河南高速公路发展有限责任公司禹登分公司（特邀）	副总经理/高工	
	郭伦远	河南高速公路发展有限责任公司	养护管理部/部长	
	史红斌	河南高速公路发展有限责任公司	通行费管理部/部长	
	王志钢	河南高速公路发展有限责任公司	路产管理部/部长	
	孙建波	河南高速公路发展有限责任公司	工程管理部副部长/高工	
	陈玉梅	河南高速公路发展有限责任公司	工程部/高工	
	张　宇	河南高速公路发展有限责任公司	工程部/工程师	
	刘洪涛	河南高速公路发展有限责任公司商丘分公司	经理/高工	
	李有才	河南高速公路发展有限责任公司商丘分公司	副书记/工程师	

续上表

姓　名		单　位	职务/职称	签　名
委员	胡　敏	河南德馨高速公路有限公司	书记/高工	
	赵西文	河南德馨高速公路有限公司	副总经理/教高	
	王　琦	河南德馨高速公路有限公司	副总经理/高工	
	朱保军	河南德馨高速公路有限公司	副总经理/经济师	
	汪　洋	河南德馨高速公路有限公司	副经理/高工	
	朱孝慈	河南德馨高速公路有限公司	顾问/高工	
	徐洪跃	河南德馨高速公路有限公司	工程处处长/高工	
	罗伦英	河南德馨高速公路有限公司	合同处处长/高工	
	熊家元	河南德馨高速公路有限公司	质检处处长/高工	
	王鲁军	河南德馨高速公路有限公司	保通处处长/工程师	
	徐美娟	河南德馨高速公路有限公司	财务处处长/经济师	
	蒋青林	河南德馨高速公路有限公司	综合处处长/经济师	
	朱红涛	河南德馨高速公路有限公司	协调处处长	
	周　闻	河南德馨高速公路有限公司	协调处	
	王炳强	河南德馨高速公路有限公司	综合处副处长	
	金永生	河南德馨高速公路有限公司	协调处副处长	
	董泽强	河南德馨高速公路有限公司	工程处副处长/工程师	
	曹　阳	河南德馨高速公路有限公司	质监处副处长/工程师	

续上表

姓　名		单　位	职务/职称	签　名
委员	张忠民	河南省交通规划勘察设计院有限公司	教高	
	张贵婷	河南省交通规划勘察设计院有限公司	三分院副院长	
	李明海	河南省交通规划勘察设计院有限公司	教高	
	董　铮	河南省交通规划勘察设计院有限公司	设计代表/工程师	
	赵　峰	土建、路面、交安监理 湖南金路工程咨询监理有限公司	总监	
	范光明	土建、路面、交安监理 湖南金路工程咨询监理有限公司	执行总监	
	卢　彬	房建监理 西安普迈项目管理有限公司	总监	
	郭太山	机电监理 江苏纬信工程咨询有限公司	总监	
	杨庆波	土建一标 河南省公路工程局集团有限公司	项目经理	
	韩光锴	土建一标 河南省公路工程局集团有限公司	总工	
	师春有	土建二标 安阳市恒达公路发展有限责任公司	项目经理	
	胡功林	土建二标 安阳市恒达公路发展有限责任公司	常务副经理	
	朱晓辉	土建三标 河南省路桥建设集团有限公司	项目经理	
	曹桂林	土建三标 河南省路桥建设集团有限公司	总工	
	田文将	土建四标 中铁三局第五工程集团有限公司	项目经理	
	冯　立	土建四标 中铁三局第五工程集团有限公司	总工	
	刘圣东	土建五标 中铁十局集团有限公司	项目经理	
	南　勇	土建五标 中铁十局集团有限公司	总工	

续上表

姓 名		单 位	职务/职称	签 名
委员	胡东明	预制六标 华通路桥集团有限公司	项目经理	
	李相恩	预制六标 华通路桥集团有限公司	总工	
	张广敏	路面一标 河南省公路工程局集团有限公司	项目经理	
	黄乐乐	路面一标 河南省公路工程局集团有限公司	总工	
	路绪民	路面二标 河南省路桥建设集团有限公司	项目经理	
	李成波	路面二标 河南省路桥建设集团有限公司	总工	
	孟 全	交安一标 河南省公路工程局集团有限公司	项目经理	
	邱清永	交安二标 潍坊恒建交通工程有限公司	项目经理	
	袁 毅	交安三标 河南豫龙交通工程有限公司	项目经理	
	刘宇徽	交安四标 湖南省郴州公路桥梁建设有限责任公司	项目经理	
	姜春荣	交安五标 江苏东方交通工程有限公司	项目经理	
	卢泽生	交安六标 河南省路桥建设集团有限公司	项目经理	
	孙长涛	绿化标 河南润丰园林绿化有限公司	项目经理	
	陈 涛	房建标 河南省天宇建设集团有限公司	项目经理	
	孙荣敏	配电照明标 内乡县晟达电力工程建设有限责任公司	项目经理	
	赵培林	机电标郑州汉威光电技术有限公司	项目经理	

商丘至周口高速公路商丘段二期工程
房建工程

交 工 验 收 报 告

商丘至周口高速公路商丘段二期工程
房建工程交工验收委员会
2013 年 5 月 5 日

商丘至周口高速公路商丘段二期工程房建工程交工验收报告

商丘至周口高速公路商丘段二期工程(以下简称"商周二期")房建工程于2011年5月10日正式开工,2011年12月15日完工。项目建设单位河南德馨高速公路有限公司依据交通部《公路工程竣(交)工验收办法》的有关规定,组织对该项目进行了交工验收。

一、交工验收工作组织情况

依据交通部《公路工程竣(交)工验收办法》的要求,商周二期房建工程设计、监理、施工等参建单位已完成相关交工文件的编制;河南省交通基本建设质量检测监督站完成了工程的验收检测工作,并出具了工程质量检测报告,工程已具备交工验收条件。

2013年5月5日,河南德馨高速公路有限公司在商丘市组织了商周二期房建工程交工验收工作。交工验收委员会由工程建设、设计、监理、施工、管理养护等单位的代表组成,并邀请了河南交通投资集团有限公司、河南高速公路发展有限责任公司等单位的代表参加(详见交工验收委员会名单)。

交工验收委员会认真听取了建设单位工程项目执行报告、设计单位工程设计报告、监理单位工程监理工作报告、施工单位工程施工总结报告、省交通基本建设质量检测监督站出具的质量检测意见,并通过实地察看和资料审查,形成了商周二期房建工程交工验收报告。

二、工程概况

(一)商周二期房建工程简介

本项目房建工程包括李门楼(商丘西)收费站、杨楼(双八)收费站宿舍楼。

李门楼收费站位于主线 K11+400 处,征地面积4.7亩,站区总面积3271.25m^2。其中综合楼为两层框架结构,建筑面积1280m^2,建筑基底面积697m^2,建筑高度为9m;配电房为一层砖混结构,建筑面积91.9m^2,层高4m;泵房为一层砖混结构,建筑面积39m^2,层高3.2m;门卫房为一层砖混结构,建筑面积20m^2;收费大棚为双层网架结构,网架平面尺寸为33.9m×18m,建筑面积270.81m^2。

杨楼收费站宿舍楼为两层框架结构,建筑面积608m^2,建筑高度为9.97m。

(二)建设依据

(1)河南省发展和改革委员会《关于商丘至周口高速公路商丘段二期工程核准的批复》(豫发改交通〔2009〕1830号)。

(2)河南省发展和改革委员会《关于商丘至周口高速公路商丘段二期工程初步设计的批复》(豫发改设计〔2009〕1935号)。

(3)河南省交通运输厅《关于商丘至周口高速公路二期工程房屋建筑工程概念设计的批复》(豫交规划〔2010〕308号)。

(4)河南省交通运输厅《关于商丘至周口高速公路二期工程房屋建筑工程施工图设计的批复》(豫交规划〔2011〕465号)。

(三)项目的管理及各标段施工单位组成情况
(1)建设单位:河南德馨高速公路有限公司。
(2)设计单位:河南省交通规划勘察设计院有限责任公司。
(3)监理单位:西安普迈项目管理有限公司。
(4)质量监督单位:河南省交通基本建设质量检测监督站。
(5)施工单位:河南省天宇建设集团有限公司。

三、工程质量评议

(一)工程检验情况

交工验收委员会下设巡视组、房建组、内业组,对项目房建工程外业、内业进行了检查,认真审查了施工承包人和监理单位的交工文件资料,形成了一致意见。

交工验收委员会认为,本项目严格执行了国家基本建设程序和有关法律法规,参与本项目的建设、设计、施工、监理和质量监督单位,认真履行了各自的工作职责。

(1)建设单位认真执行了国家法律法规和交通基本建设程序,实行了项目法人责任制、工程招标投标制、工程监理制,程序完善、规范;加强了项目建设管理,明确了相关职责,强化了工程建设的组织协调,使工程管理的各项指令和决策得到了有效落实。

(2)设计单位认真执行了工程技术标准,在设计阶段注重新技术运用和专业部门间的合作,工程设计科学合理。在项目实施过程中派驻设计代表,注重现场设计服务工作,引入动态设计理念,不断补充和完善设计,为方便施工、保证设计质量起到了较好的作用。

(3)监理单位认真执行了合同和监理规范,做到了事前、事中和事后控制,遵循"严格监理、优质服务、科学公正、廉洁自律"的监理原则,以质量控制为中心,制定切实可行的"监理实施细则"和"监理要点",采用试验、检测、旁站、巡视、指令等监理手段,严把质量关,履行了监理职责。

(4)施工单位能够按照设计图纸、施工技术规范精心组织施工,积极采用新工艺、新技术,建立健全了质量保证体系和工序间的检查制度,认真填写各项施工记录,履约情况较好。

(二)工程质量评审意见

(1)该工程设计科学合理,满足功能要求。
(2)房屋结构主体稳定,各分部工程质量满足规范要求。
(3)施工内业资料中,材料检验、混合料配比、试验数据、施工记录、自检资料等基本齐全。
(4)监理工程师能够按照现行《公路工程施工监理规范》(JTG G10)的要求对工程实施全方位的监理,内业资料基本满足交工验收的要求。
(5)施工单位及监理单位对工程质量评定客观,完整地反映了该项目工程质量的真实情况。

(三)交工验收意见

商周二期房建工程在施工单位对工程质量自检、监理工程师对工程质量评定的基础上,按照交通部颁发的《公路工程竣(交)工验收办法》计算得出该工程质量评分值为96.3分,整体工程质量合格。

四、存在问题及建议

(一)主要问题

(1)杨楼收费站宿舍楼楼梯未贴踢脚线。

（2）内墙涂料有脱皮现象。

（二）建议

（1）收费大棚增加透气孔。

（2）继续加强档案管理，及时收集新形成的资料，建档入库。

五、结论及意见

（1）商周二期房建工程经交工验收委员会现场察看、内业资料检查，认为建设单位、设计单位、监理单位、施工单位在工程建设中能够遵守有关基本建设法规，履行合同，相互配合，圆满完成了建设任务，工程质量合格，同意通过交工验收。

（2）凡属缺陷责任期内出现的质量问题，由原施工单位负责处理；运营中非工程质量原因出现的问题，由管养单位负责解决。各施工单位和管理养护单位要密切配合，做好商丘至周口高速公路商丘段二期工程房建工程缺陷修复和养护管理工作。

（3）交工验收委员会建议建设单位尽快完成工程、财务决算，做好工程审计等工作，为项目竣工验收做好准备。

附件：

1. 商丘至周口高速公路商丘段二期工程房建工程交工验收报告表
2. 商丘至周口高速公路商丘段二期工程房建工程交工验收质量评定
3. 房建工程组、内业组现场察看意见
4. 商丘至周口高速公路商丘段二期工程房建、机电、绿化工程交工验收委员会名单

河南德馨高速公路有限公司

商周二期房建工程交工验收委员会

2013 年 5 月 5 日

附件1

商丘至周口高速公路商丘段二期工程房建工程
交工验收报告表

一	工程名称	商丘至周口高速公路商丘段二期工程房建工程
二	工程地点及主要控制点	(1)李门楼收费站。 (2)双八收费站宿舍楼
三	建设依据	(1)河南省发展和改革委员会《关于商丘至周口高速公路商丘段二期工程核准的批复》(豫发改交通〔2009〕1830号文)。 (2)河南省发展和改革委员会《关于商丘至周口高速公路商丘段二期工程初步设计的批复》(豫发改设计〔2009〕1935号文)。 (3)河南省交通运输厅《关于商丘至周口高速公路二期工程房屋建筑工程概念设计的批复》(豫交规划〔2010〕308号文)。 (4)河南省交通运输厅《关于商丘至周口高速公路二期工程房屋建筑工程施工图设计的批复》(豫交规划〔2011〕465号文)
四	建设规模及性质	(1)李门楼收费站总建筑面积3271.25m^2,其中综合楼1280m^2,新建工程。 (2)双八收费站宿舍楼608m^2,新建工程
五	开工日期	2011年5月10日
	交工日期	2011年12月15日
六	批复概算	982万元
七	实际征用亩数	4.7亩
八	建设项目工程质量交工验收结论	工程质量合格,通过交工验收
九	存在问题及建议	(一)问题 (1)杨楼收费站宿舍楼楼梯未贴踢脚线。 (2)内墙涂料有脱皮现象。 (二)建议 (1)收费大棚增加透气孔。 (2)继续加强档案管理,及时收集新形成的资料,建档入库

附件 2

商丘至周口高速公路商丘段二期工程房建工程
交工验收质量评定

  按照《公路工程竣(交)工验收办法》(交通部令 2004 年第 3 号)和《公路工程竣(交)工验收办法实施细则》(交公路发〔2010〕65 号)文件要求,建设单位河南德馨高速公路有限公司组织设计、施工、监理单位对商周二期房建工程各分项、分部、单位工程进行了质量评定工作。

  经现场实测实量,并核查施工和监理资料,在施工单位对工程质量自检、监理工程师对工程质量评定的基础上,按照《公路工程质量检验评定标准　第一册　土建工程》(JTG F80/1—2004)及《公路工程竣(交)工验收办法》及《建设工程施工质量验收统一标准》(GB 50300—2001)的规定,计算出该项目工程质量评分为 96.3 分,综合评定质量等级为合格工程。

河南德馨高速公路有限公司
二〇一三年四月十五日

附件3

房建工程组现场察看意见

项目名称:商丘至周口高速公路商丘段二期工程

房建工程组	一、现场察看情况 (1)房建工程设计合理,施工规范。 (2)房屋主体结构稳定,屋面防水无渗漏。 (3)门窗安装牢固,玻璃窗纱完好。 (4)室内地面平整,面砖色泽均匀;墙体齿脚整齐,防滑条顺直,墙体平整度控制较好。 (5)卫生器具洁净,安装牢固,使用功能良好;室内外排水系统畅通,地面无积水。 (6)室内灯具等电器及其控制开关工作正常。 二、存在问题 (1)宿舍楼楼梯未贴踢脚线。 (2)内墙涂料有脱皮现象。 (3)卫生间空气开关应加防水罩。 (4)配电房电缆沟进水。 (5)收费广场防油污层脱落。 三、建议 (1)收费大棚增加透气孔。 (2)对存在问题部位进行修复
签字	组长: 成员:

内业组现场察看意见

项目名称：商丘至周口高速公路商丘段二期工程

内业组	一、现场察看基本情况 （1）工程项目批文、工程招投标、施工图设计、设计变更、设计和施工中大问题来往文件和会议纪要基本齐全。 （2）档案整理及归档、建档已基本完成。 二、存在问题 个别资料有涂改现象。 三、建议 继续加强档案管理，及时收集新形成的资料，建档入库
签字	组长：孙建俊 成员：　　　　李娜　　金豪

附件 4

商丘至周口高速公路商丘段二期工程房建、机电、绿化工程
交工验收委员会名单

2013 年 5 月 5 日

职位	姓名	单位	职务/职称	签名
主任	李小重	河南高速公路发展有限责任公司	总经理助理/教高	
副主任	徐珂	河南德馨高速公路有限公司	董事长/高工	
副主任	齐明	河南交通投资集团有限公司	高级工程师	
成员	刘洪涛	河南高速公路发展有限责任公司商丘分公司	经理/高工	
成员	李义锋	河南高速公路发展有限责任公司通行费管理部	部长/经济师	
成员	孙建波	河南高速公路发展有限责任公司工程管理部	副部长/教高	
成员	邓卫峰	河南高速公路发展有限责任公司路产管理部	副部长	
成员	唐海威	河南高速公路驻信段改扩建工程有限公司(特邀)	董事长/教高	
成员	张廷明	河南德郑高速公路有限公司（特邀）	副总经理/教高	
成员	付立军	高发监理公司	副总经理/教高	
成员	陈彬	服务区改扩建工程项目部(特邀)	处长/高工	
成员	陈玉梅	河南高速公路发展有限责任公司（特邀）	高级工程师	
成员	张国育	河南高速公路发展有限责任公司养护管理部	高级工程师	
成员	蒋青林	河南高速公路发展有限责任公司运维中心	高级工程师	
成员	商东旭	河南高速公路发展有限责任公司工程管理部	工程师	

续上表

职位	姓名	单 位	职务/职称	签 名
成员	王琦	河南德馨高速公路有限公司	副总/教高	
	黄继成	河南德馨高速公路有限公司	副总工/高工	
	朱洪涛	河南德馨高速公路有限公司	工程师	
	董泽强	河南德馨高速公路有限公司	工程师	
	李辉华	河南德馨高速公路有限公司	工程师	
	王炳强	河南德馨高速公路有限公司	工程师	
	金豪	河南德馨高速公路有限公司	工程师	
	金磊	河南德馨高速公路有限公司	工程师	
	娄海涛	河南交通规划勘察设计院	高工	
	魏瑞峰	河南交通规划勘察设计院	工程师	
	郝慎晁	西安普迈项目管理有限公司	工程师	
	刘弘	江苏纬信工程咨询有限公司	工程师	
	张建伟	湖南金路工程咨询监理有限公司	工程师	
	陈涛	河南省天宇建设集团有限公司	项目经理	
	毛亚辉	河南省天宇建设集团有限公司	生产经理	
	陈宏溪	郑州汉威光电技术有限公司	项目经理	
	王伟峰	郑州汉威光电技术有限公司	工程师	
	余世超	内乡县晟达电力工程建设有限责任公司	总工	
	余泽海	内乡县晟达电力工程建设有限责任公司	工程师	
	周兰魁	河南润丰园林绿化有限公司	总工	
	温新社	河南润丰园林绿化有限公司	工程师	

商丘至周口高速公路商丘段二期工程
绿化工程

交 工 验 收 报 告

河南德馨高速公路有限公司
2013 年 5 月 5 日

商丘至周口高速公路商丘段二期工程绿化工程交工验收报告

商丘至周口高速公路商丘段二期工程(以下简称"商周二期")绿化工程于 2011 年 7 月 10 日正式开工,2012 年 5 月 30 日完工。项目建设单位河南德馨高速公路有限责任公司依据交通部《公路工程竣(交)工验收办法》的有关规定,组织对该项目进行了交工验收。

一、交工验收工作组织情况

依据交通部《公路工程竣(交)工验收办法》的要求,商周二期绿化工程设计、监理、施工等参建单位已完成相关交工文件的编制;河南省交通基本建设质量检测监督站完成了工程的验收检测工作,并出具了工程质量检测报告,工程已具备交工验收条件。

2013 年 5 月 5 日,河南德馨高速公路有限公司在商丘市组织了商周二期绿化工程交工验收工作。交工验收委员会由工程建设、设计、监理、施工、质量监督、管理养护等单位的代表组成,并邀请了河南交通投资集团有限公司、河南高速公路发展有限责任公司等单位的代表参加(详见交工验收委员会成员名单)。

交工验收委员会认真听取了建设单位工程项目执行报告、设计单位工程设计报告、监理单位工程监理工作报告、施工单位工程施工总结报告、省交通基本建设质量检测监督站出具的质量检测意见,并通过实地察看和资料审查,形成了商周二期绿化工程交工验收报告。

二、工程概况

(一)商周二期绿化工程简介

本项目绿化工程主要包括主线两侧路肩、下穿段 U 形槽两侧、低填方段、史楼互通区、李门楼互通区、李门楼收费站、魏庄互通区的绿化。

(二)建设依据

(1)河南省发展和改革委员会《关于商丘至周口高速公路商丘段二期工程核准的批复》(豫发改交通〔2009〕1830 号文)。

(2)河南省发展和改革委员会《关于商丘至周口高速公路商丘段二期工程初步设计的批复》(豫发改设计〔2009〕1935 号文)。

(3)河南省交通运输厅《关于商丘至周口高速公路二期工程绿化施工图设计的批复》(豫交规划〔2011〕85 号文)。

(三)项目的管理及各标段施工单位组成情况

(1)建设单位:河南德馨高速公路有限公司。

(2)设计单位:河南省交通规划勘察设计院有限责任公司。

(3)监理单位:湖南金路工程咨询监理有限公司。

(4)质量监督单位:河南省交通基本建设质量检测监督站。

(5)施工单位:河南润丰园林绿化有限公司。

三、工程质量评议

（一）工程检验情况

交工验收委员会下设巡视组、绿化组、内业组,对项目绿化工程外业、内业进行了检查,认真审查了施工承包人和监理单位的交工文件资料,形成了一致意见。

交工验收委员会认为,本项目严格执行了国家基本建设程序和有关法律法规,参与本项目的建设、设计、施工、监理和质量监督单位,认真履行了各自的工作职责。

(1)建设单位认真执行了国家法律法规和交通基本建设程序,实行了项目法人责任制、工程招标投标制、工程监理制,程序完善、规范;加强了项目建设管理,明确了相关职责,分工明确,强化了工程建设的组织协调,使工程管理的各项指令和决策得到了有效落实。

(2)设计单位认真执行了工程技术标准,在设计阶段注重新技术运用和专业部门间的合作,工程设计科学合理。在项目实施过程中派驻设计代表,注重现场设计服务工作,引入动态设计理念,不断补充和完善设计,为方便施工、保证设计质量起到了较好的作用。

(3)监理单位认真执行了合同和监理规范,做到了事前、事中和事后控制,遵循"严格监理、优质服务、科学公正、廉洁自律"的监理原则,以质量控制为中心,制定切实可行的"监理实施细则"和"监理要点",采用试验、检测、旁站、巡视、指令等监理手段,严把质量关,履行了监理职责。

(4)施工单位能够按照设计图纸、施工技术规范精心组织施工,积极采用新工艺、新技术,建立健全了质量保证体系和工序间的检查制度,认真填写各项施工记录,履约情况较好。

（二）工程质量评审意见

(1)该工程设计科学合理,施工符合规范要求。

(2)该项目工程数量与批准的设计变更文件相符,与工程计量数量一致。

(3)施工单位及监理单位对工程质量评定客观,完整地反映该项目工程质量的真实情况。

(4)内业资料施工文件部分,检测数据、施工记录、施工自检资料等齐全。

(5)监理工程师能够按照现行《公路工程施工监理规范》(JTG G10)的要求对工程实施全方位的监理,内业资料基本满足交工验收的要求。

（三）交工验收意见

商周二期绿化工程在施工单位对工程质量自检、监理工程师对工程质量评定的基础上,按照交通部颁发的《公路工程竣(交)工验收办法》计算得出该工程质量评分值为99.4分,整体工程质量合格。

四、存在问题及建议

（一）问题

部分区域存在苗木缺失和枯死现象。

（二）建议

(1)进一步加强后期养护管理,严厉打击盗砍、侵占现象。

(2)加强管养,及时修剪,提高苗木成活率,对缺失及枯死苗木在适宜季节及时补植。

(3)继续加强档案管理,及时收集新形成的资料,建档入库。

五、结论及意见

(1)商周二期绿化工程经交工验收委员会现场察看、内业资料检查,认为建设单位、设计单位、监理单位、施工单位在工程建设中能够遵守有关基本建设法规,履行合同,相互配合,圆满完成了建设任务,工程质量合格,同意通过交工验收。

(2)凡属缺陷责任期内出现的质量问题,由原施工单位负责处理;运营中非工程质量原因出现的问题,由管养单位负责解决。

(3)交工验收委员会建议建设单位尽快完成工程、财务决算,做好工程审计等工作,为项目竣工验收做好准备。

附件：
1. 商丘至周口高速公路商丘段二期工程绿化工程交工验收报告
2. 商丘至周口高速公路商丘段二期工程绿化工程交工验收质量评定报告
3. 绿化工程组、内业组现场察看意见
4. 商丘至周口高速公路商丘段二期工程房建、机电、绿化工程交工验收委员会名单

河南德馨高速公路有限公司
商周二期绿化工程交工验收委员会
2013年5月5日

附件1

商丘至周口高速公路商丘段二期工程绿化工程
交工验收报告

一	工 程 名 称	商丘至周口高速公路商丘段二期工程绿化工程
二	工程地点及 主要控制点	工程主要包括主线两侧路肩路滑、下穿段U形槽两侧、低填方段、史楼互通区、李门楼互通区、李门楼收费站、魏庄互通区的绿化
三	建设依据	(1)河南省发展和改革委员会《关于商丘至周口高速公路商丘段二期工程核准的批复》(豫发改交通〔2009〕1830号文)。 (2)河南省发展和改革委员会《关于商丘至周口高速公路商丘段二期工程初步设计的批复》(豫发改设计〔2009〕1935号文)。 (3)河南省交通运输厅《关于商丘至周口高速公路二期工程绿化施工图设计的批复》(豫交规划〔2011〕85号文)
四	建设规模及性质	路线全长26.991km,新建工程
五	开工日期	2011年7月10日
	交工日期	2012年5月30日
六	批复概算	583.7万元
七	工程建设主要内容	工程主要包括主线两侧路肩、下穿段U形槽两侧、低填方段、史楼互通区、李门楼互通区、李门楼收费站、魏庄互通区、主线边坡防护的绿化
八	建设项目工程质量交工验收结论	工程质量合格,通过交工验收
九	现场察看情况、 存在问题及建议	(一)问题 部分区域存在苗木缺失和枯死现象。 (二)建议 (1)进一步加强后期养护管理,严厉打击盗砍、侵占现象。 (2)加强管养,及时修剪,提高苗木成活率,对缺失及枯死苗木在适宜季节及时补植。 (3)继续加强档案管理,及时收集新形成的资料,建档入库

附件2

商丘至周口高速公路商丘段二期工程绿化工程
交工验收质量评定报告

按照《公路工程竣(交)工验收办法》(交通部令2004年第3号)和交公路发〔2004〕446号文件的要求,建设单位河南德馨高速公路有限公司组织设计、施工、监理单位对商周二期绿化工程各分项、分部、单位工程进行了质量评定工作。

经现场实测实量,并核查施工和监理资料,在施工单位对工程质量自检、监理工程师对工程质量评定的基础上,按照《公路工程质量检验评定标准 第一册 土建工程》(JTG F80/1—2004)及《公路工程竣(交)工验收办法》,计算出该项目工程质量评分为99.4分,综合评定质量等级为合格工程。

河南德馨高速公路有限公司
二〇一三年四月十五日

附件 3

绿化工程组现场察看意见

项目名称：商丘至周口高速公路商丘段二期工程

绿化工程组	一、现场察看情况 (1) 草坪平整、均匀。 (2) 灌木、乔木杆径大小搭配合理、排列整齐。 (3) 孤植树木冠幅完整。 (4) 树木排列的林缘线、林冠线符合设计要求。 (5) 花卉冠径大小搭配合理，排列整齐。 二、存在问题 部分区域存在苗木缺失和枯死现象。 三、建议 (1) 进一步加强后期养护管理，严厉打击盗砍、侵占现象。 (2) 加强管养，及时修剪，提高苗木成活率，对缺失及枯死苗木在适宜季节及时补植
签字	组长：（签名） 成员：（签名）　（签名）

内业组现场察看意见

项目名称:商丘至周口高速公路商丘段二期工程

内业组	一、现场察看基本情况 (1)工程项目批文、工程招投标、施工图设计、设计变更、设计和施工中大问题来往文件和会议纪要基本齐全。 (2)档案整理及归档、建档已基本完成。 二、存在问题 个别资料有涂改现象。 三、建议 继续加强档案管理,及时收集新形成的资料,建档入库
签字	组长: 成员:

附件 4

商丘至周口高速公路商丘段二期工程房建、机电、绿化工程交工验收委员会名单

2013 年 5 月 5 日

职位	姓名	单 位	职务/职称	签 名
主任	李小重	河南高速公路发展有限责任公司	总经理助理/教高	
副主任	徐珂	河南德馨高速公路有限公司	董事长/高工	
	齐明	河南交通投资集团有限公司	高级工程师	
	刘洪涛	河南高速公路发展有限责任公司商丘分公司	经理/高工	
成员	李义锋	河南高速公路发展有限责任公司通行费管理部	部长/经济师	
	孙建波	河南高速公路发展有限责任公司工程管理部	副部长/教高	
	邓卫峰	河南高速公路发展有限责任公司路产管理部	副部长	
	唐海威	河南高速公路驻信段改扩建工程有限公司(特邀)	董事长/教高	
	张廷明	河南德郑高速公路有限公司（特邀）	副总经理/教高	
	付立军	高发监理公司	副总经理/教高	
	陈彬	服务区改扩建工程项目部（特邀）	处长/高工	
	陈玉梅	河南高速公路发展有限责任公司（特邀）	高级工程师	
	张国育	河南高速公路发展有限责任公司养护管理部	高级工程师	
	蒋青林	河南高速公路发展有限责任公司运维中心	高级工程师	
	商东旭	河南高速公路发展有限责任公司工程管理部	工程师	

续上表

职位	姓名	单 位	职务/职称	签 名
成员	王琦	河南德馨高速公路有限公司	副总/教高	
	黄继成	河南德馨高速公路有限公司	副总工/高工	
	朱洪涛	河南德馨高速公路有限公司	工程师	
	董泽强	河南德馨高速公路有限公司	工程师	
	李辉华	河南德馨高速公路有限公司	工程师	
	王炳强	河南德馨高速公路有限公司	工程师	
	金豪	河南德馨高速公路有限公司	工程师	
	金磊	河南德馨高速公路有限公司	工程师	
	娄海涛	河南交通规划勘察设计院	高工	
	魏瑞峰	河南交通规划勘察设计院	工程师	
	郝慎晁	西安普迈项目管理有限公司	工程师	
	刘弘	江苏纬信工程咨询有限公司	工程师	
	张建伟	湖南金路工程咨询监理有限公司	工程师	
	陈涛	河南省天宇建设集团有限公司	项目经理	
	毛亚辉	河南省天宇建设集团有限公司	生产经理	
	陈宏溪	郑州汉威光电技术有限公司	项目经理	
	王伟峰	郑州汉威光电技术有限公司	工程师	
	余世超	内乡县晟达电力工程建设有限责任公司	总工	
	余泽海	内乡县晟达电力工程建设有限责任公司	工程师	
	周兰魁	河南润丰园林绿化有限公司	总工	
	温新社	河南润丰园林绿化有限公司	工程师	

商丘至周口高速公路商丘段二期工程
机电工程

交 工 验 收 报 告

商丘至周口高速公路商丘段二期工程
机电工程交工验收委员会
2013 年 5 月 5 日

商丘至周口高速公路商丘段二期工程机电工程交工验收报告

商丘至周口高速公路商丘段二期工程(以下简称"商周二期")机电工程于2011年5月10日开始施工,2011年12月18日调试完毕,进入通车试运营。项目建设单位河南德馨高速公路有限责任公司依据交通部《公路工程竣(交)工验收办法》的有关规定,组织对该项目进行了交工验收。

一、交工验收工作组织情况

依据交通部《公路工程竣(交)工验收办法》的要求,商周二期机电工程设计、监理、施工等参建单位已完成相关交工文件的编制;河南省交通基本建设质量检测监督站完成了工程的验收检测工作,并出具了工程质量检测报告,工程已具备交工验收条件。

2013年5月5日,河南德馨高速公路有限公司在商丘市组织了商周二期机电工程交工验收工作。交工验收委员会由工程建设、设计、监理、施工、管理养护等单位的代表组成,并邀请了河南交通投资集团有限公司、河南高速公路发展有限责任公司等单位的代表参加(详见交工验收委员会名单)。

交工验收委员会认真听取了建设单位工程项目执行报告、设计单位工程设计报告、监理单位工程监理工作报告、施工单位工程施工总结报告、省交通基本建设质量检测监督站出具的质量检测意见,并通过实地察看和资料审查,形成了商周二期机电工程交工验收报告。

二、工程概况

(一)商周二期机电工程简介

商周二期机电工程分为监控系统、通信系统、收费系统、供配电照明系统,根据河南省统一规划,机电工程纳入商丘至周口高速公路商丘分中心管理。

(1)监控系统工程主要包括监控外场设备的安装调试、供电线路的敷设工程;商丘监控分中心部分设备的扩容改造,软、硬件调试工程;收费站安防监控系统;图像数据信号传输系统。

(2)通信系统工程主要包括光纤数字传输系统、程控交换系统、通信电源工程、光(电)缆工程和商丘分中心设备扩容。

(3)收费系统工程主要包括收费车道—收费站—商丘收费分中心计算机网络搭建工程、收费站紧急报警、内部对讲系统、闭路电视系统、不间断供电系统、收费岛土建工程、收费附属设施。

(4)供配电照明系统工程主要包括10kV供电线路、配电房高低压供电设备、收费广场、互通区照明。

(二)建设依据

(1)河南省发展和改革委员会《关于商丘至周口高速公路商丘段二期工程核准的批复》(豫发改交通〔2009〕1830号)。

(2)河南省发展和改革委员会《关于商丘至周口高速公路商丘段二期工程初步设计的批

复》(豫发改设计〔2009〕1935 号)。

(3)河南省交通运输厅《关于商丘至周口高速公路二期工程交通机电工程详细设计、配电照明及 10kV 供电线路工程施工图设计的批复》(豫交规划〔2011〕94 号)。

(三)项目管理及各标段施工单位组成情况

(1)建设单位:河南德馨高速公路有限公司。

(2)设计单位:河南省交通规划勘察设计院有限责任公司。

(3)监理单位:江苏纬信工程咨询有限公司。

(4)质量监督单位:河南省交通基本建设质量检测监督站。

(5)施工单位:郑州汉威光电技术有限公司(机电施工)、内乡县晟达电力工程建设有限责任公司(配电照明施工)。

三、工程检验情况及评定结论

(一)工程检验情况

交工验收委员会下设巡视组、机电组、内业组,对项目机电工程外业、内业进行了检查,认真审查了施工承包人和监理单位的交工文件资料,形成了一致意见。

交工验收委员会认为,本项目严格执行了国家基本建设程序和有关法律法规,参与本项目的建设、设计、施工、监理和质量监督单位,认真履行了各自的工作职责。

(1)建设单位认真执行了国家法律法规和交通基本建设程序,实行了项目法人责任制、工程招标投标制、工程监理制,程序完善、规范;加强了项目建设管理,明确了相关职责,强化了工程建设的组织协调,使工程管理的各项指令和决策得到了有效的落实。

(2)设计单位认真执行了工程技术标准,在设计阶段注重新技术运用和专业部门间的合作,工程设计科学合理。在项目实施过程中派驻设计代表,注重现场设计服务工作,引入动态设计理念,不断补充和完善设计,为方便施工、保证设计质量起到了较好的作用。

(3)监理单位认真执行了合同和监理规范,做到了事前、事中和事后控制,遵循"严格监理、优质服务、科学公正、廉洁自律"的监理原则,以质量控制为中心,制定切实可行的"监理实施细则"和"监理要点",采用试验、检测、旁站、巡视、指令等监理手段,严把质量关,履行了监理职责。

(4)施工单位能够按照设计图纸、施工技术规范精心组织施工,积极采用新工艺、新技术,建立健全了质量保证体系和工序间的检查制度,认真填写各项施工记录,履约情况较好。

(二)工程质量评审意见

(1)该工程设计科学合理,满足功能要求。

(2)监控系统、通信系统、收费系统和供配电照明系统设备安装符合设计和规范要求,设备运行状态良好。

(3)施工内业资料中,材料检验、试验数据、施工记录、自检资料等基本齐全。

(4)监理工程师能够按照现行《公路工程施工监理规范》(JTG G10)的要求对工程实施全方位的监理,内业资料基本满足交工验收的要求。

(5)施工单位及监理单位对工程质量评定客观,完整地反映了该项目工程质量的真实情况。

(三)交工验收意见

商周二期机电工程在施工单位对工程质量自检、监理工程师对工程质量评定的基础上,按照交通部颁发的《公路工程竣(交)工验收办法》计算得出该工程质量评分值为 98.7 分,整体工程质量合格。

四、工程存在问题及建议

（一）存在问题

（1）个别外场设备地脚螺栓存在锈蚀现象。

（2）个别设备及线缆标识内容不够清晰。

（二）建议

（1）地脚螺栓除锈后用水泥砂浆进行包封。

（2）设备及线缆标识内容由手写改为机打，完善内容。

（3）继续加强档案管理，及时收集新形成的资料，建档入库。

五、结论及建议

（1）商周二期机电工程经交工验收委员会评审，认为建设单位、施工单位、监理单位在工程建设中能够履行合同，遵守国家有关基本建设法规，相互配合，圆满完成任务，通过了交工验收，同意交付使用。

（2）对于缺陷责任期中出现的质量问题，各施工单位要及时整修。凡属于缺陷责任期出现的质量问题，由原施工单位负责处理；运营维护中非质量原因出现的问题，由接养单位负责解决。各施工单位和运营维护单位要密切配合，做好商周二期机电工程的缺陷修复和运营维护工作。

（3）交工验收委员会建议建设单位尽快完成工程、财务决算，做好工程审计等工作，为项目竣工验收做好准备。

附件：

1. 商丘至周口高速公路商丘段二期工程机电工程交工验收报告
2. 商丘至周口高速公路商丘段二期工程机电工程交工验收质量评定报告
3. 交通机电工程组、内业组现场察看意见
4. 商丘至周口高速公路商丘段二期工程房建、机电、绿化工程交工验收委员会名单

河南德馨高速公路有限公司

商周二期机电工程交工验收委员会

2013 年 5 月 5 日

附件1

商丘至周口高速公路商丘段二期工程机电工程
交工验收报告

一	工 程 名 称	商丘至周口高速公路商丘段二期工程机电工程
二	工程地点及 主要控制点	(1)李门楼收费站。 (2)商丘监控分中心设备扩容。 (3)商周二期沿线的线缆及互通区照明
三	建设依据	(1)河南省发展和改革委员会《关于商丘至周口高速公路商丘段二期工程核准的批复》(豫发改交通〔2009〕1830号文)。 (2)河南省发展和改革委员会《关于商丘至周口高速公路商丘段二期工程初步设计的批复》(豫发改设计〔2009〕1935号文)。 (3)河南省交通运输厅《关于商丘至周口高速公路二期工程交通机电工程详细设计、配电照明及10kV供电线路工程施工图设计的批复》(豫交规划〔2011〕94号文)
四	建设规模及性质	监控系统、通信系统、收费系统和供配电照明系统,新建工程
五	开工日期	2011年5月10日
	交工日期	2011年12月18日
六	批复概算	机电工程批复金额1536万元,配电照明工程批复金额239万元
七	工程建设主要内容	(1)监控系统工程主要包括监控外场设备的安装调试、供电线路的敷设工程;商丘监控分中心部分设备的扩容改造,软、硬件调试工程;收费站安防监控系统;图像数据信号传输系统。 (2)通信系统工程主要包括光纤数字传输系统、程控交换系统、通信电源工程、光(电)缆工程和商丘分中心设备扩容。 (3)收费系统工程主要包括收费车道—收费站—商丘收费分中心计算机网络搭建工程、收费站紧急报警、内部对讲系统、闭路电视系统、不间断供电系统、收费岛土建工程、收费附属设施。 (4)供配电、照明系统工程主要包括10kV供电线路、配电房高低压供电设备、收费广场、互通区照明
八	建设项目工程质量交工验收结论	工程质量合格,通过交工验收
九	存在问题及建议	(一)问题 (1)个别外场设备地脚螺栓存在锈蚀现象。 (2)个别设备及线缆标识内容不够清晰。 (二)建议 (1)地脚螺栓除锈后用水泥砂浆进行包封。 (2)设备及线缆标识内容由手写改为机打,完善内容。 (3)继续加强档案管理,及时收集新形成的资料,建档入库

附件2

商丘至周口高速公路商丘段二期工程机电工程
交工验收质量评定报告

按照《公路工程竣(交)工验收办法》(交通部令2004年第3号)和《公路工程竣(交)工验收办法实施细则》(交公路发〔2010〕65号)文件要求,建设单位河南德馨高速公路有限公司组织设计、施工、监理单位对商周二期机电工程各分项、分部、单位工程进行了质量评定工作。

经现场实测实量,并核查施工和监理资料,在施工单位对工程质量自检、监理工程师对工程质量评定的基础上,严格按照《公路工程质量检验评定标准 第二册 机电工程》(JTG F80/2—2004)的规定,从分项工程到分部工程至单位工程逐级进行评定,计算出该项目工程质量评分为98.7分,综合评定质量等级为合格工程。

河南德馨高速公路有限公司
二〇一三年四月十五日

附件3

交通机电工程组现场察看意见

项目名称：商丘至周口高速公路商丘段二期工程

交通机电工程组	一、现场察看情况 (1)收费车道设备完好,运行正常。 (2)收费站机电设施完好,运行正常。 (3)通信系统设施完好,各通信链路畅通。 (4)监控外场设施完好,数据完整。 (5)配电房内设备运行正常,设施配备基本齐全。 (6)线缆敷设整齐美观。 二、存在问题 (1)个别外场设备地脚螺栓存在锈蚀现象。 (2)个别设备及线缆标识内容不够清晰。 三、建议 (1)地脚螺栓除锈后用水泥砂浆进行包封。 (2)设备及线缆标识内容由手写改为机打,完善内容
签字	组长：陈么梅 成员：蒋青林

内业组现场察看意见

项目名称：商丘至周口高速公路商丘段二期工程

内业组	一、现场察看基本情况 （1）工程项目批文、工程招投标、施工图设计、设计变更、设计和施工中大问题来往文件和会议纪要基本齐全。 （2）档案整理及归档、建档已基本完成。 二、存在问题 个别资料有涂改现象。 三、建议 继续加强档案管理，及时收集新形成的资料，建档入库
签字	组长： 成员：

附件 4

商丘至周口高速公路商丘段二期工程房建、机电、绿化工程交工验收委员会名单

2013 年 5 月 5 日

职位	姓名	单位	职务/职称	签名
	李小重	河南高速公路发展有限责任公司	总经理助理/教高	
副主任	徐珂	河南德馨高速公路有限公司	董事长/高工	
	齐明	河南交通投资集团有限公司	高级工程师	
	刘洪涛	河南高速公路发展有限责任公司商丘分公司	经理/高工	
成员	李义锋	河南高速公路发展有限责任公司通行费管理部	部长/经济师	
	孙建波	河南高速公路发展有限责任公司工程管理部	副部长/教高	
	邓卫峰	河南高速公路发展有限责任公司路产管理部	副部长	
	唐海威	河南高速公路驻信段改扩建工程有限公司(特邀)	董事长/教高	
	张廷明	河南德郑高速公路有限公司（特邀）	副总经理/教高	
	付立军	高发监理公司	副总经理/教高	
	陈彬	服务区改扩建工程项目部（特邀）	处长/高工	
	陈玉梅	河南高速公路发展有限责任公司（特邀）	高级工程师	
	张国育	河南高速公路发展有限责任公司养护管理部	高级工程师	
	蒋青林	河南高速公路发展有限责任公司运维中心	高级工程师	
	商东旭	河南高速公路发展有限责任公司工程管理部	工程师	

续上表

职位	姓名	单 位	职务/职称	签 名
成 员	王琦	河南德馨高速公路有限公司	副总/教高	
	黄继成	河南德馨高速公路有限公司	副总工/高工	
	朱洪涛	河南德馨高速公路有限公司	工程师	
	董泽强	河南德馨高速公路有限公司	工程师	
	李辉华	河南德馨高速公路有限公司	工程师	
	王炳强	河南德馨高速公路有限公司	工程师	
	金豪	河南德馨高速公路有限公司	工程师	
	金磊	河南德馨高速公路有限公司	工程师	
	娄海涛	河南交通规划勘察设计院	高工	
	魏瑞峰	河南交通规划勘察设计院	工程师	
	郝慎晁	西安普迈项目管理有限公司	工程师	
	刘弘	江苏纬信工程咨询有限公司	工程师	
	张建伟	湖南金路工程咨询监理有限公司	工程师	
	陈涛	河南省天宇建设集团有限公司	项目经理	
	毛亚辉	河南省天宇建设集团有限公司	生产经理	
	陈宏溪	郑州汉威光电技术有限公司	项目经理	
	王伟峰	郑州汉威光电技术有限公司	工程师	
	余世超	内乡县晟达电力工程建设有限责任公司	总工	

续上表

职位	姓名	单位	职务/职称	签名
成员	余泽海	内乡县晟达电力工程建设有限责任公司	工程师	余泽海
	周兰魁	河南润丰园林绿化有限公司	总工	周兰魁
	温新社	河南润丰园林绿化有限公司	工程师	温新社

商丘至周口高速公路商丘段二期工程交工验收检测报告

一、项目概况

1. 项目简介

商丘至周口高速公路商丘段二期工程是河南省委、省政府实施新一轮"扩内需、保增长、促发展"战略确定的2009年新开工重点公路工程建设项目,同时也是省高速公路网"十一五"期间规划建设的重点项目。该工程位于河南省东部地级城市商丘市西北部,是商周高速公路的北延工程,南连商周高速及连霍高速,北接济广高速商丘至菏泽(省界)段,路线起于商丘至周口高速公路商丘段史楼枢纽型立交,止于商丘至菏泽高速公路相交叉的魏庄枢纽式立交处,全长26.991km,投资概算总金额为123952万元,采用交通部颁发的《公路工程技术标准》(JTG B01—2003),双向四车道高速公路标准,设计速度采用120km/h,路基宽度29m,路面宽度为2×13m。全线设大桥1座,中小桥14座,涵洞14道,通道42道,分离式立交12处,通道桥3座,下穿铁路箱桥2座,天桥1座,匝道桥6座,设置李门楼收费站1处。全线填方407.65万m^3,挖方58.98万m^3,沥青混凝土路面81.0551万m^2,水泥混凝土路面4547m^2,防排圬工51026.82m^3。除收费广场为水泥混凝土路面外,路面均为沥青混凝土高级面层。本项目的修建将商周一起、连霍、济广高速公路三者紧密联系在一起,共同构成商丘高速公路交通枢纽。

2. 技术指标

主要技术指标见表1。

主要技术指标　　表1

序号	项 目		单位	技术指标	
				规范值	采用值
1	公路等级			高速公路	高速公路
2	设计速度		km/h	120	120
3	路基宽度		m	—	29
4	车道数		条	—	4
5	平曲线最小半径	一般值	m	1000	2500
		极限值	m	650	
6	不设超高最小平曲线半径		m	5500	5500
7	停车视距		m	210	210
8	最大纵坡		%	3	-2.85
9	最短坡长		m	300	315

续上表

序号	项 目		单位	技 术 指 标	
				规范值	采用值
10	凸形竖曲线最小半径	一般值	m	17000	17000
		极限值	m	11000	
11	凹形竖曲线最小半径	一般值	m	6000	8642
		极限值	m	4000	
12	桥涵设计的汽车荷载等级			公路—Ⅰ级	公路—Ⅰ级
13	桥涵设计洪水频率			1/100	1/100

3. 参建单位

(1)建设单位:河南德馨高速公路有限公司。

(2)设计单位:河南省交通规划勘察设计院有限责任公司。

(3)监理单位。

湖南金路工程咨询监理有限公司承担的监理任务:SZEQTJ-1~6合同段(土建工程)、SZEQLM-1~2合同段(路面工程)、SZEQJA-1~6合同段(交通工程)、SZEQLH合同段(绿化)。

西安普迈项目管理有限公司承担的监理任务:SZEQFJ合同段(房建工程)。

江苏纬信工程咨询有限公司承担的监理任务:SZEQJD合同段(机电工程)。

(4)施工单位:见表2。

商丘至周口高速公路商丘段二期工程施工单位一览表　　表2

合 同 段		施工单位名称
土建	一标	河南省公路工程局集团有限公司
	二标	安阳市恒达公路发展有限责任公司
	三标	河南省路桥建设集团有限公司
	四标	中铁三局集团第五工程有限公司
	五标	中铁十局集团有限公司
	预制标	华通路桥集团有限公司
路面	一标	河南省公路工程局集团有限公司
	二标	河南省路桥建设集团有限公司
房建		河南省天宇建设集团有限公司
绿化		河南润丰园林绿化有限公司
交通安全	一标	河南省公路工程局集团有限公司
	二标	潍坊恒建交通工程有限公司
	三标	河南豫龙交通工程有限公司

续上表

合同段		施工单位名称
交通安全	四标	湖南省郴州公路桥梁建设有限责任公司
	五标	江苏东方交通工程有限公司
	六标	河南省路桥建设集团有限公司
供配电照明		内乡县晟达电力工程建设有限责任公司
机电工程		郑州汉威光电技术有限公司

二、检测依据及组织情况

1. 检测依据

（1）交通运输部：《公路工程竣（交）工验收办法》、《公路工程竣（交）工验收办法实施细则》。

（2）交通运输部：《公路工程质量检验评定标准 第一册 土建工程》（JTG F80/1—2004）、《公路路基路面现场测试规程》（JTG E60—2008）。

（3）交通运输部：相关标准、规范、规程。

（4）本项目设计及相关文件。

2. 外业检测组织情况

根据河南德馨高速公路有限公司的申请，依据交通部《公路工程竣（交）工验收办法》与《公路工程竣（交）工验收办法实施细则》，按照《公路工程质量检验评定标准 第一册 土建工程》（JTG F80/1—2004）与《公路路基路面现场测试规程》（JTG E60—2008），河南省交通基本建设质量检测监督站、开封市天平路桥工程检测有限公司于2011年12月19日至12月20日对商丘至周口高速公路商丘段二期项目进行工程交工检测。本次交工质量检测分路面组、桥梁组、测量组、路基涵洞防排组及交通安全设施组。省质监站参加此次检测人员有：刘传河、贾渝新、王劲松、翟彦伟、秦莉娅、李有良、刘英嫦等。

根据本项目的特点，各检测工作组依据《公路工程竣（交）工验收办法》与《公路工程竣（交）工验收办法实施细则》分别对规定的抽查项目进行了实际量测和全面检查。

路基组负责路基边坡、小桥涵洞工程的检测；路面组负责沥青路面压实度、弯沉平整度、抗滑性能、厚度、渗水系数等指标的检测；桥梁组负责桥梁混凝土强度、主要结构几何尺寸等指标的检测；交安组负责标志、波形梁钢护栏、混凝土护栏、标线等项目的检测；同时各组负责相关项目的外观检查。

外业组分别配备了相应的检测仪器设备。检测仪器设备一览表见表3。

检测设备一览表　　　　　表3

序号	检测项目	检测仪器、设备名称	规格型号	单位	数量	产地
1	路基边坡	坡度尺	—	把	1	
2	结构、标志尺寸，桥梁宽度等	钢卷尺	3m、5m、30m、50m	把	若干	
		钢板尺	30cm、50cm、100cm	把	若干	

续上表

序号	检测项目	检测仪器、设备名称	规格型号	单位	数量	产地
3	混凝土强度	回弹仪	2000ND	台	2	瑞士
			HT225W	台	2	北京
4	桥面、路面横坡	水准仪、钢卷尺	天津2200	台	2	天津
5	桥面平整度	3m直尺、塞尺	—	把	1	北京
6	结构物检测	桥梁检测车	WDATHCAA96L087132	台	1	德国
7	大面平整度	2m靠尺、塞尺	—	把	3	北京
8	净宽、净空	红外线测距仪	DISTO	台	3	德国
9	钢筋保护层厚度	钢筋位置测定仪	HGZ-200B	台	2	郑州
10		静水天平	WT5100IS	台	1	常州
11	桥面平整度	3m直尺	—	个	1	北京
12	竖直度	2m靠尺	—	个	3	
13	压实度	灌砂筒	150mm	套	3	北京
14	交通安全设施尺寸	螺旋测微仪	—	个	2	杭州
15		游码卡尺	—	个	2	上海
16		数字式覆层测厚仪	TT220	个	1	北京

三、抽查项目、检测方法及检测频率

按照竣工验收办法要求,交工验收加测主要集中在工程实体检测、外观检查和内业资料审查三个方面。

(一)抽查项目

(1)路基工程:包括路基土石方、排水、小桥、涵洞及支挡工程等分部工程。抽查项目有:路基压实度、路基弯沉、边坡坡度、铺砌厚度、小桥涵洞混凝土强度、主要结构尺寸、支挡工程断面尺寸及表面平整度等。路基压实度、路基弯沉采用三阶段验收数据。

(2)路面工程:含路面面层一个分部工程。抽查项目有:路面压实度、弯沉、平整度、抗滑、厚度、渗水系数及横坡等。

(3)桥梁工程:包括下部、上部和桥面系三个分部工程。抽查项目有:下部墩台混凝土强度、主要结构尺寸、钢筋保护层厚度、墩台垂直度;上部结构混凝土强度、主要结构尺寸、钢筋保护层厚度;桥面铺装平整度、横坡及桥面抗滑等。

(4)交通安全设施:包括标志、防护栏、标线三个分部工程。抽查项目有:标志立柱竖直度、标志板净空和尺寸、标志板反光膜等级及逆射光系数;防护栏波形板厚度、立柱壁厚度及横

梁中心高度、立柱埋入深度;反光标线逆反射系数、标线厚度等。

(二)检测方法

本次检测抽查项目均采用交通运输部部颁检测、试验方法进行,其中混凝土强度采用回弹仪,路面平整度采用激光平整度测试车,路面厚度采用路面雷达测厚仪,路面弯沉采用落锤式弯沉仪,路面抗滑采用摩擦系数检测车。检测数据按照交通运输部有关规程规定的方法处理。

路面厚度采用取芯法和地质雷达检测车分别检测。路面取芯为每公里取芯1处,地质雷达检测车是逐车道连续检测。

(三)检测频率

检测时依据《公路工程竣(交)工验收办法》与《公路工程竣(交)工验收办法实施细则》,根据工程实际情况,确定合同段检测频率。

1. 路基工程

(1)路基工程压实度、边坡每公里抽查1~2处。路基弯沉逐车道连续检测。

(2)小桥抽查总数的20%,涵洞抽查总数的10%。

2. 路面工程

路面工程的弯沉、平整度、厚度、摩擦系数等逐车道连续检测,其他抽查项目每公里不少于1处。

3. 桥梁工程

特大桥、大桥逐座检查,中桥抽查不少于总数的30%且每种桥型抽查不小于1座。

桥梁下部工程抽查不小于墩台总数的20%且不少于5个,墩台少于5个时全部检测。每种结构形式抽查不少于1个。

桥梁上部工程抽查不少于总孔数的20%且不少于5个,孔数少于5个时全部检测。每种结构形式抽查不少于1个。

4. 交通安全设施

交通安全设施中防护栏、标线每公里抽查1处;标志抽查不少于总数的10%。

四、检测结果(单点合格率)

(一)单位工程检测结果汇总

1. 路基工程

各标段抽检项目及单点合格率见表4。

2. 路面工程

各标段抽检项目及单点合格率见表5。

3. 桥梁工程

各标段抽检项目及单点合格率见表6。

4. 交通安全设施

各标段抽检项目及单点合格率见表7。

表4

商丘至周口高速公路商丘段二期工程路基工程检查结果汇总表

单位工程	分部工程	检测项目	SZEQTJ-1 抽检点数	SZEQTJ-1 合格点数	SZEQTJ-1 合格率（%）	SZEQTJ-2 抽检点数	SZEQTJ-2 合格点数	SZEQTJ-2 合格率（%）	SZEQTJ-3 抽检点数	SZEQTJ-3 合格点数	SZEQTJ-3 合格率（%）	合计 抽检点数	合计 合格点数	合计 合格率（%）
路基工程	路基土方	压实度	151	151	100	144	144	100	108	108	100	403	403	100
		弯沉	1384	1384	100	1482	1482	100	1500	1500	100	4366	4366	100
		边坡	28	20	71.4	36	31	86.1	38	34	89.5	102	85	83.3
	小桥	混凝土强度	50	50	100							50	50	100
		主要结构尺寸	10	8	80							10	8	80
	涵洞	混凝土强度	20	20	100	50	50	100	30	30	100	100	100	100
		主要结构尺寸	20	20	100	24	24	100	26	22	84.6	70	66	94.3

表5

商丘至周口高速公路商丘段二期工程路面工程检查结果汇总表

单位工程	分部工程	检测项目	SZEQLM-1 抽检点数	SZEQLM-1 合格点数	SZEQLM-1 合格率（%）	SZEQLM-2 抽检点数	SZEQLM-2 合格点数	SZEQLM-2 合格率（%）	合计 抽检点数	合计 合格点数	合计 合格率（%）
路面工程	路面面层	沥青路面压实度	36	34	94.4	45	43	95.6	81	77	95.1
		沥青路面弯沉	459	459	100	514	514	100	973	973	100
		平整度	226	222	98.2	259	233	90	485	455	93.8
		抗滑	225	222	98.7	264	262	99.2	489	484	99
		取芯厚度（总厚度）	12	11	91.7	15	15	100	27	26	96.3
		雷达测厚	2064	1986	96.2	2397	2339	97.6	4461	4325	97
		沥青路面渗水系数	12	12	100	15	15	100	27	27	100
		横坡	24	24	100	28	25	89.3	52	49	94.2

表6

商丘至周口高速公路商丘段二期工程桥梁工程检查结果汇总表

单位工程	分部工程	检测项目	SZEQTJ-1 抽检点数	SZEQTJ-1 合格点数	SZEQTJ-1 合格率（%）	SZEQTJ-2 抽检点数	SZEQTJ-2 合格点数	SZEQTJ-2 合格率（%）	SZEQTJ-3 抽检点数	SZEQTJ-3 合格点数	SZEQTJ-3 合格率（%）	SZEQTJ-4 抽检点数	SZEQTJ-4 合格点数	SZEQTJ-4 合格率（%）	SZEQTJ-5 抽检点数	SZEQTJ-5 合格点数	SZEQTJ-5 合格率（%）	合计 抽检点数	合计 合格点数	合计 合格率（%）
桥梁工程	下部	墩台混凝土强度	143	143	100	110	110	100	136	136	100	40	40	100	20	20	100	449	449	100
		主要结构尺寸	233	227	97.4	222	215	96.8	195	193	99	40	38	95				690	673	97.5
		墩台竖直度	108	107	99.1	84	81	96.4	102	99	97.1							294	287	97.6
		钢筋保护层厚度	120	94	78.3	126	89	70.6	108	87	80.6							354	270	76.3
	上部	混凝土强度	230	230	100	204	204	100	259	259	100							693	693	100
		主要结构尺寸	170	168	98.8	202	168	83.2	190	164	86.3							562	500	89
		钢筋保护层厚度	130	99	76.2	120	100	83.3	118	100	84.7							368	299	81.2
		桥面铺装平整度	108	106	98.1	126	126	100	126	119	94.4							360	351	97.5
	桥面系	横坡	16	16	100	26	25	96.2	28	19	67.9							70	60	85.7
		桥面抗滑			合格			合格			合格			合格			合格			合格

商丘至周口高速公路商丘段二期工程交通安全设施工程检查结果汇总表

表7

单位工程	分部工程	检测项目	SZEQJA-1 抽检点数	SZEQJA-1 合格点数	SZEQJA-1 合格率(%)	SZEQJA-2 抽检点数	SZEQJA-2 合格点数	SZEQJA-2 合格率(%)	SZEQJA-4 抽检点数	SZEQJA-4 合格点数	SZEQJA-4 合格率(%)	SZEQJA-5 抽检点数	SZEQJA-5 合格点数	SZEQJA-5 合格率(%)	SZEQJA-6 抽检点数	SZEQJA-6 合格点数	SZEQJA-6 合格率(%)	合计 抽检点数	合计 合格点数	合计 合格率(%)
交通安全设施工程	标志	立柱竖直度										40	31	77.5				40	31	77.5
		标志板净空										8	7	87.5				8	7	87.5
		标志板厚度										36	36	100				36	36	100
		标志面反光膜等级反逆反射光系数										94	94	100				94	94	100
	标线	反光标线逆反射系数							280	201	71.8							280	201	71.8
		标线厚度							280	202	72.1							280	202	72.1
	波形梁钢护栏	波形梁板基底金属厚度	55	49	89.1	75	70	93.3										130	119	91.5
		波形梁钢护栏立柱壁厚度	55	55	100	75	75	100										130	130	100
		波形梁钢护栏横梁中心高度	55	54	98.2	75	74	98.7										130	128	98.5
		波形梁钢护栏立柱埋入深度	55	51	92.7	75	75	100										130	126	96.9
	混凝土护栏	混凝土护栏强度													130	130	100	130	130	100
		混凝土护栏断面尺寸													375	320	85.3	375	320	85.3

(二)建设项目检查结果汇总(见表8)

商丘至周口高速公路商丘段二期工程建设项目检查结果汇总表 表8

单位工程	分部工程	检测项目	检测项目合计			单位工程小计		
			抽检点数	合格点数	合格率(%)	抽检点数	合格点数	合格率(%)
路基工程	路基土方	压实度	403	403	100	5101	5078	99.5
		弯沉	4366	4366	100			
		边坡	102	85	83.3			
	小桥	混凝土强度	50	50	100			
		主要结构尺寸	10	8	80.0			
	涵洞	混凝土强度	100	100	100			
		结构尺寸	70	66	94.3			
路面工程	路面面层	沥青路面压实度	81	77	95.1	6595	6416	97.3
		沥青路面弯沉	973	973	100			
		平整度	485	455	93.8			
		抗滑	489	484	99.0			
		取芯厚度(总厚度)	27	26	96.3			
		雷达测厚	4461	4325	97.0			
		沥青路面渗水系数	27	27	100			
		横坡	52	49	94.2			
桥梁工程	下部	墩台混凝土强度	449	449	100	1787	1679	94.0
		主要结构尺寸	690	673	97.5			
		墩台竖直度	294	287	97.6			
		钢筋保护层厚度	354	270	76.3			
桥梁工程	上部	混凝土强度	693	693	100	1623	1492	91.9
		主要结构尺寸	562	500	89.0			
		钢筋保护层厚度	368	299	81.2			
	桥面系	桥面铺装平整度	360	351	97.5	430	411	95.6
		横坡	70	60	85.7			
		桥面抗滑			合格			

续上表

单位工程	分部工程	检测项目	检测项目合计			单位工程小计		
			抽检点数	合格点数	合格率（%）	抽检点数	合格点数	合格率（%）
交通安全设施工程	标志	立柱竖直度	40	31	77.5	178	168	94.4
		标志板净空	8	7	87.5			
		标志板厚度	36	36	100			
		标志反光膜等级及逆射光系数	94	94	100			
	标线	反光标线逆反射系数	280	201	71.8	560	403	72.0
		标线厚度	280	202	72.1			
	波形梁钢护栏	波形梁板基底金属厚度	130	119	91	520	503	96.7
		波形梁钢护栏立柱壁厚度	130	130	100			
		波形梁钢护栏横梁中心高度	130	128	98.5			
		波形梁钢护栏立柱埋入深度	130	126	96.9			
	混凝土护栏	混凝土护栏强度	130	130	100	505	450	89.1
		混凝土护栏断面尺寸	375	320	85.3			
合计						17299	16600	96.0

五、检测结果分析

（一）路基工程

1. 路基土石方

抽查项目为路基边坡坡度等，进行了外观检查后认为：边坡坡度基本符合设计要求，大部分路段坡面平顺。

2. 涵洞小桥

抽查项目为混凝土强度及结构尺寸，进行了外观检查后认为：涵洞、小桥结构尺寸控制较好，涵洞内外轮廓线条清晰顺滑，绝大多数混凝土构件表面密实。

（二）路面工程

路面工程抽查项目为沥青路面压实度、路面弯沉、平整度、抗滑（摩擦系数）、厚度、渗水系数、横坡等。

1. 沥青路面压实度和厚度

本次检测，路面厚度采用取芯抽查和路用地质雷达普查两种方式进行。

上面层厚度：全线路面取芯27处，上面层厚度变化范围为32~68mm（设计40mm），路面一标上面层厚度代表值为41mm,路面二标上面层厚度代表值为37mm,全线合格率为100%。

面层总厚度(取芯试件):全线路面取芯27处,面层总厚度设计200mm,路段的变化范围为171~250mm,路面一标面层总厚度代表值为195mm,路面二标面层总厚度代表值为198mm,全线合格率为96.3%。

面层总厚度(地质雷达数据):路面总厚度设计值200mm,雷达测厚连续检测总计4461点,合格率97%。各合同段检测数据汇总见表9。

实测数据分析结果显示厚度、压实度代表值符合设计要求,合格率较高。

路面面层厚度地质雷达检查结果汇总表 表9

合同段	设计总厚度(mm)	检测点数	最小值(mm)	最大值(mm)	平均值(mm)	代表值(mm)	合格点数	合格率(%)
路面一标	200	2064	140	259	199	198	1986	96.2
路面二标	200	2397	157	272	199	199	2339	97.6
全线	200	4461	140	272	—	—	4325	97.0

压实度:全线路面取芯27处,压实度检测以实验室标准密度为标准进行统计整理,压实度规定值为96%,路面一标压实度代表值为97.0%,路面二标压实度代表值为98.8%,全线合格率为95.1%。实测数据分析结果显示厚度、压实度代表值均符合质量标准,总体控制良好。各合同段检测数据汇总见表10。

路面面层厚度及压实度检查结果汇总表 表10

合同段	芯样数	检查项目	层位	各点实测值范围	标段代表值	要求值(代表值)	不合格数	合格率(%)
路面一标	12	厚度(mm)	上面层	37~68	41	36	0	100
			总厚度	171~250	195	190	1	91.7
		压实度(%)	上中下三层	93.3~102.4	97	96	2	94.4
路面二标	15	厚度(mm)	上面层	32~45	37	36	0	100
			总厚度	183~220	198	190	0	100
		压实度(%)	上中下三层	92.8~102.6	98.8	96	2	95.6
全线	27	厚度(mm)	上面层	32~68	—	36	0	100
			总厚度	171~250	—	190	1	96.3
		压实度(%)	上中下三层	92.8~102.6	—	96	4	95.1

2. 路面弯沉

本次全线弯沉共检测973个评定点,全线的路面弯沉代表值符合要求。各合同段检测数据汇总见表11。

3. 路面平整度

全线实测平整度485个评定点数,项目平整度总合格率为93.8%,平整度评定单元IRI范围为0.70~2.82m/km,标准差σ范围为0.42~1.69,表明全线路面平整度总体控制良好。各合同段检测数据汇总见表12。

4. 路面抗滑

全线路面摩擦系数实测489个点,合格484个点,合格率为99.0%,全线路面摩擦系数合格率较高,表明路面抗滑性能良好。各合同段检测数据汇总见表13。

路面弯沉检查结果汇总表　　　　　　　　　　　　　　　　　　表 11

路面合同段	评定点数	标段弯沉代表值（0.01mm）	设计值（0.01mm）	合格点数	合格率（%）
路面一标	459	3.97	22.1	459	100
路面二标	514	3.65	22.1	514	100
全线	973	—	22.1	973	100

平整度标准差汇总表　　　　　　　　　　　　　　　　　　　　表 12

路面合同段	评定点数	各评定单元 IRI 范围	标段平均值 IRI（σ）	要求值	合格点数	合格率（%）
路面一标	226	0.70~2.43	1.15(0.69)	IRI≤2.0m/km（σ≤1.2）	222	98.2
路面二标	259	0.84~2.82	1.49(0.89)	IRI≤2.0m/km（σ≤1.2）	233	90.0
全线	485	0.70~2.82	—	IRI≤2.0m/km（σ≤1.2）	455	93.8

抗滑指标汇总表　　　　　　　　　　　　　　　　　　　　　　表 13

路面合同段	实测点数	各点实测值范围 SFC	平均值 SFC	要求值 SFC	合格点数	合格率（%）
路面一标	225	46.6~90.2	68.5	≥50	222	98.7
路面二标	264	49.0~87.6	63.2	≥50	262	99.2
全线	489	46.6~90.2	—	≥50	484	99.0

5. 路面渗水系数、横坡及外观检查

全线路面渗水系数检测 27 个点，合格率 100%；横坡检测 52 个断面，合格率 94.2%，表明绝大部分面层平整密实，无松散、裂缝等缺陷，接茬处紧密平顺，与构造物连接基本直顺。检测认为横坡合格率较好，路面施工控制较好。各合同段检测数据汇总见表 14。

渗水系数、横坡检测结果汇总表　　　　　　　　　　　　　　　表 14

路面合同段	检测项目	检测点数	合格点数	合格率(%)
路面一标	渗水系数	12	12	100
	横坡	24	24	100
路面二标	渗水系数	15	15	100
	横坡	28	25	89.3
全线	渗水系数	27	27	100
	横坡	52	49	94.2

(三)桥梁工程

1. 下部构造

抽查项目为：混凝土强度（回弹法）、墩台直径、竖直度和钢筋保护层厚度。抽查的桥梁结构混凝土强度符合要求，墩台的断面尺寸和竖直度控制较好。

2. 上部构造

抽查项目为:混凝土强度、主要结构尺寸、钢筋保护层厚度、桥面铺装平整度、抗滑及宽度和横坡。抽查的桥梁结构混凝土强度符合要求,结构尺寸、钢筋保护层厚度、桥面铺装平整度、抗滑及宽度和横坡控制较好。

3. 桥梁外观检查

经检查认为:桥梁内外轮廓较为顺滑,各部位尺寸控制较好,混凝土强度符合设计及规范要求。桥面铺装平顺,大部分桥梁护栏牢固、直顺,桥头无跳车现象;盖梁、墩柱等构件尺寸控制较好,混凝土质量良好。

(四)交通安全设施

交通安全设施主要检测了标志、波形梁钢护栏、混凝土护栏及标线,实测了标志的立柱竖直度、标志板净空、标志板厚度、标志面反光膜等级及逆射系数;波形梁钢护栏的波形板厚度、立柱壁厚度、横梁中心高度、立柱埋入深度;混凝土护栏的强度及断面尺寸;标线厚度、反光标线逆反射系数。在进行外观检查后认为:抽检的各项指标控制较好。已完成的隔离网(栅)外形顺适,安装牢固。

(五)总体评价

商丘至周口高速公路商丘段二期工程建设项目工程平、纵线形流畅;路基压实度、弯沉值满足设计要求;桥梁混凝土强度符合设计要求,外观质量良好,伸缩缝伸缩有效,桥头无跳车现象;小桥、通道、涵洞工程混凝土强度符合要求,外观质量较好;路面各结构层的压实度、厚度、弯沉值指标等符合要求,表面平整密实,无脱皮、泛油、碾压痕迹;标志、标线、防护栏布设合理。

六、工程存在的主要问题

(1)排水沟多处存在积水、淤塞现象。

(2)边坡局部有水毁亏坡现象。

(3)部分拱形骨架表面不平整。

(4)个别泄水槽上口高出边坡坡面。

(5)个别排水沟混凝土预制块表面不平整。

(6)K10+750标志牌板面接缝处有翘起现象,表面不平整。

(7)K5+100右、K19+200右波形梁钢护栏立柱顶端锤击变形。

(8)K12+800右波形梁钢护栏板面镀层有擦伤、掉漆现象。

(9)K25+300右标线有缺损现象。

(10)土建一标:FK1+176.2匝道桥第三联第一跨距梁端2.3m处腹板有1道竖向裂缝,垂直底板裂缝长0.5m,底板横向裂缝长0.6m,裂缝宽度约为0.1mm;第三联第一跨有2道斜裂缝,两裂缝平行,垂直间距0.5m,第一道距梁端3.8m,裂缝与底板夹角为30°~40°,裂缝长1.23m,宽度约为0.15mm;第三联第四跨跨中腹板距底板0.4m高度处有一水平裂缝,长约1.5m,宽约0.1mm;箱梁底板局部碎渣未冲洗干净,混凝土底部混凝土夹碎渣;箱梁底板局部混凝土振捣不密实,有露筋现象,第四联靠近桥台跨箱梁底板混凝土有4处漏水现场;桥面泄水管未伸出梁翼缘板,管周有漏水,雨水会对箱梁混凝土造成侵蚀。

(11)土建二标:AK0+475匝道桥桥面泄水管管周漏水,盖梁上杂物未清理干净;K8+657中桥桥面泄水管未安装,桥面横向排水孔未疏通;K8+211分离立交桥桥面泄水管未安装;K13+725中桥个别支座顶垫小钢板,支座出现局部受力,盖梁杂物未清理干净;K16+218分离立交桥个别支座出现偏压受力,梁板铰缝砂浆不密实,有脱落现象。

(12)土建三标:K24+739大桥桥台滑动支座缺不锈钢板的,盖梁上漏下的混凝土顶塞梁板底部,影响桥梁变形,杂物未清理干净,空心板梁企口缝宽窄不均匀,个别底部未灌密实;AK0+678匝道桥第二联中间的横向单向盆式支座未按照径向布置,而是按照平行高速公路的方向布置,连接墩、桥台盖梁杂物未清理干净,桥面泄水管管周漏水,横向排水孔未疏通;K25+765盖梁杂物未清理,箱梁养生水未排干净,桥面泄水管未伸出梁外,桥台滑动支座不锈钢板薄,滑动面不光滑,个别支座横向剪切变形大。

七、结论性意见

商丘至周口高速公路商丘段二期工程建设项目设计完善、合理;质量控制体系完备、有效,运转正常;施工质量满足规范和设计要求。经对已完成项目检测和质量状况分析,该项目主体工程尚未发现有影响交工验收的质量问题,建议线内主体工程通过验收,投入试运营。

河南省交通基础建设质量检测监督站

二〇一四年十二月二十二日

商丘至周口高速公路商丘段二期工程
房建工程

交 工 验 收 检 测 报 告

中交国通公路工程技术有限公司

二〇一二年六月

商丘至周口高速公路商丘段二期工程
房建工程交工验收检测报告

一、工程概况

1. 项目简介

商丘至周口高速公路商丘段二期工程是商周高速的北延工程,路线起点位于商周高速与连霍高速交叉处的史楼枢纽立交,经商丘市睢阳区、梁园区,终点与济广高速在魏庄互通立交相接。路线全长26.991km,采用"四改六"方案高速公路建设标准,设计速度采用120km/h,路基宽度29m,路面宽度为$2\times11.75m$。全线设互通式立交3处,分离式立交10处,下穿G310、陇海铁路框架箱桥1处,下穿京九铁路框架箱桥1处,大桥1座,中桥11座,小桥2座,天桥1座,涵洞通道共65道。沿线新建收费站1处(在李门楼互通立交处),改造利用济广高速收费站1处(原双八收费站院内)。投资概算总金额为12.39亿元。

本项目于2009年底开工建设,于2011年12月26日建成通车。全线共划分为6个土建合同段,2个路面合同段,6个交安合同段,房建、机电、供配电照明、绿化各1个合同段;设1个土建路面总监办、1个房建总监办、1个机电总监办。

房建工程包括李门楼(商丘西)收费站、杨楼(双八)站宿舍楼。李门楼站位于主线K11+400处,收费站征地4.7亩,站区总面积$3271.25m^2$,其中综合楼为两层框架结构,建筑面积$1280m^2$,建筑基底面积$697m^2$,建筑高度为9m;配电房建筑面积$91.9m^2$,层高4m,结构类型为一层砖混框架;泵房建筑面积$39m^2$,层高3.2m,结构类型为一层砖混结构;门卫房建筑面积$20m^2$,结构类型为一层砖混结构。收费大棚结构形式为双层网架,节点类型为焊接球,网架平面尺寸为$33.9m\times18m$,建筑面积$270.81m^2$,顶部为0.6mm厚彩色压形屋面板,底面及侧面为铝塑板。

杨楼收费站宿舍楼为框架结构,建筑面积$575m^2$,建筑高度为9.97m。

2. 主要技术指标
(1)耐火等级:二级。
(2)建筑结构安全等级:二级。
(3)建筑结构抗震设防类别:丙类。
(4)地基基础设计等级:丙类。
(5)框架抗震等级为三级,抗震结构按6度设防抗震构造施工。
(6)砌体施工质量控制等级:B级。
(7)室外混凝土路面设计厚度为12cm,设计抗压强度为C25。

3. 参建单位
(1)建设单位:河南德馨高速公路有限公司。
(2)监理单位:西安普迈项目管理有限公司。
(3)施工单位:河南省天宇建设集团有限公司。

二、检测依据及分组情况

根据河南德馨高速公路有限公司的要求，依据交通部《公路工程竣(交)工验收办法》，按照《公路工程质量检验评定标准》及《建筑工程质量检验评定标准》，河南省交通基本建设质量检测监督站委托中交国通公路工程技术有限公司组成房建室内组、房建室外场区组、房建水电三个检测组，于2012年6月19日对河南省商周高速公路(二期)李门楼收费站、杨楼收费站宿舍楼房建工程进行交工检测。

本次房建工程检测频率及方法按照《建筑工程质量检验评定标准》的规定进行。

房屋主体工程采用垂直检测尺、对角检测尺、内外直角检测尺、钢尺、红外线测距仪等测量；水电安装采用目测尺量；场区道路厚度采用取芯检测，并将芯样做抗压强度检测，平整度采用3m直尺测量。

三、检测结果

李门楼收费站房建工程检测结果汇总见下表。

河南省商周高速公路(二期)李门楼收费站房建工程检测结果汇总表

单位工程	分部工程类别	检测项目	检测点数	合格点数	合格率（%）
李门楼收费站	门窗工程	木门窗安装	88	72	81.8
		塑钢门窗安装	27	23	85.2
		栏杆、扶手	2	2	100.0
	装饰工程	墙面抹灰工程	240	193	80.4
		饰面板墙面工程	32	24	75.0
	建筑采暖卫生与煤气工程	室内水暖管道及管件	8	6	75.0
		卫生器具及附件	10	8	80.0
	地面与楼面工程	板块楼地面层	94	78	83.0
		楼梯踏步(台阶)	8	6	75.0
		房间空间尺寸	42	33	78.6
	屋面工程	室外大角工程	174	141	81.0
		散水、台阶、明沟	—	—	—
	建筑电器安装工程	配电箱(盘、板)安装	5	4	80.0
		电器开关、插座安装	48	39	81.3
	场区路面	平整度	20	17	85.0
		取芯厚度	2	2	100.0
		混凝土强度	2	2	100.0

杨楼收费站宿舍楼房建工程检测结果汇总见下表。

河南省商周高速公路(二期)杨楼收费站宿舍楼房建工程检测结果汇总表

单位工程	分部工程类别	检测项目	检测点数	合格点数	合格率(%)
杨楼收费站宿舍楼	门窗工程	木门窗安装	62	50	80.6
		塑钢门窗安装	8	8	100.0
		栏杆、扶手	2	2	100.0
	装饰工程	墙面抹灰工程	64	50	78.1
		饰面板墙面工程	64	51	79.7
	建筑采暖卫生与煤气工程	室内水暖管道及管件	16	12	75.0
		卫生器具及附件	12	9	75.0
	地面与楼面工程	板块楼地面层	52	43	82.7
		楼梯踏步(台阶)	8	7	87.5
		房间空间尺寸	12	10	83.3
	屋面工程	室外大角工程	60	48	80.0
		散水、台阶、明沟	—	—	—
	建筑电器安装工程	配电箱(盘、板)安装	4	3	75.0
		电器开关、插座安装	43	33	76.7
	场区路面	平整度	—	—	—
		取芯厚度			
		混凝土强度			

四、主要存在问题

(一)李门楼收费站

1. 水电气部分

(1)个别插座开关损坏。

(2)配电箱电气接线局部凌乱,线缆无颜色标识,无标记。

2. 室内部分

(1)综合楼一楼 A—C 轴/6—7 轴线房间,踢脚与地板砖连接处存在较大空隙,内墙粉刷存在裂纹。

(2)综合楼二楼 A—C 轴/4—5 轴线房间,填充墙体下陷,与梁连接处存在贯通性纵向裂缝。

(3)综合楼二楼 A—C 轴/5—6 轴线房间,踢脚与地板砖交接处没有填充,存在较大空隙,墙体存在裂纹。

(4)配电房 A—B 轴/2—3 轴线房间,门窗与墙体连接处密封胶开裂。

(5)泵房一楼 A—B 轴/1—2 轴线房间,内墙粉刷有裂纹,墙角存在水渍现象。

3. 室外部分

(1)室外楼梯下面饰面板砖缺失。

(2)泵房外墙抹灰有潮湿、起鼓、掉皮现象。

(二)杨楼收费站宿舍楼

1. 水电气部分

(1)二楼 A—B 轴/4—5 轴线、二楼 C—D 轴/4—5 轴线、二楼 C—D 轴/5—6 轴线房间的卫生间排水不畅,局部积水。

(2)二楼 A—B 轴/2—3 轴线水洗房地面坡度不顺,管道固定处脱落,管道变形。

(3)配电箱电气接线局部凌乱,线缆无颜色标识,无标记。

(4)地漏盖多个损坏缺失;个别地漏安装偏高,局部积水排水不顺。

(5)个别插座开关损坏。

2. 室内部分

(1)一楼走廊通道踢脚处板砖存在空鼓,踢脚存在污染。

(2)一楼 C—D 轴/1—2 轴线房间,墙体多处贯通裂纹,阳台板砖铺砌不实,墙角存在水渍现象。

(3)二楼 C—D 轴/5—6 轴线房间,墙体多处贯通裂纹,窗户与墙体连接处密封胶开裂。

3. 室外部分

(1)宿舍楼室外空调机安放处,饰面板多处剥落。

(2)宿舍楼北边室外踏步处混凝土场区存在裂纹、破损现象。

五、检测意见

(一)李门楼收费站

1. 室内部分

(1)门窗工程:抽查了部分木门窗的安装、铁门窗的安装、塑钢门窗的安装,栏杆、扶手的尺寸及外观,认为木门窗、铁门窗及塑钢门窗的安装,栏杆、扶手的尺寸,基本满足规范设计要求。但个别门窗门扇与墙体连接不牢固,密封胶开裂,建议进行修补。

(2)装饰工程:抽查了部分墙面抹灰工程的平整度、竖直度、阴阳角及外观,认为墙面抹灰工程的平整度控制较好,较满足规范要求。

(3)地面与楼面工程:抽查了部分板块楼地面层平整度、楼梯踏步尺寸、房间空间尺寸及外观,认为板块楼地面层平整度、楼梯踏步及房间空间尺寸较满足设计要求。

2. 室外部分

(1)屋面工程:抽查了部分室外大角工程及外观,认为室外大角工程尺寸较满足设计。

(2)场区路面:抽查了局部场区路面平整度,取芯检查了路面厚度及混凝土强度,进行了外观检查,混凝土强度、厚度能满足设计要求。

(3)鉴于该地区地下水水位较高,会影响基础的稳定性,同时在检测过程中发现墙体有纵向裂缝,建议对裂缝进行长期观测并建立预案。

3. 水电气部分

(1)建筑采暖卫生及煤气工程:抽查了部分室内管件及卫生器具、附件的安装,发现室内部分管件及卫生器具、附件安装松动,连接不牢固。建议对排水不通的地方及时给予疏通,对于管道连接不牢固应及时查明原因并予以整改。

(2)建筑电器安装工程:抽查了部分配电箱、电器开关、插座的安装,认为配电箱、电器开关、插座安装符合规范要求。

(二)杨楼收费站宿舍楼

1. 室内部分

(1)门窗工程:抽查了部分木门窗的安装、铁门窗的安装、塑钢门窗的安装,栏杆、扶手的尺寸及外观,认为木门窗、铁门窗及塑钢门窗的安装,栏杆、扶手的尺寸,基本满足规范设计要求。但个别门窗存在与墙体连接不牢固,填充物缺失,密封胶开裂现象,建议进行修补。

（2）装饰工程：抽查了部分墙面抹灰工程的平整度、竖直度、阴阳角及外观，认为墙面抹灰工程的平整度控制较好，较满足规范要求。

（3）地面与楼面工程：抽查了部分板块楼地面层，楼梯踏步、房间空间尺寸及外观，认为板块楼地面层、楼梯踏步及房间空间尺寸较满足设计要求。

2. 室外部分

屋面工程：抽查了部分板块楼地面层平整度，楼梯踏步尺寸、房间空间尺寸及外观，认为板块楼地面层平整度、楼梯踏步及房间空间尺寸较满足设计要求。

3. 水电气部分

（1）建筑采暖卫生及煤气工程：抽查了部分室内管件及卫生器具、附件的安装，认为室内管件及卫生器具、附件的安装较满足设计要求。发现部分下水管连接不牢固，存在渗漏现象，建议对损坏的地漏及时给予更换，排水不通的地方及时给予疏通；损坏的卫生器具应及时给予更换；对于管道漏水、渗水问题，应及时查明原因，予以整改。

（2）建筑电器安装工程：抽查了部分配电箱、电器开关、插座的安装，认为配电箱、电器开关、插座安装符合规范要求。发现部分线圈绝缘层不完好、有伤痕，端部绑线松动，建议整改。

中交国通公路工程技术有限公司
二〇一二年六月

商丘至周口高速公路商丘段二期工程绿化工程

交工验收检测报告

河南交建工程监理检测技术服务有限公司
二〇一二年十一月

商丘至周口高速公路商丘段二期工程绿化工程交工验收检测报告

一、工程概况

1. 项目简介

商丘至周口高速公路商丘段二期工程,北接商周一期工程,起点位于连霍高速史楼枢纽互通处,向北下穿国道310、陇海铁路和京九铁路,在国道310以南设置李门楼收费站及李门楼互通区,路线继续向东北,止于济广高速,与济广高速连接处设魏庄互通。主线全长26.991km,批复概算12.39亿元。本工程绿化工程主要包括主线路两侧路肩、下穿段U形槽两侧、低填方段、史楼互通区、李门楼互通区、李门楼收费站区、魏庄互通区及主线边坡防护的绿化。项目绿化工程批复概算金额为583.7万元,合同总价189.9万元。

2. 主要苗木类型

互通区、服务区绿地以改善生态环境和观赏相结合为原则,在不影响交通安全的基础上,收费站设计为植草和种植乔灌木;互通区为植草、种植乔灌木和水生植物相结合;下穿铁路U形槽为花灌木与野蔷薇交替种植,墙身种植攀缘植物五叶地锦;低填方绿化段采用花灌木与球类植物交替种植的方案;主线路两侧土路肩种植地被菊、鸢尾、阔叶麦冬等地被;边坡防护采用紫穗槐与狗牙根相结合的方式,既防护边坡路肩,又美化绿化通车环境。

3. 参建单位

（1）项目单位:河南德馨高速公路建设有限公司。
（2）监理单位:湖南金路工程咨询监理有限公司。
（3）施工单位:河南润丰园林绿化有限公司。

二、质量检测依据

（1）河南省交通发展改革委员会豫发改交通〔2009〕1830号文《关于商丘至周口高速公路商丘段二期工程核准的批复》。

（2）河南省交通发展改革委员会豫发改设计〔2009〕1935号文《关于商丘至周口高速公路商丘段二期工程初步设计的批复》。

（3）河南省交通厅豫交规划〔2011〕85号文《关于商丘至周口高速公路商丘段二期绿化施工图设计的批复》。

（4）交通部令〔2004〕03号《公路工程竣（交）工验收办法》及交公路发〔2010〕65号《公路工程竣（交）工验收办法实施细则》、《公路工程质量检验评定标准 第一册 土建工程》(JTG F80/1—2004)。

（5）国家现行有关法规、规范、技术标准,交通部颁发的《公路工程质量监督规定》、交通道部令〔2004〕03号《公路工程竣（交）工验收办法》及交公路发〔2010〕65号《公路工程竣（交）工验收办法实施细则》、《公路工程质量检验评定标准 第一册 土建工程》(JTG F80/1—2004),按照《城市绿化工程施工及验收规范》(CJJ/T 82—1999)及河南省交通基本建设质量检测监督站制定的《公路绿化工程质量检验评定暂行意见》，经批准的设计文件，变更设计文件、图纸，经监理工程师审查确认的竣工文件等。

三、质量检测项目及方法

根据河南德馨高速公路建设有限公司的申请，依据《公路工程竣(交)工验收办法》，河南省交通基本建设质量检测监督站委托河南交建工程监理检测技术服务有限公司对商丘至周口高速公路商丘段二期工程的主线、互通区、服务区及收费站的绿化工程进行全面检测。检测分为主线和站区两个检测组，于2012年11月15日至16日对本项目进行检测。

苗木规格采用钢卷尺、游标卡尺、塔尺测量，苗木数量、成活率、覆盖率采用目测尺量与设计值比较，苗木间距用钢卷尺测量，土层厚度采用钢板尺、塔尺测量。

四、外观质量检查情况

草坪基本平整，起到一定的美化作用；灌木杆径大小搭配合理，排列整齐；乔木杆径大小搭配合理，排列整齐，种植的支撑材料、高度、方向及位置整齐划一，树木朝向的主要视线丰满完整、生长旺盛、姿态美、树相好；孤植树木冠幅完整；树木排列的林缘线、林冠线基本符合设计要求；花卉冠径大小基本搭配合理，排列整齐。

五、质量检测结果

质量检测结果见下列汇总表。

魏庄互通A区绿化实测项目汇总表

项次	检查项目		设计值 (设计数量)	实测点数 (实测数量)	合格点数 (成活数量)	合格率 (%)
1	苗木数量	樱花	30株	28株	26株	87
		黄杨球	12株	12株	11株	92
		紫叶李	9株	9株	9株	100
		垂柳	6株	6株	6株	100
		红叶石楠球	30株	30株	27株	90
	苗木规格	樱花(地径) (50~60)mm	50~60mm	10	9	90
		黄杨球	冠径80~100cm, 高100~120cm	5	5	100
		紫叶李	冠幅80~100cm	7	6	86
		垂柳	胸径60mm	6	6	100
		红叶石楠球	冠径80~100cm, 高100~120cm	10	9	90
	合计		87株	79株	74株	94
2	土层厚度		≥60mm	10	10	100
3	苗木成活率(%)		87株	79株	76株	87
4	草坪覆盖率(%)					98

主线实测项目汇总表

项次	检查项目		设计值 （设计数量）	实测点数 （实测数量）	合格点数 （成活数量）	合格率 （%）
1	苗木数量	红叶石楠球	416株	398株	395株	94
	苗木规格	红叶石楠球	冠径80~100cm，高100~120cm	20	18	90
		爬墙虎	3株/m	3株/m	3株/m	100
		蔷薇	4株/m	4株/m	4株/m	100
		地背菊	9丛/m²	9丛/m²	9丛/m²	100
		鸢尾	40丛/m²	40丛/m²	40丛/m²	100
		合计	416株	398株	395株	94
2	苗木间距(%)					
3	土层厚度(cm)			5	5	100
4	苗木成活率(%)		416株	398株	395株	94

魏庄互通B区实测项目汇总表

项次	检查项目		设计值 （设计数量）	实测点数 （实测数量）	合格点数 （成活数量）	合格率 （%）
1	苗木数量	法桐	75株	72株	72株	96
		樱花	17株	16株	15株	88
		垂柳	16株	16株	16株	100
		红叶石楠球	13株	13株	13株	100
		小叶女贞球	19株	17株	17株	89
		紫叶李	242株	237株	228株	94
	苗木规格	法桐胸径	60mm	20	17	85
		法桐株距	5m	20	18	90
		樱花	地径50~60mm	6	5	83
		垂柳	胸径60mm	8	7	88
		红叶石楠球	冠径80~100cm，高100~120cm	6	6	100
		小叶女贞球	冠径80~100cm，高100~120cm	10	10	100
		紫叶李	米径4cm	40	35	88
		合计	382株	368株	355株	93
2	土层厚度(cm)			5	5	100
3	苗木成活率(%)		382株	368株	355株	93

魏庄互通 C 区实测项目汇总表

项次	检查项目		设计值 (设计数量)	实测点数 (实测数量)	合格点数 (成活数量)	合格率 (%)
1	苗木数量	法桐	88 株	81 株	80 株	91
		紫叶李	6 株	6 株	5 株	83
		枫杨	65 株	63 株	56 株	86
	苗木规格	法桐	胸径6cm	12	11	92
		枫杨	胸径6cm	8	7	88
		合计	159 株	149 株	140 株	88
2	土层厚度(cm)			5	5	100
3	苗木成活率(%)		159 株	145 株	138 株	87
4	草坪覆盖率(%)					98

低填方段灌木实测项目汇总表

项次	检查项目		设计值 (设计数量)	实测点数 (实测数量)	合格点数 (成活数量)	合格率 (%)
1	苗木数量	小叶女贞球	332 株	290 株	282 株	85
		川紫薇	382 株	382 株	373 株	98
		紫叶李	348 株	346 株	328 株	94
	苗木规格	川紫薇	地径5cm	16	14	87
		紫叶李	米径4cm	22	19	86
		合计	1062 株	1018 株	973 株	92
2	土层厚度(cm)			4	4	100
3	苗木成活率(%)		1062 株	1018 株	973 株	92
4	草坪覆盖率(%)					95

李门楼收费站实测项目汇总表

项次	检查项目		设计值 (设计数量)	实测点数 (实测数量)	合格点数 (成活数量)	合格率 (%)
1	苗木数量	法桐	23 株	23 株	23 株	100
		李树	4 株	4 株	4 株	100
		桂花	6 株	6 株	5 株	83
		棕榈	10 株	10 株	10 株	100
		重瓣木槿	16 株	16 株	16 株	100
		川紫薇	10 株	10 株	9 株	90
	苗木规格	李树	地径4~5cm	4	4	100
		重瓣木槿	米径4cm	12	12	100
		合计	69 株	69 株	67 株	97
2	土层厚度(cm)			4	4	100
3	苗木成活率(%)		69 株	69 株	67 株	97
4	草坪覆盖率(%)					98

六、存在问题

（1）服务区、互通区、收费站普遍存在绿化草坪未及时修剪现象,且杂草较多。

（2）主线部分路段有缺苗现象,影响该路段整体效果,鸢尾部分叶子有病虫害。互通立交部分有个别苗木死亡率较高,比如紫叶李、樱花等,建议加强日常养护。

（3）魏庄互通区东北方向绿化边沟部分水已冲毁,影响草木的覆盖率。

七、建议

（1）遵循植物生长规律,注意浇水、施肥、打药、除虫,加强日常养护。

（2）注意修剪成形,对部分区域的杂草应进行清除,以保障绿化美观。

（3）缺苗现象要及时补种。

河南交建工程监理检测技术服务有限公司
二〇一二年十一月

商丘至周口高速公路商丘段二期工程
机电工程

交 工 验 收 检 测 报 告

中交国通公路工程技术有限公司
二〇一二年六月

商丘至周口高速公路商丘段二期工程机电工程交工验收检测报告

一、工程概况

1. 项目简介

商丘至周口高速公路商丘段二期工程是商周高速的北延工程,路线起点位于商周高速与连霍高速交叉处的史楼枢纽立交,经商丘市睢阳区、梁园区,终点与济广高速在魏庄互通立交相接。路线全长 26.991km,采用"四改六"方案高速公路建设标准,设计速度采用120km/h,路基宽度 29m,路面宽度为 $2\times11.75m$。全线设互通式立交 3 处,分离式立交 10 处,下穿 G310、陇海铁路框架箱桥 1 处,下穿京九铁路框架箱桥 1 处,大桥 1 座,中桥 11 座,小桥 2 座,天桥 1 座,涵洞通道共 65 道。沿线新建收费站 1 处(在李门楼互通立交处),改造利用济广高速收费站 1 处(原双八收费站院内)。投资概算总金额为 12.39 亿元。

本项目于 2009 年底开工建设,于 2011 年 12 月 26 日建成通车。全线共划分为 6 个土建合同段,2 个路面合同段,6 个交安合同段,房建、机电、供配电照明、绿化各 1 个合同段;设 1 个土建路面总监办、1 个房建总监办、1 个机电总监办。

机电工程起讫桩号 K0+000~K26+991,全长 26.991km,位于商丘市境内。本项目未设置管理分中心,与商丘段一期归属于河南省商丘管理分中心,包括监控系统、通信系统、收费系统。监控系统包括外场摄像机 6 套,微波车辆检测器 4 套,F 型可变情报板 3 套,门架可变情报板 2 套;监控系统:全线采用 30 芯光缆,共敷设 31km,通信管道 1 项,无人通信站 ONU 1 套;收费系统:李门楼收费站局域网 1 套,车道收费系统 5 套。

供配电照明工程主要内容为魏庄互通立交 3 基高杆灯基础制作、安装及 1 处箱式变电站;李门楼收费站低压配电部分(含配电室变压器、发电机、高低压开关柜安装)8 基收费广场照明灯、2 基立交互通高杆灯基础制作及安装。

2. 参建单位

(1)建设单位:河南德馨高速公路有限公司。
(2)监理单位:江苏纬信工程咨询有限公司。
(3)施工单位:郑州汉威光电技术有限公司、内乡县晟达电力工程建设有限责任公司。

二、检测依据及分组情况

根据安阳黄河高速公路有限公司,依据交通部《公路工程竣(交)工验收办法》,按照《公路工程质量检验评定标准》及《建筑工程质量检验评定标准》和能够检测的项目,河南省交通基本建设质量检测监督站委托中交国通公路工程技术有限公司组成监控系统检测组、通信系统检测组、收费系统检测组、低压配电照明检测组四个检测组,于 2012 年 6 月 19 日至 20 日对商丘至周口高速公路商丘段二期工程机电工程(含供配电照明)进行交工检测。

本次机电工程检测频率及方法按照《公路工程竣(交)工验收办法》的规定进行。

机电工程三大系统全部采用国内目前先进的仪器设备进行现场测量,供配电系统照明主要采用目测及功能验证的办法进行测试。

三、检测结果

检测结果汇总见下表。

商丘至周口高速公路商丘段二期工程机电工程检测结果汇总表

单位工程	分部工程类别	检 测 项 目	合格率（%）
机电工程	监控系统	闭路电视监视系统传输通道指标	100.0
		可变标志显示屏平均亮度	100.0
		接地电阻、绝缘电阻	100.0
	通信系统	光纤接头损耗平均值	100.0
	收费系统	车道设备各车种处理流程	100.0
		接地电阻、绝缘电阻	100.0
	供配电照明设施	设备安装质量	100.0

四、主要存在问题

（一）监控系统

1.闭路电视监视系统

（1）外场摄像机立柱局部存在防腐层损坏现象,地脚螺栓存在锈蚀现象。

（2）防雷接地连接处存在腐蚀现象。

（3）个别布线不够整齐。

2.可变标志

（1）立柱表面局部存在划痕。

（2）基础混凝土存在轻微损边现象,地脚螺栓存在锈蚀现象。

（3）防雷接地连接处螺栓存在腐蚀现象。

3.资料部分

资料整理不够系统。

（二）通信系统

光电缆线路:ODF内线缆排列不整齐。

（三）收费系统

1.入口车道设备

（1）布线略有混乱,个别标识不清楚。

（2）电动栏杆挡杆上反光标识边缘有翘起,手动栏杆落下时不水平。

2.出口车道设备

（1）设备配线不太规范,不整齐。

（2）布线不太整齐,个别标记有脱落现象。

（3）手动栏杆落下时不水平。

3.资料部分

资料整理基本齐全,个别资料整理不够细致,个别工序资料整理不够细致,顺序混乱。

五、检测意见

（一）监控系统

1. 闭路电视监视系统

抽查了闭路电视监视系统的外场摄像机的安装质量及监控室视频通道指标,认为其安装质量满足基本要求,重点实测项目绝缘电阻、接地电阻、视频传输通道指标满足规范设计要求。但外观上存在防腐层损坏、地脚螺栓锈蚀、布线不够整齐等问题,建议及时对防腐层进行修补处理,并对布线进行整理。

2. 可变标志

抽查了可变标志的安装质量,认为其安装质量满足基本要求,重点实测项目绝缘电阻、接地电阻、显示屏平均亮度满足规范设计要求。但外观上存在立柱表面局部划痕、基础混凝土存在轻微损边、地脚螺栓锈蚀、防雷接地连接处螺栓存在腐蚀现象等问题,建议及时对防腐层进行修补处理,并对锈蚀位置进行除锈防腐处理。

(二)通信系统

抽查了通信系统的光电缆线路,对光电缆线路的基本要求、光线接头损耗平均值、外观质量进行了检查,认为其基本要求、光线接头损耗平均值、外观安装质量基本满足规范要求。但存在 ODF 内线缆排列不整齐现象,建议及时对布线进行整理。

(三)收费系统

1. 入口车道

抽查了收费系统的入口车道设备安装基本要求、各车种处理流程、外观鉴定,认为其安装质量满足基本要求,重点实测项目各车种处理流程、绝缘电阻、接地电阻满足设计要求。但外观上存在布线局部混乱,个别标识不清楚,电动栏杆挡杆上反光标识边缘有翘起,手动栏杆落下时不水平等问题,建议及时对布线进行整理并完善标识,并对设备的状态进行调整。

2. 出口车道

抽查了收费系统出口车道的设备安装基本要求、各车种处理流程、外观鉴定,认为其安装质量满足基本要求,重点实测项目各车种处理流程、绝缘电阻、接地电阻满足设计要求。但外观上存在设备配线不太规范、不整齐,个别标记脱落,手动栏杆落下时不水平等问题,建议及时对布线进行整理并完善标记,并对设备的状态进行调整。

(四)供配电照明工程

抽查了魏庄互通立交区高杆灯及箱式变电站的安装基本要求、外观鉴定,认为其安装基本要求、外观满足规范要求,其总体安装质量满足设计要求。

抽查了李门楼收费站低压配电室设备、收费广场灯、高杆灯的安装基本要求、外观鉴定,认为其安装基本要求、外观满足规范要求,其总体安装质量满足设计要求。

中交国通公路工程技术有限公司
二〇一二年六月

中交国通公路工程技术有限公司
监控设施检测报告

检验报告编号：检 JC2012-SZJD-001

委托单位	河南省交通基本建设质量检测监督站	检测类别	委托检测
检测日期	2012年6月19日		
检测项目	商周高速公路商丘段二期监控设施		
检测依据	《公路工程质量检验评定标准 第二册 机电工程》(JTG F80/2—2004)、工程设计图纸		
评定依据	《公路工程质量检验评定标准 第二册 机电工程》(JTG F80/2—2004) 2"监控设施"		
检测环境	晴		
检测内容	《公路工程质量检验评定标准 第二册 机电工程》(JTG F80/2—2004)监控设施的闭路电视监视系统、可变标志		
检测结论	中交国通公路工程技术有限公司受委托检测商丘至周口高速公路商丘段二期监控设施中检测的项目符合《公路工程质量检验评定标准 第二册 机电工程》(JTG F80/2—2004)中的要求		

中交国通公路工程技术有限公司检测报告

检验报告编号：检 JC2012-SZJD-001

	序号	名称	型号	编号
检测用主要仪器及设备	1	绝缘电阻测试仪	MOOEL-3007	J086
	2	接地电阻测试仪	MOOEL-4105A	J088
	3	视频信号发生器	TG700	JT044
	4	视频测量仪	VM700A	JT045
	5	亮度计	EVERFINELM-2	J091
	6	网络线缆认证测试仪	DTX LT	JT040
	7	数字万用表	DT9205	J107
工程说明	商丘至周口高速公路商丘段二期监控设施属于机电工程SZEQJD标，路段内未设置管理分中心，与商丘一期工程归属于河南高发商丘管理分中心			
检测说明	本次我方严格按照《公路工程竣(交)工验收办法实施细则》中规定的项目及频度进行检测，其中监控系统包括：闭路电视监视系统传输通道指标、可变标志显示屏平均亮度、接地电阻、绝缘电阻			

中交国通公路工程技术有限公司
通信设施检测报告

检验报告编号:检 JC2012-SZJD-002

委托单位	河南省交通基本建设质量检测监督站	检测类别	委托检测
检测日期	2012 年 6 月 21 日		
检测项目	商周高速公路商丘段二期通信设施		
检测依据	《公路工程质量检验评定标准 第二册 机电工程》(JTG F80/2—2004)、商周高速公路通信工程设计图纸(二期)、《公路工程竣(交)工验收办法实施细则》		
评定依据	《公路工程质量检验评定标准 第二册 机电工程》(JTG F80/2—2004) 3"通信设施"		
检测环境	晴,28℃		
检测内容	《公路工程质量检验评定标准 第二册 机电工程》(JTG F80/2—2004)中通信设施的通信管道与光电缆线路基本要求、外观鉴定和实测项目中单模光纤接头损耗平均值		
检测结论	河南省交通基本建设质量检测监督站委托中交国通公路工程技术有限公司检测商周高速公路二期工程通信设施检测的项目符合《公路工程质量检验评定标准 第二册 机电工程》(JTG F80/2—2004)中的要求		

中交国通公路工程技术有限公司检测报告

检验报告编号:检 JC2012-SZJD-002

检测用主要仪器及设备	序号	名称	型号	编号
	1	光时域反射仪	JDSU MTS-4000 MA	JT033
工程说明	商周高速公路二期新建项目已于 2012 年通车,机电设施运行良好			
检测说明	本次检测为交通基本建设质量检测监督站委托检测。根据《公路工程竣(交)工验收办法实施细则》要求的内容和频率,通信设施中通信管道与光电缆线路只检测参数中继段单模光纤接头损耗平均值			

中交国通公路工程技术有限公司
收费系统检测报告

检验报告编号：检 JC2012-SZJD-003

委托单位	河南省交通基本建设质量检测监督站	检测类别	委托检测
检测日期	2012 年 6 月 19 日		
检测项目	商周高速公路商丘段二期收费系统		
检测依据	《公路工程质量检验评定标准 第二册 机电工程》(JTG F80/2—2004)、商周高速公路(商丘西站)收费设施施工程设计图纸		
评定依据	《公路工程质量检验评定标准 第二册 机电工程》(JTG F80/2—2004)"收费设施—4.1.1～4.2.3 项"		
检测环境	晴		
检测内容	入口、出口车道设备各车种处理流程及接地电阻、绝缘电阻项目		
检测结论	河南省交通基本建设工程质量监督站委托中交国通公路工程技术有限公司对商周高速公路商丘段二期收费系统进行检测，其检测的项目符合《公路工程质量检验评定标准 第二册 机电工程》(JTG F80/2—2004)中的要求		

中交国通公路工程技术有限公司检测报告

检验报告编号：检 JC2012-SZJD-003

检测用主要仪器及设备	序号	名称	型号	编号
	1	绝缘电阻测试仪	MOOEL-3007	J086
	2	接地电阻测量仪	MOOEL-4105A	J088
工程说明	商丘至周口高速公路商丘段二期收费设施属于机电工程 SZEQJD 标，路段内新建收费站 1 处，车道收费系统 5 套，其中出口车道 3 套，入口车道 2 套			
检测说明	本次我方严格按照《公路工程竣(交)工验收办法实施细则》中规定的项目及频度进行检测，其中收费系统包括：车道设备各车种处理流程、接地电阻、绝缘电阻			

中交国通公路工程技术有限公司
配电照明设施检测报告

检验报告编号：检 JC2012-SZJD-004

委托单位	河南省交通基本建设质量检测监督站	检测类别	委托
检测日期	2012年6月19日		
检测项目	商周高速公路商丘段二期供配电照明设施		
检测依据	《公路工程质量检验评定标准 第二册 机电工程》（JTG F80/2—2004）		
评定依据	《公路工程质量检验评定标准 第二册 机电工程》（JTG F80/2—2004） 5"低压配电设施"，6"照明设施"		
检测环境	晴		
检测内容	《公路工程质量检验评定标准 第二册 机电工程》（JTG F80/2—2004）中低压配电设施的中心站内低压配电设备安装质量、照明设施安装质量		
检测结论	中交国通公路工程技术有限公司受委托检测商丘至周口高速公路商丘段二期供配电照明工程中检测的项目符合《公路工程质量检验评定标准 第二册 机电工程》（JTG F80/2—2004）中的要求		

中交国通公路工程技术有限公司检测报告

检验报告编号：检 JC2012-SZJD-004

检测用主要仪器及设备	序号	名称	型号	编号
	1	相序指示器	—	—
工程说明	商丘至周口高速公路商丘段二期供配电照明工程主要内容为魏庄互通立交区及李门楼收费站区的低压配电照明设施，其工作状态良好			
检测说明	本次检测按照《公路工程质量检验评定标准 第二册 机电工程》（JTG F80/2—2004）的要求及设计图纸为依据对其工程部分进行了检测，其中以基本要求及外观鉴定为主，实测项目中主要确定设备是否正常运行，对其运行记录、设备状况进行了检测			

中交国通公路工程技术有限公司

二〇一二年六月

商丘至周口高速公路商丘段二期工程
穿越京九铁路立交工程竣工验收表

商周高速公路二期穿越京九铁路立交工程竣工验收申请表　　　　铁验表1

建设项目名称	商周高速公路二期穿越京九铁路立交工程		
申请验收范围	建设施工合同内全部内容		
工程承包单位	中铁十局集团有限公司		
项目负责人	刘圣东	项目技术负责人	南勇
工程完成情况	工程主体及附属防护工程施工完毕，项目自检均合格，满足工程施工质量验收标准要求		
工程质量情况	工程施工中的过程控制良好，施工单位自检合格；监理抽检及质量验收评定合格		
竣工文件情况	有完整的原始记录，质量自检资料，数据真实可靠，满足技术规范的有关规定。监理单位签字资料齐全真实，满足规范要求		
监理单位意见	同意验收		

工程承包单位：
　　工程主体及附属设施均自检合格，竣工资料均整理完毕齐全，特申请验收。

　　　　　　　　　　　　　　　　　　负责人：刘圣东　　　7月18日

商周高速公路二期穿越京九铁路立交工程初验申请表　　铁验表 2

项目名称	完成情况
主体工程	已完成
配套工程	
生产设备	
必备的生活设施	
环保、水土保持	
耕地占补措施	
劳动安全卫生设施	
消防设施	
国外技术、设备	
竣工文件及其他资料	竣工文件已经按规定的内容和标准编制完成
其他	已完成
质量监督机构意见	
需要说明的问题	
建设单位	
监理单位	
质量监督单位	（章） 负责人：　　　　年　月　日
审批单位	（章） 负责人：　　　　年　月　日

商周高速公路二期穿越京九铁路立交工程初验专业小组记录表　　铁验表3

项目名称	商周高速公路二期穿越京九铁路立交工程	专业	桥涵
验收范围	铁路管辖范围的箱桥主体及附属工程		
验收工程数量	箱桥主体一座、两侧引道各10m、线路恢复64m、路基防护等其他相关工程		
质量情况	工程主体及附属工程评定合格		
存在问题			
小组意见	验收合格		

专业组长：　　　　　　　接管单位：

专业副组长：

　　　　　　　　　　　　建设单位：

　　　　　　　　　　　　设计单位：

　　　　　　　　　　　　施工单位：

　　　　　　　　　　　　监理单位：

2012 年 7 月 20 日

商周高速公路二期穿越京九铁路立交工程正式验收申请表　　　铁验表4

项目名称	完成情况
主体工程	已完成
配套工程	
生产设备	
必备的生活设施	
环保、水土保持	
耕地占补措施	
劳动安全卫生设施	
消防设施	
完成情况	
国外技术、设备	
竣工文件及其他资料	竣工文件已经按规定的内容和标准编制完成
其他	已完成
质量监督机构意见	
需要说明的问题	
建设单位	（章） 负责人：　　　年　月　日
监理单位	（章） 负责人：　　　年　月　日
质量监督单位	（章） 负责人：　　　年　月　日
审批单位	（章） 负责人：　　　年　月　日

郑州铁路局外委项目竣工验收表

商周高速公路二期穿越京九铁路立交工程专业工程验收申请表　　郑铁外验表1

专业工程名称	商周高速公路二期穿越京九铁路立交工程		
申请验收范围	合同范围全部项目（箱桥主体及附属工程）		
工程承包单位	中铁十局集团有限公司		
项目负责人	刘胜东	项目技术负责人	南勇
工程完成情况	主体及附属工程均已完成，自检合格，满足国家及铁道部相关规定		
工程质量情况	施工单位自检合格，监理单位验收合格，符合国家及铁道部相关规定，工程质量评定合格		
竣工文件情况	资有完整的原始记录，质量自检资料，数据真实可靠，满足技术规范的有关规定。监理单位签字资料齐全真实，满足规范要求		
监理单位意见	同意验收		

工程承包单位：

　　工程主体及附属设施均自检合格，竣工资料均整理完毕齐全，特申请验收。

负责人项目经理　　　年 7 月 18 日

商周高速公路二期穿越京九铁路立交工程专业工程验收记录表　　郑铁外验表2

专业工程名称	商周高速公路二期穿越京九铁路立交工程
资料验收情况	有完整的原始记录，质量自检资料，数据真实可靠，满足技术规范的有关规定。监理单位签字资料齐全真实,满足规范要求
质量情况	符合国家及铁道部相关规定，工程质量评定合格
调试情况	
存在问题	
整改情况	
验收工作组意见	验收工作组负责人： 　　　　　　　　　　　　　年　月　日

代 建 单 位：

勘察设计单位：

监 理 单 位：

工程承包单位：

设备接管单位：

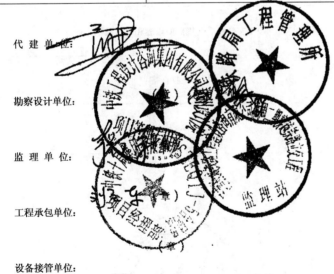

2012年7月20日

商周高速公路二期穿越京九铁路立交工程竣工验收申请表　　郑铁外验表3

项目名称	商周高速公路二期穿越京九铁路立交工程
验收范围	合同范围全部项目（箱桥主体及附属工程）
主体工程及配套工程完成情况	均已完成，验收合格
环保、水土保持设施完成情况	
劳动安全卫生设施完成情况	
消防设施完成情况	
地质灾害整治措施落实情况	
建设用地情况	
竣工文件及资料完成情况	竣工文件已经按规定的内容和标准编制完成
专业验收整体情况	验收合格
需要说明的问题	无
代建单位	（章） 负责人　　　　　年　　月　　日

商丘至周口高速公路商丘段二期工程穿越陇海铁路立交工程竣工验收表

商周二期高速公路穿越陇海铁路立交工程竣工验收申请表　　　　　　　铁验表1

建设项目名称	商周二期高速公路穿越陇海铁路立交工程		
申请验收范围	建设施工合同内全部项目		
工程承包单位	中铁三局集团第五工程有限公司		
项目负责人	孙宝忠	项目技术负责人	冯立
工程完成情况	工程主体及附属防护工程均已施工完毕，项目部自检均合格，满足国家和铁道部颁布的设计规范、工程施工质量验收标准要求		
工程质量情况	工程施工中的过程控制情况良好。施工单位自检合格；监理对工程质量按国家和铁道部颁布的设计规范、工程施工质量验收标准进行认真的评定，工程主体及附属防护工程，工程质量评定合格		
竣工文件情况	有完整的原始记录，质量自检资料，数据真实可靠，满足技术规范的有关规定。监理单位签认资料齐全真实，满足规范要求		
监理单位意见	同意验收		

工程承包单位：

工程主体及附属防护设施均自检合格，竣工资料均整理完毕齐全完整，特申请验收。

负责人：

商周二期高速公路穿越陇海铁路立交工程初验申请表　　　　铁验表 2

项目名称	完成情况
主体工程	已完成
配套工程	
生产设备	
必要的生活设施	
环保、水土保持	
耕地占补措施	
劳动安全卫生设施	
消防设施	
国外技术、设备	
竣工文件及其他资料	竣工文件编制已经按规定的内容和标准基本完成
其他	已完成
质量监督机构意见	
需要说明的问题	
建设单位	(章) 负责人：　　　年　　月　　日
监理单位	(章) 负责人：　　　年　　月　　日
质量监督单位	负责人：　　　年　　月　　日
审批单位意见	(章) 负责人：　　　年　　月　　日

商周二期高速公路穿越陇海铁路立交工程初验专业小组记录表　　铁验表3

项目名称	商周二期高速公路穿越陇海铁路立交工程	专业	桥涵
验收范围	铁路局管辖范围的箱桥主体工程以及附属防护工程		
验收工程数量	箱桥主体1座，主体C40混凝土2021.8m³，主体钢盘344.156t，更换Ⅲ型桥枕186m，电缆槽63m，注浆加固529.4m³，箱顶防护网63m		
质量情况	工程质量符合国家及铁道部的相关规定，工程主体及附属工程评定合格		
存在问题	主体无缺陷。		
小组意见	验收合格。		

专业组长：　　　　　　　　　　接管单位：

专业副组长：

建设单位：

设计单位：

施工单位：

监理单位：

2012年　　月

铁验表4

项目名称	完成情况
主体工程	已完成
配套工程	
生产设备	
必要的生活设施	
环保、水土保持	
耕地占补措施	
劳动安全卫生设施	
消防设施	
国外技术、设备	
竣工文件及其他资料	竣工文件编制已经按规定的内容和标准基本完成
其他	已完成
质量监督机构意见	
需要说明的问题	无
建设单位	(章)　负责人：　　　年　月　日
监理单位	负责人：　　　年　月　日
质量监督单位	负责人：　　　年　月　日
审批单位意见	负责人：　　　年　月　日

郑州铁路局外委项目竣工验收表

商周二期高速公路穿越陇海铁路立交工程专业工程验收申请表　　郑铁外验表1

专业工程名称	商周二期高速公路穿越陇海铁路立交工程		
申请验收范围	建设工程施工合同内全部项目（箱桥主体工程以及附属防护工程等）		
工程承包单位	中铁三局集团第五工程有限公司		
项目负责人	孙宝忠	项目技术负责人	冯立
工程完成情况	工程主体及附属防护工程均已施工完毕，项目部自检均合格，满足国家和铁道部颁布的设计规范、工程施工质量验收标准要求		
工程质量情况	工程施工中的过程控制情况良好。施工单位自检合格；监理对工程质量按国家和铁道部颁布的设计规范、工程施工质量验收标准进行认真的评定，工程主体及附属防护工程，工程质量评定合格		
竣工文件情况	有完整的原始记录，质量自检资料，数据真实可靠，满足技术规范的有关规定。监理单位签认资料齐全真实，满足规范要求		
监理单位意见	同意验收.		
工程承包单位： 　　工程主体及附属防护设施均自检合格，竣工资料均整理完毕齐全完整，特申请验收  　　　　　　　　　　　　　　　　　（章） 　　　　　　负责人：　　　　　　　年 7月22日			

商周二期高速公路穿越陇海铁路立交工程专业工程验收申请表　　郑铁外验表2

专业工程名称	商周二期高速公路穿越陇海铁路立交工程
资料验收情况	有完整的数据资料，数据真实可靠，检验资料齐全完整，竣工文件编制已经按规定的内容和标准基本完成，资料验收合格
质量情况	工程质量符合国家及铁道部的相关规定，工程主体及附属工程评定合格
调试情况	
存在问题	
整改情况	
验收工作组意见	验收工作组负责人：签字 年　月　日

代建单位：　　　　　　　（章）

勘察设计单位：　　　　　（章）

监理单位：　　　　　　　（章）

工程承包单位：　　　　　（章）

设备接管单位：　　　　　（章）

年　月　日

项目名称	商周二期高速公路穿越陇海铁路立交工程
验收范围	建设工程施工合同内全部项目（箱桥主体工程以及附属防护工程等）
主体工程及配套工程完成情况	按国家及铁道部相关规定均已完成，经验收合格
环保、水土保持设施完成情况	
劳动安全卫生设施完成情况	
消防设施完成情况	
地质灾害整治措施落实情况	
建设用地情况	
竣工文件及资料完成情况	竣工文件编制已经按规定的内容和标准基本完成。资料准确完善、整齐齐全，资料验收合格
专业验收整体情况	验收合格
需要说明的问题	无
代建单位	（章） 负责人：　　　　年　　月　　日

会 议 纪 要

(52)

郑州铁路局工程管理所　　　　　　　　　　　　　　　二〇一二年七月三十日

商周高速公路二期下穿京九、陇海铁路立交桥专业验交会议纪要

受河南德馨高速公路有限公司委托，2012年7月27日，郑州铁路局工程管理所组织郑州桥工段、河南长城铁路工程建设咨询有限公司、中铁工程设计咨询集团有限公司郑州设计院、中铁三局集团五公司、中铁十局集团公司（参会人员名单附后）对商周高速公路下穿京九铁路（K665+446）、陇海铁路（K378+835）立交桥工程进行专业验交，在商丘市召开了"商周高速公路二期下穿京九、陇海铁路立交桥专业验交会"，各方对现场存在问题进行陈述和充分讨论，并达成共识，形成会议纪要如下：

一、陇海铁路立交（K378+835）

1. 立交两侧栏杆防锈漆涂刷不到位，锈蚀明显，由施工单位和郑州桥工段于协商解决。

2. 立交桥框构南侧顶部外高里低，造成雨季积水，排泄不畅。具体处理意见由施工单位和郑州桥工段协商解决。

3. 防抛网底部空间大于200mm，防抛网与桥梁栏杆之间间距小，有50mm左右，不便于栏杆养护，由施工单位和郑州桥工段协商解决。

4. 设计遗漏的上下行桥标，由郑州桥工段安排，按照技术规格制作、安装到位。

5. 立交桥西侧通往桥梁工区的道路未恢复，由河南德馨高速公路有限公司于8月15日前解决到位，道路铺设满足行车标准。

二、京九铁路立交（K665+446）

立交桥两侧路基过渡段因连续强降雨，路基有少量下沉，路基缺陷修整由施工单位和郑州桥工段协商解决。

三、其他问题

1. 8月3日前中铁三局集团五公司、中铁十局集团公司将竣工资料移交郑州桥工段。

2. 根据监理请求,因变更工作量增加而增加的监理服务费用的问题由河南德馨高速公路有限公司和河南长城铁路工程建设咨询有限公司协商解决。

主题词: 基本建设　　工程　　验收　　纪要

分送:河南德馨高速公路有限公司,郑州桥工段,中铁工程设计咨询集团有限公司郑州设计院,河南长城铁路工程建设咨询有限公司,中铁三局集团五公司,中铁十局集团公司。

会 议 签 到 表

时间 7月7日

序号	姓名	单位	职务	联系方式	备注
1	张锋	局、综合勘察所	所长	68322557	
2	李全为	郑州桥工段	科长	68352455	
3	蒋休	郑州桥工段	主任	33940	
4	肖小过	局、房价	工程师	68361207	
5	田东亚	新立桥梁	主任	15784912281	
6	郭晨	桥工段	工程师	13285701188	
7	南勇	中铁十局	总工	13637068950	
8	高祥明	中铁五院	工程师	13628073L	
9	冯主	投失调	总工	15839267966	
10	刘涛	中铁三局	经理	18637220888	
11	张了苹	古城宏业公司	经理		
12	刘新	中铁桥	经理	15103782099	
13	李继明	济南铁路	副总	13FP2hF2223	
14					
15					
16					
17					
18					
19					
20					
21					
22					
23					
24					
25					
26					
27					

第三部分 单项验收

商丘至周口高速公路商丘段二期工程
档案专项验收意见

根据河南交通投资集团有限公司《关于商丘至周口高速公路商丘段二期工程进行竣工档案专项验收的请示》，按照国家档案局、国家发展和改革委员会《重大建设项目档案验收办法》，河南省档案局、交通运输厅组织专项验收组，于2013年1月19日对商丘至周口高速公路商丘段二期工程档案进行了专项验收。

验收组听取了建设单位、监理单位、施工单位关于工程建设概况及工程档案工作情况的汇报，经过现场查验、现场质询、抽查案卷的方式对工程建设过程中所形成的档案进行检查。经验收组综合评议形成验收意见如下：

一、工程建设概况

商丘至周口高速公路商丘段二期工程由河南省发改委批准立项，投资概算123951.8226万元。该工程是商周高速的北延工程，路线起点位于商周高速与连霍高速交叉处的史楼枢纽立交，经商丘市睢阳区、梁园区，终点与济广高速在魏庄互通立交相接。路线全长26.991km，路基宽度29m，路面宽度2×11.75m。全线设互通式立交3处，分离式立交10处，下穿G310、陇海铁路框架箱桥1处，下穿京九铁路框架箱桥1处，大桥1座，中桥11座，小桥2座，天桥1座，涵洞通道65道。新建收费站1处，改造利用济广高速收费站1处。该工程于2010年1月1日开工，2011年12月26日通车试运行。

二、工程档案管理情况

（1）项目法人河南德馨高速公路有限公司重视档案工作，成立了工程档案管理领导小组，设立了档案室，配备了专兼职档案员，建立了档案工作领导责任制和相关人员岗位责任制，加强档案业务培训，将工程档案工作与工程建设同步进行。

（2）建立、健全项目档案各项管理制度，并监督指导项目及各参建单位严格执行，将工程档案形成积累与整理归档列入工程管理环节，纳入合同管理，实施节点控制，完善奖惩措施，保证归档文件材料的及时、完整归档。

（3）设立专用档案库房，配备符合国家标准的档案装具装备，档案安全保管措施落实到位，满足了工程档案安全保管的需要。

（4）工程档案分类、组合、整理、排列、著录、编号比较规范，符合国家和行业标准。项目共形成档案3602卷，其中建设单位归档320卷，监理单位归档1292卷，施工单位归档1960卷，其他（声像、科研）归档26卷。竣工图编制规范，符合工程实际，签署手续基本完备。

（5）运用计算机档案管理专用软件，编制了项目档案案卷目录、文件目录等检索工具，开展档案查询、利用，为项目建设、管理、运营服务发挥了较好的作用。

三、验收结论

商丘至周口高速公路商丘段二期工程档案管理机制健全，项目档案收集基本齐全、完整，竣工图编制符合国家及行业规定，档案分类科学、组卷合理、编目规范，案卷质量符合国家和行业标准,档案排架有序,保管安全措施到位,能够适应工程建设、管理、运营的需要。验收组同意商丘至周口高速公路商丘段二期工程档案通过竣工档案专项验收。

四、存在问题和下一步工作建议

(一)存在问题

(1)个别文件有复印件现象,个别复印件印章不清晰。

(2)个别案卷编目有待完善。

(3)竣工图编制说明应完善变更内容。

(二)下一步工作建议

对存在问题进行整改;进一步加强对竣工验收阶段形成的文件材料的收集、整理、归档工作,确保工程档案的齐全、完整;进一步提高工程档案标准化、规范化、现代化管理水平,更好地为工程的运营、管理、养护工作服务。

商丘至周口高速公路商丘段二期工程档案专项验收组
2013 年 1 月 19 日

商丘至周口高速公路商丘段二期工程
档案验收组名单

2013 年 1 月 19 日

	姓　　名	单　　位	职务/职称	签字
组　长	翟云远	河南省档案局业务处	处长/副研究馆员	
副组长	王中军	河南省交通运输厅办公室	副主任（正处级）/博士	
成　员	赵新奇	特邀专家	副研究馆员	
成　员	祁丽娜	河南省交通运输厅办公室	档案科长/研究馆员	
成　员	常青	河南省交通运输厅办公室	主任科员	
成　员	孟巍	河南省交通运输厅建管处	工程师	
成　员	田帆	河南省交通运输厅财务处	会计师	
成　员	贾渝新	河南省交通运输厅监督站	总工/教授级高工	
成　员	齐明	河南交投集团有限公司	高级工程师	

建设项目竣工环境保护验收申请

项目名称　商丘至周口高速公路商丘段

建设单位　河南德馨高速公路有限公司　（盖章）

法定代表人　徐珂

联　系　人　黄继成

联系电话　1359232773

邮政编码　476000

邮寄地址　商丘市

中华人民共和国环境保护部制

基 本 信 息　　　　　　　表1

建设项目名称(验收申请)	商丘至周口高速公路商丘段二期工程
建设项目名称(环评批复)	商丘至周口高速公路商丘段二期工程
建设地点	河南省商丘市
行业主管部门或隶属集团	河南省交通厅
建设项目性质(新建、改扩建、技术改造)	新建
环境影响报告书(表)审批机关及批准文号、时间	商丘市环境保护局、商环审〔2009〕105号文、2009年6月
审批、核准、备案机关及批准文号、时间	河南省发改委、豫发改设计〔2009〕1935号文、2009年11月
环境影响报告书编制单位	上海船舶运输科学研究所
项目设计单位	河南省交通规划勘察设计院有限责任公司
环境监理单位	河南铸诚工程环境监理有限公司
环保验收调查或监测单位	北京华路达环保科技有限责任公司
工程实际总投资(万元)	124000
环保投资(万元)	3972.9
建设项目开工日期	2009年7月
同意试生产(试运行)的环境保护行政主管部门及审查决定文号、日期	
建设项目投入试生产(试运行)日期	2011年12月

环境保护执行情况　　　　　　　　　　　　　　表2

	环评及其批复情况	实际执行情况	备注
建设内容（地点、规模、性质等）	项目位于河南省境商丘市境内,工程起于G105线交叉处的魏庄互通,经过梁园区、睢阳区的双八镇、李庄乡、王楼乡和水池铺乡,止于商周高速一期小史楼互通,公路全长26.991km,设置大桥2座,中、小桥15座,通道、天桥共计24座,互通立交6处,分离立交16处,收费站1座,按双向四车道高速公路标准建设,路基宽度28m,设计车速120km/h	项目位于河南省境商丘市境内,工程起于小史楼互通,经过睢阳区梁园区的水池铺乡、王楼乡、李庄乡和双八镇,止于魏庄互通,公路全长26.991km,设置大桥1座,中、小桥15座,通道、天桥共计43座,互通立交3处,分离立交12处,收费站1座,按双向四车道高速公路标准建设,路基宽度28m,设计车速120km/h	
生态保护设施和措施	一、批复意见 项目取土按照要求在取土场取土,并及时复耕,加强高速公路中间隔离带和两侧及立交工程、收费站的绿化工作,美化周围环境。 二、环评建议 (1)工程永久征用土地2478亩,其中耕地2124.67亩,平均每公里占地5.997公顷。路线摆动应注意对基本农田进行避绕,桥梁、互通立交等不能占用大量耕地,选在荒地和劣质地,减少耕地占用。互通设计应将减少占地作为重要因素;桥头尽量压缩边坡,以减少占地。土地分配防止部分农民无地可种,对耕地损失量大的重点扶持。按相关规定进行征地测算,征收有关费用。当地政府应按照专款专用充分利用补偿的土地开垦费开垦新的耕地;利用基本农田保护费改造中低产田,补偿占用的基本农田数量,保证当地的基本农田数量不变。 (2)取土以"节约用地、易于恢复"为原则,除河道疏浚取土外,采取浅取方式,深度控制在1m左右,地表30cm表土留用造田。应避开文物点、水源保护等敏感区域,优先利用荒坡地、劣质地;优化土石方平衡及取土场的设计,减少占用耕地,禁止在黄河故道森林公园、文物保护区等敏感区域取土。严禁随意取土,严格执行表层土回填制度,可采取种植绿肥等措施综合提高土壤肥力;配备有效的排涝设施,营造农田防护林,降低地下水位,减缓土壤盐渍化的发生。 (3)合理设置临时用地和公路附属设施占地,远离敏感目标,下风向300m以外并远离河道;尽量利用现有道路,新施工便道做好水土保持。尽量减少表层硬化面积,利于复耕;收集用地表土用于绿化复耕,难以复耕的土地植树木。填方尽可能利用挖方,尽量利用沿线电厂粉煤灰。 (4)对自然景观与人文景观的保护、利用,开展绿化设计和景观设计,保证设计质量。绿化工程施工实行招投标制,并实行工程监理制,以保证施工质量。	一、批复落实情况 已落实。项目取土均在指定地点,没有随意取土,取土完成后进行了复耕或恢复,建设单位投资1072.0万元对公路主线、收费站、互通区进行了全面绿化。 二、环评建议落实情况 (1)已落实。工程实际永久占地2320.6亩,其中耕地1898.7亩,符合公路用地指标。本线路实际永久占地较预计减少157.4亩,线路选择充分注意了对基本农田的避绕,桥梁和互通严格按照要求征地,没有随意占用耕地,互通区设置位置较为合理,设计类型均在满足功能要求的前提下尽量减少占地,桥头均采取压缩边坡措施。具体土地分配由建设单位出资补偿,地方政府统一协调,影响较小。项目严格按照国家要求补偿征地,具体由地方政府负责,基本农田占用1547.5亩,已按照国家规定进行了"占一补一",在驻马店泌阳县补划基本农田。 (2)已落实。公路沿线取土场以节约用地、利于恢复为原则,沿线均采取浅取方式,平均取土深度1.1m,取土完成后基本都进行了复耕。项目取土场选择避开了文物保护区和水源保护区,做到了尽量选择荒地和低产耕地,充分调配土石方,全部利用,工程没有在黄河故道、森林公园等敏感区取土。公路取土场尽量采取远运距,选对农业影响小的取土场,严格按地方划归区域取土,取土前均有要求将表土收集,用于后期恢复使用,取土场在雨季均设有临时排水系统。 (3)已落实。本项目临时场地设置合理,选择位置均位于村庄等敏感点下风向300m外,没有在河道附近;施工便道基本利用原有道路。项目共计临时场地5处,施工结束后驻地归还地方,2处拌合站移交地方利用,1处进行了恢复。全线挖方全部利用,没有弃方,未利用电厂粉煤灰。 (4)已落实。项目对沿线绿化和公路选线进行了专业设计,注重与周围环境相协调,具有舒适和防眩功能。项目绿化工程按照招投标实施,实行施工建立制度,可以保证施工质量。	

续上表

	环评及其批复情况	实际执行情况	备注
生态保护设施和措施	(5)控制施工占地范围,严禁砍伐树木;临时用地首先考虑复耕,难于复耕考虑种植经济作物,其次考虑植树树木;施工结束后及时清理临时占地,清理费用要纳入工程预算,以便植被恢复。 (6)路基施工逐层填筑,分层压实,进行边坡排水和防护工程。采用机械化作业,并合理组织施工,缩短工期。路基两侧开挖临时排水沟,沟壁夯实,结合地形在排水沟处设沉砂池;排水防护系统与公路建设同步实施。加强与气象部门的合作,制订雨季施工计划,对高填及不良地质路基尽量避免雨季施工;应保证施工期间排水畅通,不出现积水浸泡工作面的现象,施工面应采取加盖防水雨布等防护措施。在取土前先沿征地界限开挖周边排水沟,排水沟与附近已有沟渠相通。在取土过程中采用随运、不留松土的施工方式。施工结束后,将取土场及时复耕。对取土场表土,建议先推开面积区域的表土,开始取土,取土至预定深度后,表土以及路基边坡剥离的表土推入该取土坑	(5)已落实。施工中做到了严格控制施工用地,没有乱砍滥伐现象。临时用地共计涉及5处,施工结束后驻地归还地方利用或恢复。施工结束后及时清理了临时占地,临时用地除利用外均已恢复。 (6)已落实。路基施工均采用逐层填筑,分层压实;路基完成后立即修建边坡排水和防护工程,做到了机械化作业。工程在施工前已修建临时排水系统,可以达到防止水土流失的目的,排水防护系统与公路建设同步实施。项目施工组织计划完善,有针对雨季施工的计划,可有效防止水体流失;对高填及不良地质路段尽量安排在了非雨季进行;针对雨季路基边坡均设有临时防护排水系统。取土场地在施工前均现设置了完善的临时排水系统,并将表土进行剥离,另行存放,在取土过程中做到了随挖随运,不留松土的施工方式;施工结束后,将取土场表土回填,用于复耕;目前沿线取土场绝大多数(少量应地方要求用于鱼塘或水塘)都进行了复耕	
污染防治设施和措施	一、批复意见 (1)施工中选用低噪声的机械设备,合理安排施工计划、施工方式和作业时间,夜间禁止使用高噪声设备,最大限度地减少施工噪声对周围环境的影响;施工物料堆场和料车辆必须采取防风遮盖措施,以减少扬尘对施工场地周围居民的影响。 (2)认真落实环评提出的运营期废水、噪声、固废等各种污染防治措施。收费站污水采用环保型整体式污水处理池处理,处理池体积不得小于20m³,上清液作为互通绿化用水,冬季多余的上清液和底泥一起定期抽取清运,污水不得外排;对沿线居民、学校等环境敏感点采取安装声屏障、通风隔声窗等措施,减轻噪声对附近学校和居民的影响;收费站生活垃圾及时收集、处置	一、批复落实情况 (1)已落实。施工单位注意选择低噪声设备,施工组织计划合理,施工方法得当,没有在夜间进行高噪声设备的施工,做到最大限度地减少施工噪声对周围环境的影响。施工物料堆场和料车辆采取了防风遮盖措施,对环境居民造成的影响较小。 (2)已落实。建设单位已落实环评提出的运营期废水、噪声、固废等各种污染防治措施。收费站污水采用一体化二级生化污水处理设备,处理池可以满足要求,处理后的废水符合相应标准,并用于互通区和收费站绿化;对沿线居民、学校等环境敏感目标设置声屏障19处,对夏营等4个敏感点采取了线路微调措施,对曹庄1处采取了扩大拆迁的措施,可有效减缓噪声对沿线居民的影响;收费站生活垃圾做到了及时收集、妥善处置	

续上表

	环评及其批复情况	实际执行情况	备注
污染防治设施和措施	二、环评建议 (1)水环境：跨河桥梁枯水期或平水期进行下部施工，做好环境监理工作。淤泥、渣土等不得随意弃入河流、沟渠或随意堆置，施工营地租用当地民房，施工机械不定期严格检查，防止油料泄漏。施工营地等施工场地也应尽量远离河流、沟渠等地表水体；废弃物严禁倾倒或抛入水体，不得随意堆放在水体旁，应及时清运至指定地。在路基开挖时，应设临时沉淀池，在沉淀池出水的一侧设土工布围栏，拦截泥沙。生活污水必须经化粪池集中收集处理，拌和站、预制场和物料堆场等施工场地产生的施工废水，如砂石材料的冲洗废水和机械设备的淋洗废水等，需经沉砂池初步处理。收费站建议采用环保型整体式污水处理池进行处理，体积约20m³，上清液可作为收费站生活区绿化用水，冬季多余的上清液和底泥一起定期抽取清运，污水不外排。 (2)声环境：采用低噪声机械设备，对设备进行维修保养，合理选择运输路线，尽量在昼间进行运输，便道应尽量远离村镇、学校等；请环保监理人员确认对运输路线进行监督；拌和场、构件预制场选址应距离敏感点至少200m以外，高噪声施工机械尽量避免夜间施工，在夏营学校和朱沈庄学校附近施工时，应优化施工方案，同时采取隔声降噪措施，尽量避免对正常教学造成影响。在大型桥梁以及互通立交施工时，禁止夜间打桩等高噪声施工方式并采取降噪措施，避免对附近敏感点居民的生活和休息造成不利影响；加强施工期噪声监测，发现噪声污染，及时采取有效的噪声污染防治措施。根据敏感点的预测结果，对预测运营中期超标的敏感点采取降噪措施。建议对夏营等8处敏感点采取声屏障措施，对东王庄等2处敏感点采取安装隔声窗措施，对沈庄等3处敏感点采取近处声屏障远处隔声窗措施。限制性能较差的车辆进入高速公路，维持公路路面的平整度，规划建设控制。建议在距离公路200m以内尽量布置仓储、工厂、绿化等对声环境不敏感的建筑，防止交通噪声影响。路沿线的居民应将新房建造在相应的防护距离之外(一般为200m)。学校、医院、卫生所、福利院等特别需要安静的敏感点一般在距拟建公路中线200m外的位置	二、环评建议落实情况 (1)水环境：已落实。跨河桥梁桥墩施工均选择在枯水期由监理单位负责监管。桥段施工排除淤泥、渣土均采取沉淀处理，没有随意排放丢弃，施工未对水体造成明显影响，施工营地废水和废弃物进行了妥善收集、及时处理，未对环境造成影响。施工机械均有严格管理制度和保养，没有漏油情况。项目施工场地均距离河道较远，不会影响水体，没有将施工废料和生活垃圾倒入河道或岸堤的情况。为防水土流失，沿线设置多处沉淀池，用于拦截泥沙。没有邻村的施工营地均设置有化粪池，对生活污水进行及时妥善的处理，施工场地产生的施工废水也都有相应的沉砂池，初步处理后及时清运。公路仅涉及收费站1处，设置了1套二级生化污水处理设备，处理后的废水经过监测可以满足相应标准，并且用于互通区和收费站绿化，没有外排。 (2)声环境：已落实。项目施工均采用先进工艺和先进设备，施工设备保养制度完善，能有效减缓施工噪声影响。工程运输道路选择较为合理，做到了合理安排运输时间，要求各标段注意在途经村庄时减速慢行，做到文明施工，并要求监理单位进行监督，但未落实环境监理工作。项目临时场地选址均位于敏感点300m以上，要求各施工单位严格控制夜间施工，由监理单位负责监管，做到文明施工，减少扰民事件；夏营学校和朱沈庄学校附近没有设置施工场地，在道路施工时做到了文明施工。建设单位要求各施工单位禁止夜间进行桥梁打桩施工，项目多数桥梁采用灌注法施工工艺，噪声较小，不会对附近敏感点居民的生活和休息造成不利影响。本项目未进行施工期噪声监测工作。根据实际情况对夏营等19处敏感点采取声屏障措施；对沿线居民、学校等环境敏感目标设置声屏障19处，对夏营等4个敏感点采取线路微调措施，对曹庄1处采取了扩大拆迁的措施。收费站对于不符合标准的车辆禁止进入，部分路段设置了警示标志，公路养护由专业单位实施。建设单位已建议在距离公路200m以内尽量布置仓储、工厂、绿化等对声环境不敏感的建筑，路沿线的居民和学校等敏感建筑物应在相应的防护距离之外	

续上表

	环评及其批复情况	实际执行情况	备注
污染防治设施和措施	（3）空气和固废环境：易洒落散装物料必须采取防风遮盖措施减少扬尘；石灰、细砂等物料运输时必须压实，散装水泥采用水泥槽罐车运输，物料堆场应设在村庄等敏感点下风向200m以外，采取加盖篷布等表面抑尘措施。建议施工拌和站采取全封闭作业方式，并尽量设置在公路永久占地范围内，且位于周围环境敏感点下风向300m以外。配备洒水车对施工便道和进出堆场的道路经常洒水，沥青搅拌站和灰土搅拌站尽量设置在公路永久占地范围内，应设置在距离居民区下风向300m以外，采用全封闭式搅拌设备。加强管理，禁止车况差、超载、装卸物品遮盖不严容易洒落的车辆上路，同时加强对收费人员的技能培训，减少车辆滞速急速状态，减少汽车尾气排放对沿线环境空气的影响	（3）空气和固废环境：已落实。易洒落散装物料运输中和存放采取了防风遮盖措施；石灰、细砂等物料运输均进行了压实，水泥采用拌和后水泥槽罐车运输，可有效避免扬尘；物料大型堆场均设置在远离敏感点的下风向。物料堆场选址合理，距离村庄较远，并采取了加盖篷布等表面抑尘措施。施工拌和站采取了封闭作业方式，位于敏感点下风向300m以外。项目各标段均配有洒水车，对施工便道和进出堆场的道路进行经常洒水，以减少扬尘。工程沥青搅拌站基本都设置在路基或互通区内，并且距离居民区下风向300m以外，不会对环境造成大的影响。具体管理运营单位负责，由收费站和监控中心对上路车辆进行监督，加强对收费人员的技能培训，减少车辆滞速急速状态，减少汽车尾气排放	
其他相关环保要求	一、批复意见 （1）认真落实相关征地、拆迁补偿及安置措施，确保失地农民和被拆迁户的生活保障。 （2）建设单位应明确专人负责环保工作，加强管理，严格执行"三同时"制度，认真落实环评提出的施工期和营运期环保措施及监控方案，制订防范危险品运输车辆事故环境风险应急预案。项目建成后，及时申请环保验收，验收合格后方可正式投入运营。 二、环评建议 （1）项目摆动时，应避绕沿线集中的大型村庄，以避免大量拆迁，保证征地补偿资金的合理发放，严格按照相关征地拆迁补偿标准，认真做好征地各环节工作，切实保证拆迁户进行合理补偿。项目失地农民的安置，其所属乡镇或行政村可对耕地进行调剂，重新分配，并利用征地补偿费和安置补助费。 （2）开工前应开展文物调查勘测，确保地下文物免遭建设性破坏；在施工过程若在公路沿线、施工场地等有文物发现，应立即停工并报告当地文物管理部门，由当地文物管理部门按照考古勘探、考古发掘、文物保管与陈列等步骤进行价值评估及抢救性挖掘之后方可复工。 （3）根据水利现状及规划，结合路基、路面排水要求及相关部门意见，合理选择桥涵位置和进行孔径布置，满足排洪、排涝、灌溉及通航的需要。共设各类桥梁17座、涵洞14道，基本保持现有的河流水网的布局。涵洞应保证设计洪水、漂浮物等的安全通过，并不破坏原来的农田灌溉系统；对适当改移、合并的渠道，应辅以线外工程相连接，以保证排灌顺畅	一、批复意见落实情况 （1）已落实。落实了相关征地、拆迁补偿及安置措施，共计落实补偿款项9433.7万元。 （2）已落实。建设单位设有环保领导小组负责环保工作，执行了环保"三同时"制度，落实了环评提出的施工期和营运期环保措施，制订了完善的防范危险品运输车辆事故环境风险应急预案。项目建成后，及时委托我单位进行竣工验收调查工作。 二、环评建议落实情况 （1）已落实。本项目摆动避让了多数大型敏感点，可有效减少拆迁量；具体征拆款项已落实，严格按照相关征地拆迁补偿标准，由地方政府统一发放，可有效保证拆迁户补偿合理并落实到位。项目失地农民的安置具体由建设单位出资，地方政府负责重新分配，主要将费用用于开荒补充耕地面积或发展特色农业等。 （2）已落实。建设单位在项目开工前委托地方文物管理单位进行了勘察；并要求各施工单位在公路沿线、施工场地等有文物发现后，应立即停工并报告当地文物管理部门，项目施工期未发现文物，未对地方文物保护造成影响。 （3）已落实。项目建设已充分考虑地方原有水利设计，取得了水利部门同意，合理选择桥涵位置和进行孔径布置，基本可以满足排洪、排涝、灌溉的需要。项目共设各类桥梁16座、涵洞16道，可以保持现有的河流水网的布局。涵洞孔径设计均按照百年一遇洪水设计，没有对原有农田灌溉系统造成影响；对改移、合并的渠道进行了辅助修建，保证排灌顺畅	

注：表2中建设单位对照环评及其批复，就项目设计、施工和试运行期间的环保设施和措施落实情况予以介绍。

表 3

2012年9月24日,商丘市环保局在商丘市主持召开了商丘至周口高速公路商丘段二期工程竣工环境保护验收会,会议组成专家组对该项目竣工环保情况进行检查验收(验收组名单附后),参加验收的单位有梁园区环保局、商丘市环境监察支队、河南高速公路发展有限责任公司、河南德馨高速公路有限公司、北京华路达环保有限责任公司、河南铸诚环境监理公司等单位的代表,共计17人。验收组及代表首先到现场进行了环境保护检查,然后听取了建设单位对项目基本情况的介绍,调查单位对《商丘至周口高速公路商丘段二期工程竣工环境保护设施验收调查报告》的汇报,以及环境监理单位对本工程环境监理的介绍,审阅并核实了有关资料,经认真讨论,形成验收组验收意见如下:

一、项目基本情况

商丘至周口高速公路位于河南省境内,横跨商丘周口两市,全长137.24km,路线呈东北至西南走向。商丘至周口高速公路商丘段二期工程位于商丘市境内,是商周一期公路的北沿线,工程起于与G105线交叉处的魏庄互通,经过梁园区、睢阳区的双八镇、李庄乡、王楼乡和水池铺乡,止于商周高速一期小史楼互通,公路全长26.991km,为双向四车道高速公路,设计行车速度为120km/h。

工程总投资12.4亿元,其中环保投资3972.9万元。该项目的环境影响报告书由上海船舶运输科学研究所编制完成,2009年6月商丘市环保局以商环审〔2009〕105号文对该项目的环评文件进行了批复。本工程于2009年9月开工建设,2011年12月竣工通车试运营。

验收监测期间,公路的交通量达到了预测初期交通量的82%,可以满足验收监测的要求。

二、环境保护执行情况

该项目在建设过程中,执行了环境影响评价制度,执行了建设项目环保设施"三同时"制度,执行了环境监理,生态保护措施以及废水、废气、噪声等各项污染物防治措施基本按照环评提出的要求进行了建设。

三、工程主要环保措施

施工中采取了边坡等措施,尽量减少了对农田的占用;取土场采取浅取,现已绝大多数进行了复耕,临时场地均已得到有效恢复或利用;对沿线进行了绿化。对公路沿线敏感点采取了噪声防治措施,修建声屏障19处、2840延米,对夏营等5处敏感点采取了线路微调远离避让措施,落实了批复要求的噪声防治措施。沿线1处收费站设置了二级生化污水处理设施,处理后达标回用。运营期,制订了危险品运输事故应急预案。产生的生活垃圾均收集堆存在垃圾箱,定期清运。

四、验收调查结果

1. 生态影响调查

公路沿线农业经济以种植业为主,在通过基本农田路段采取了收缩边坡等减缓措施。

工程全线共设置取土场12处,没有设置弃土场,临时场地5处,施工结束后进行复耕或利用。边坡采用植被防护为主、工程防护为辅的防护措施;修建了完善的排水系统,有效地防治水土流失。

2. 声环境影响调查

沿线有24处敏感点,包括21个村庄和3所学校。对沿线所有敏感点采取了降噪措施,共计修建声屏障19道、2840延米,其他敏感点采用了线路避让微调措施。

4a类区:评价范围内的所有敏感点噪声值均可以满足《声环境质量标准》(GB 3096—2008)4a类区域噪声标准限值(昼间70dB,夜间55dB)。

2类区:评价范围内的所有敏感点噪声值均可以满足《声环境质量标准》(GB 3096—2008)2类区域噪声标准限值(昼间60dB,夜间50dB)。

3. 水环境影响调查

公路排水效果良好,路面集水未对当地水环境造成明显影响。收费站已按照要求设置了污水处理设施,排水水质可以满足相应标准,出口排水引至立交区的存水池进行回用。

4. 大气环境影响调查

公路建设单位对公路沿线进行了绿化,绿化效果良好,目前公路环境空气质量较好。

运营期沿线服务设施未设置燃煤锅炉。

5. 固体废物影响调查

运营期,服务设施产生的生活垃圾均收集堆存在垃圾箱,定期清运;公路上行驶车辆散落的固体废物有专职的环卫工人清扫,公路路面及公路两侧围栏内较清洁。

6. 公众意见调查

被调查的所有公众对本项目环境保护工作表示满意或较满意。

五、验收结论

工程环保审批手续齐全,落实了环境影响报告书及批复文件提出的主要生态保护、污染防治措施,验收组经现场检查、认真讨论,认为该项目符合环境保护验收合格条件,同意通过验收。

续上表

六、建议和要求 (1)加强对收费站污水处理设施的维护和管理。 (2)完善包河大桥的桥面径流收集系统,细化公路环境风险应急预案,确保能及时处理危险化学品运输事故环境风险事故。 (3)加强对公路两侧植被的养护管理工作,加强对运营期的噪声跟踪监测。 (4)按要求设置禁鸣标志,做好取土场复耕地以及交通通道的积水导流工作。 <div style="text-align:right">验收组长:刘传生 二〇一二年九月二十四日</div>

验收组成员名单　　　　　　　表4

	姓　名	单　位	职务、职称	签　名
组　长	刘任生	商丘市环保局	副局长	刘任生
副组长	孙建涛	咨询公司	副部长	孙建涛
	付立军	咨询公司	副总	付立军
	杨新风	商丘市环保局	科长	杨新风
	陈建顺	〃	副科长	陈建顺
	谭安乐	〃	副科员	谭安乐
	楚君	〃	高工	楚君
	王玉东	市环境监察支队	副支队	王玉东
	袁东	市环境监测站	副站长	袁东
	陈传讯	市环保局梁园分局	工程师	陈传讯

续上表

行业主管部门验收意见：
经办人：（签字）　　　　　　　　　　　　　　　　　　　公　章
年　月　日

地方环保行政主管部门验收意见：

　　河南德鑫高速公路有限公司报送的《商丘至周口高速公路商丘段二期工程竣工环境保护验收调查报告》和《商丘至周口高速公路商丘段二期工程竣工环境保护验收组验收意见》收悉，经研究，验收意见如下：

　　一、根据"验收调查报告"和"验收组意见"的结论，同意该项目通过验收。

　　二、按照"验收调查报告"和"验收组意见"的要求，积极完善各项污染防治措施，确保各项污染物稳定连续达标排放。

　　三、加强环保设施的管理、维护，确保污染物稳定达标排放。

经办人：

负责验收的环境保护行政主管部门验收意见： 商环验〔2012〕11 号

商丘市环境保护局
关于商丘至周口高速公路商丘段二期工程 竣工环境保护验收意见

我局于 2012 年 9 月 24 日组织梁园环保分局等单位，对商丘至周口高速公路商丘段二期工程进行了竣工环境保护验收，同意验收组对该项目提出的验收意见。依据国务院《建设项目环境保护管理条例》、国家环保总局《建设项目竣工环境保护验收管理办法》的有关环境保护验收条件的规定，批复如下：

一、同意梁园环保分局关于该项目竣工验收意见。商丘至周口高速公路商丘段二期工程是商周一期公路的北沿线，工程起于与 G105 线交叉处的魏庄互通，止于商周高速一期小史楼互通，公路全长 26.991km，为双向四车道高速公路，设计行车速度为 120km/h。工程总投资 12.4 亿元，其中环保投资 3972.9 万元。该项目在建设过程中，执行了环评、"三同时"及环境监理制度，建设期的生态保护以及废气、噪声等各项污染物防治措施基本按照环评提出的要求予以落实，商丘西收费站生活废水采用生化污水处理设施，处理后的废水用于互通区内绿化，不外排；试运行期间，各项污染物基本实现达标排放，验收调查报告显示，被调查的所有公众对本项目环境保护工作表示满意或较满意。经现场察看并查阅相关文件资料，认为该项目基本符合环境保护验收条件，同意通过环保验收。

二、建议和要求：

（一）加强各项环保设施特别是收费站污水处理设施的维护和管理，确保长期、稳定、达标运行；继续做好公路两侧植被的养护管理工作，定期对运营期的噪声跟踪监测；按照环评要求完善禁鸣标志，做好取土场复耕地以及交通通道的积水导流工作。

（二）完善包河大桥的桥面径流收集系统，细化公路环境风险应急预案，确保能及时处理危险化学品运输事故环境风险事故。

（三）你公司应在 10 日内将审批的验收申请表送梁园环保分局。

拟稿人： 审核人：

审批人：

二〇一二年九月二十八日

商丘至周口高速公路商丘段二期工程
通道积水专项排查治理工程

验 收 报 告

商丘至周口高速公路商丘段二期工程
通道积水专项排查治理验收委员会
二〇一一年十二月二十一日

商丘至周口高速公路商丘段二期工程通道积水专项排查治理工程验收报告

一、通道积水专项排查治理验收工作组织情况

2011年12月20日至21日,河南德馨高速公路有限公司在商丘市组织有关单位代表和特邀专家,成立验收委员会(名单附后),对商丘至周口高速公路商丘段二期工程通道积水专项排查治理工程进行了专项验收。

通道积水专项排查治理验收委员会在分别听取建设单位关于工程项目执行情况的报告、监理单位关于工程监理情况的报告、施工单位关于工程施工情况的报告,审查资料和实地察看的基础上,形成了商丘至周口高速公路商丘段二期工程通道积水专项排查治理工程验收报告。

二、工程概况

商丘至周口高速公路商丘段二期工程是商周高速公路商丘段的北延工程,南连商周高速及连霍高速,北接济广高速。商丘至周口高速公路商丘段二期工程全长26.991km,投资概算总金额为123951.8226万元,永久性占地2627.76亩(包括互通式立交及收费站占地)。本项目采用双向四车道高速公路建设标准,设计速度采用120km/h,路基宽度29m。全线设大桥1座,中小桥14座,涵洞15道,通道42道,互通式立交3处,分离式立交12处,通道桥3座,天桥1座,匝道桥6座,收费站1处。

按照省厅《关于开展高速公路通道积水专项排查治理工作的通知》(豫交建管〔2010〕93号)和高发公司《关于开展高速公路通道积水专项排查治理活动的通知》的要求,项目公司开展了对通道治理的专项排查。排查结果如下:

全线共有42道通道,其中8道严重积水,12道一般积水,5道轻微积水,17道不积水。

(1)治理工期:4个月。
(2)建设单位:河南德馨高速公路有限公司。
(3)监理单位:湖南金路工程咨询监理有限公司。
(4)施工单位:见下表。

施工单位一览表

合同段		单位名称
土建单位	一标	河南省公路工程局集团有限公司
	二标	安阳市恒达公路发展有限责任公司
	三标	河南省路桥建设集团有限公司

(5)治理方案:

①对于积水严重且难以疏导的通道,采用搭建雨棚或设置小型蒸发池方案,并在入口处设置反坡,防止雨水流入。

②对于积水严重但附近有可以排水的河流、沟渠、水塘的通道,采用设置排水渠或排水管将通道内的积水排出。

③对于积水情况一般且能及时排出的通道,增设人行步道便于通行。

④对于积水现象轻微的通道,采取洞口处设置导流槽,将雨水引入路基排水边沟并加强清扫养护的处理措施。

⑤通道底高于排水沟可以正常进行排水的通道,采取加强疏导将雨水排出的措施。

三、工程验收依据

(1)交通部《公路工程竣(交)工验收办法》(2004年第3号令)。

(2)交通运输部《关于印发公路工程竣(交)工验收办法实施细则的通知》(交公路发〔2010〕65号)。

(3)河南省交通运输厅《关于开展高速公路通道积水专项排查治理工作的通知》(豫交建管〔2010〕93号)。

(4)高发公司《关于开展高速公路通道积水专项排查治理活动的通知》。

四、主要工程数量

本项目共有42道通道,其中25道有积水现象,治理了25道。

五、工程验收评议内容及结论

通道积水专项排查治理工程验收委员会在听取建设单位、施工单位、监理单位报告,查阅档案资料和察看工地现场后,对工程的通道积水专项排查治理情况评议如下:

(1)项目建设、监理、施工单位对全线通道进行了认真排查,制订了详细的治理方案。

(2)治理后的通道进出口与上下游沟槽连接顺适,流水畅通;通道两侧排水槽等排水系统基本畅通,无阻水、积水现象。

(3)该项目工程数量与整改报告一致。

(4)内业资料中施工文件部分,材料检验、材料配比、试验数据、检测数据、施工记录、施工自检资料等基本齐全。

(5)监理工程师能够按照现行《公路工程施工监理规范》(JTG G10)的要求对工程实施全方位的监理,认真履行合同赋予的职责,监理日志记录认真,抽检资料、试验数据齐全。对工程质量、工期、投资和合同的管理履行了职责。

商丘至周口高速公路商丘段二期工程通道积水专项排查治理工程验收委员会在承包商对工程自检,监理工程师对工程验收评定的基础上,按照交通部颁发的《公路工程竣(交)工验收办法》及河南省交通运输厅《关于开展高速公路通道积水专项排查治理工作的通知》(豫交建管〔2010〕93号)的相关要求,认为该专项工程质量合格,通过专项验收。

六、存在问题及建议

(一)问题

(1)个别通道两端排水与路基边沟排水衔接不顺。

(2)个别通道洞口存在建筑垃圾。

(二)建议

(1)个别通道排水仍需与地方排水系统进一步顺接。

(2)及时清除通道洞口垃圾,并加强后期养护。

附件:

1.商丘至周口高速公路商丘段二期工程通道积水专项排查治理工程专项验收报告

2. 商丘至周口高速公路商丘段二期工程通道积水专项排查治理验收现场察看小组意见
3. 商丘至周口高速公路商丘段二期工程通道积水专项排查治理验收质量评价
4. 商丘至周口高速公路商丘段二期工程通道积水专项排查治理工程验收委员会名单

附件1

商丘至周口高速公路商丘段二期工程
通道积水专项排查治理工程专项验收报告

一	工程名称	商丘至周口高速公路商丘段二期工程通道积水专项排查治理工程
二	工程地点及主要控制点	商丘至周口高速公路商丘段二期工程全线通道
三	建设依据	（1）河南省发展和改革委员会《关于商丘至周口高速公路商丘段二期工程核准的批复》（豫发改交通〔2009〕1830号）。 （2）河南省发展和改革委员会《关于商丘至周口高速公路商丘段二期工程初步设计的批复》（豫发改设计〔2009〕1935号）。 （3）河南省交通运输厅《关于商丘至周口高速公路商丘段二期工程施工图设计的批复》（豫交规划〔2010〕337号）。 （4）河南省交通运输厅《关于开展高速公路通道积水专项排查治理工作的通知》（豫交建管〔2010〕93号）
四	技术标准与指标	技术标准：双向四车道高速公路。 主要技术指标： （1）设计速度：120km/h。 （2）路基宽度：29m。 （3）桥涵设计荷载标准：公路—Ⅰ级
五	建设规模及性质	新建双向四车道，全长26.991km
六	开工日期	2010年1月1日
	专项验收日期	2011年12月20日—2011年12月21日
七	主要工程内容	全线通道积水治理42道
八	建设项目工程质量认定结论	参照交通部2004年第3号令《公路工程竣（交）工验收办法》的规定以及根据河南省交通运输厅《关于开展高速公路通道积水专项排查治理工作的通知》（豫交建管〔2010〕93号）文件，项目公司组织对商丘至周口高速公路商丘段二期工程通道积水的自查自检，认为工程质量合格。 专项验收委员会在听取建设、施工、监理等单位报告，查阅档案资料和察看工程现场后，对工程质量情况进行了评议。验收委员会评定通道积水专项排查治理工程合格
九	对建设、监理和施工单位的综合评价	项目建设单位管理机构健全，制度完善，责任明确，能够执行基本建设程序，严格工程质量管理，认真履行合同，保证了工程的顺利实施，按期建成使用。 监理工程师能够按照现行《公路工程施工监理规范》（JTG G10）的要求对工程实施全方位的监理，认真履行合同赋予的职责。 施工单位能够按照设计和规范施工，质量保障体系健全，注意文明施工，按期完成了建设任务，履约情况良好
十	有关问题和建议	（1）同意该项目通过专项验收。 （2）进一步加强养护和运营管理，保护好路产路权，使该段通道保持良好运营状态，最大限度保证沿线村民生活生产的方便

附件 2

商丘至周口高速公路商丘段二期工程
通道积水专项排查治理验收现场察看小组意见

项目名称：商丘至周口高速公路商丘段二期工程

通道工程组	一、通道察看意见 （1）通道处路面平顺，无跳车现象，基础稳定，墙身无开裂现象；帽石、八字墙或一字墙平顺，无开裂或翘曲现象，无明显开裂或破损。 （2）通道进出口与上下游沟槽连接顺适，水流畅通。通道两侧排水槽等排水系统完善畅通，无阻水、积水现象。 （3）通道内混凝土人行便道进出口外接平顺，通道内人行便道平整、顺直且高度满足需求。 （4）洞内无阻水、积水、淤泥。 二、问题及建议 （一）问题 （1）个别通道两端排水与路基边沟排水衔接不顺。 （2）个别通道内存在建筑垃圾。 （二）建议 （1）个别通道排水仍需与地方排水系统进一步顺接。 （2）通车前及时清除通道内垃圾，并加强后期养护。 （3）对雨棚侧壁材料在运营中加强宣传保护，防止人为破坏

附件3

商丘至周口高速公路商丘段二期工程
通道积水专项排查治理验收质量评价

根据交通运输厅《关于开展高速公路通道积水专项排查治理工作的通知》(豫交建管〔2010〕93号)、《河南省高速公路通道积水处理技术方案》(豫交工〔2005〕61号)和高发公司《关于开展高速公路通道积水专项排查治理活动的通知》的要求,项目公司组织监理、施工单位对商丘至周口高速公路商丘段二期工程通道积水治理工程进行了质量评定。

本次评定参照《公路工程质量检验评定标准 第一册 土建工程》(JTG F80/1—2004)及《公路工程竣(交)工验收办法》的规定,采取实测实量,并查阅施工和监理资料,项目公司认为工程质量合格。

河南德馨高速公路有限公司
2011年12月19日

附件4

商丘至周口高速公路商丘段二期工程
通道积水专项排查治理工程验收委员会名单

	姓　　名	单　　位	职务/职称	签　　名
主任	金雷	河南高速公路发展有限责任公司	总经理/高工	
副主任	贾渝新	河南省交通基本建设质量检测监督站	总工程师/教高	
	韩冰	河南高速公路发展有限责任公司	助调/教高	
	徐珂	河南德馨高速公路有限公司	董事长/高工	
委员	常琳	河南省交通运输厅建管处	主任科员	
	师恒周	河南卢阳高速公路有限公司（特邀）	董事长/高工	
	范永丰	河南弘阳高速公路有限公司（特邀）	董事长/教高	
	周斌	河南高速公路发展有限责任公司禹登分公司(特邀)	副经理/高工	
	刘涛	河南驿宛高速公路有限公司（特邀）	副总经理/高工	
	孙建波	河南省高速公路发展有限责任公司工程部	副部长/高工	
	张宇	河南省高速公路发展有限责任公司工程部	工程师	